KB107330

숭실대학교 동아시아언어문화연구소

식민지시기 일본어 조선설화집 번역총서 3

나카무라 료헤이의

조선동화집

朝鮮童話集

저자 나카무라 료헤이

역자 김영주·이시준

박문사

식민지시기 일본어 조선설화집 번역총서
간행사

국민국가 체제가 성립되면서 민간설화의 중요성이 재인식되어, 일제는 조선설화에서 조선민족의 심성과 민족성의 원형을 찾을 수 있다고 판단하고, 1908년 이후 50여 종 이상의 조선설화를 포함한 제국일본 설화집을 발간했다.

이러한 일본어조선설화집은 전근대 및 해방 후 설화집과의 관련성 및 영향관계 연구에서 문학, 역사학, 사회학, 민속학 분야의 중요한 자료임에도 불구하고 근대 초기의 자료인 만큼, 현대 일본어와 달리 고어를 포함한 난해한 문체 등의 언어적 한계로 인해 학술자료로 널리 활용되지 못하는데 아쉬움이 있었다. 대부분의 연구는 각 논문의 주제와 관련된 텍스트를 중심으로 설화를 단편적으로 다루는 데 그치고 있는 실정이다.

일본어조선설화집의 번역을 통한 총서간행의 의의는 다음과 같다.

첫째, 이미 작업을 시작한 숭실대학교 동아시아언어문화연구소의 〈식민지시기 일본어 조선설화집자료총서〉와 더불어 학계에 새로운 연구자료를 제공한다.

둘째, 일본어 조선설화집이 간행된 시대적 배경과 일선동조론과의 정치적 문맥을 실증화 함으로써 조선설화가 근대시기에 어떻게 텍스트화되어 활용되었는지를 명확히 할 수 있을 것이다.

셋째, 식민지 실상에 대한 객관적인 조명은 물론이고, 해방 후의 한국설화와의 영향관계 파악을 통해 오늘날 한국설화의 형성과정을 되돌아보고 그 영향 및 극복을 규명하는 단초를 제공할 것으로 기대한다. 이는 일본관련 연구자에게 뿐만 아니라 인문사회과학 제분야의 연구 활성화에 기여할 것으로 판단된다.

넷째, 해방 후 한국설화의 비교연구는 식민지의 상황에 대한 구체적인 검증 없이 한일 비교연구가 행해진 것이 사실이다. 한일설화가 밀접한 관련성을 지니고 있고 동아시아적 관점에서 비교연구의 필요성이 절실한 현실임을 인정하지만, 식민지기 상황에서 어떤 논의가 있었고, 그 내용 및 성격에 대한 공과를 명확히 하는 작업이 선결되어야 한다고 판단된다. 식민지시기의 실상 파악과 한국설화의 근대적 변용과 활용에 대한 총체적 규명을 통해 한일문화의 근원에 존재하는 설화를 통한 문화 이해의 기반을 마련해야 할 것이다. 일선동조론에 입각한 왜곡된 조선설화 연구가 아닌, 동아시아 설화의 상상력과 공감대를 형성하는 한국설화의 저변확대를 통한 교류야말로 진정한 미래지향적인 한일관계, 나아가 21세기 동아시아 평화공동체 구축을 위한 상호이해 기반을 제공하는 초석이 될 것으로 기대하는 바이다.

숭실대학교 동아시아언어문화연구소

소장 이 시 준

범례凡例

1. 이 책은 1926년 일본 후잔보富山房에서 발행한 나카무라 료헤이中村亮平의 『조선동화집朝鮮童話集』의 번역으로, 2013년 숭실대학교 동아시아언어문화연구소 식민지시기 일본어 조선설화집자료총서 14권(제이앤씨)으로 영인된 바 있다.

2. 설화집과 저자에 대해서는 식민지시기 일본어 조선설화집자료총서 『조선동화집朝鮮童話集』(제이앤씨, 2013)의 해제를 참조할 수 있다.

3. 이해를 돕기 위해 필요에 따라 한자를 본문 옆에 작은 글씨로 병기하였으며, 원문의 일본어 표현을 그대로 쓰거나 원문과 역어가 다른 경우에는 괄호 안에 표기하였다. 일본식 약자는 정자로 바꾸었다.

4. 일본어의 한글표기는 국립국어연구원의 한글맞춤법에 의거한 외래어표기법을 따랐다.

5. 줄바꿈과 단락구분은 원문표기를 따랐다.

6. 인용기호는 원문을 그대로 반영하되 대화는 큰따옴표(“ ”)로, 그 외의 생각 및 의성어와 의태어, 강조 등은 작은따옴표(‘ ’)로 구분하였다.

7. 원문에는 주가 없으나 보충설명이 필요한 단어에는 역자가 임의로 각주를 달았다.

慶州 佛國寺 釋迦塔

영지影池의 무영탑無影塔

이 연못은 그때부터 영지라고 불리게 되었습니다.
석가탑 또한 이때부터 무영탑이라 불리게 되었습니다.

제3부 13. 영지의 무영탑影池の無影塔

조선동화집 朝鮮童話集

장정 세이미야 히토시淸宮彬
삽화 기무라 쇼하치木村莊八

서문序文

저는 조선에 건너온 후 이렇게 아름다운 이야기가 많이 있는 것을 알고 매우 기뻤습니다.

많은 이야기들 중에서 아름다운 이야기, 기분 좋은 이야기, 조선 다운 이야기를 골라서 제 나름대로 엮어 보았습니다.

그리고 엮은 이야기들을 통해서 새로운 동포와의 친밀감을 느끼고 싶다고 생각했습니다. 이야기 중에는 내지內地[1]의 이야기들과 같거나 매우 비슷한 것들이 있기 때문입니다. 오랜 옛날부터 어딘가에서 깊이 연결되어 있는 것처럼 느껴졌기 때문입니다.

여러분은 서양에 대해서는 비교적 잘 알고 계시지만 그보다도 먼저 알아야 할, 우리의 동포들 사이에 전해지는 이야기는 잘 모르고 있을 것입니다. 그래서 여러분들에게 재미있는 조선이야기를 빨리 알려 드리고 싶어서 이 책을 썼습니다.

먼저 내지의 모든 분들에게, 그리고 아버지와 어머니, 다음으로 조선

1 일본 본토.

사람들에게도 조선의 선조들이 남기고 간 아름다운 이야기를 바칩니다.

장정은 항상 제 책을 아름답게 만들어 주시는 세미야 히토시清宮彬 씨가 해 주셨으며, 삽화는 기무라 쇼하치木村莊八 씨가 그려 주셨습니다. 저에게는 무한한 기쁨입니다.

분명히 여러분들도 좋아하시리라 생각합니다.

이야기 속에 등장하는 '양반'이라는 말은, 내지에서 말하는 사족士族[2]과 비슷한 신분의 사람들입니다.

'총각(チョンガー)'이라는 말은 대부분 알고 계시겠지만 부인을 얻은 적이 없는 사람입니다.

'지게(チゲ)'라는 것은 내지의 일부 지역에서는 '쇼이코(背負い子)'라고도 부르는 일종의 등에 지는 도구를 말합니다.

'바가지(パカチ)'라는 것은 박(夕顔)과 같은 종류의 것이지만 둥근 모양으로만 열립니다. 그것을 세로로 둘로 잘라서 국자 대신이나 여러 가지 용기로 사용합니다. 매우 요긴한 물건입니다.

'아이고(アイゴー)'라는 말은 놀랐을 때나 슬플 때, 감탄했을 때 저도 모르게 나오는 감동의 표현입니다.

이러한 표현은 아셔야 할 것 같아 정리해 적어두겠습니다.

다이쇼大正 14년[3] 11월

대구大邱 동운정東雲町 객사客舍에서

나카무라 료헤이中村亮平

---

2 메이지유신 이후 무사계급에게 부여된 족칭族稱으로 황족 아래, 평민 위에 위치.

3 1926년. 다이쇼는 다이쇼일왕 시대의 연호(1912~1926).

목차

▸제1부◂
동화

►제2부◄

이야기

►제3부◄

전설

第一部

제1부

—

동화

1. 호랑이와 곶감虎と干柿

1

어느 깊은 산속 작은 마을이 있었습니다. 산과 산으로 둘러싸인 아주 조용한 시골마을이었습니다.

그 뒷산에 실로 큰 호랑이가 한 마리 살고 있었습니다. 호랑이는 주변의 짐승들을 거느렸고 대단히 기세가 등등했습니다. 그 호랑이가 한번 산 정상에 나와 포효하면 모두 부들부들 떨며 덤불에 머리를 박고 있었습니다.

그러던 어느 날이었습니다. 때는 겨울로 2, 3일 전부터 쌓인 눈이 들과 산을 새하얗게 만들어 마치 솜으로 뒤덮인 듯한 아름답고 아름다운 세상으로 바꿔 버렸습니다.

그러자 뒷산의 호랑이는 벌써 며칠 동안 아무것도 먹지 못하고 있었기에 쌓인 눈을 헤치고 헤치면서 어슬렁어슬렁 마을로 내려왔습니다.

벌서 며칠이나 굶었기 때문에 배가 고파 더 이상 참을 수 없었던 모양으로, 마침내 산에서 내려와 마을로 내려온 것입니다.

"뭔가 좋은 것이 없을까?"

호랑이는 혼잣말을 하면서 밤이 되기를 기다렸다 어슬렁어슬렁 어느 집 창문 밑을 기웃거리고 있었습니다.

조용히 걸음을 멈춘 호랑이는 우선 집안의 동정을 살피고자 귀를 기울이며 가만히 서 있었습니다. 그러자 안에서 어린아이의 울음소리가 새어 나왔습니다.

"어엉 어엉 어엉."

그리고 훌쩍거리는 소리까지 어렴풋이 들려왔습니다. 벌써 한참 전부터 울고 있었던 듯이 기운 없이 훌쩍이고 있었습니다.

'참 이상한 일이군. 왜 저렇게 울고 있는 걸까?'

'뭔가 무서운 일이라도 있는 걸까?'

이렇게 생각했기에 호랑이는 중얼거리며 좀 더 상황 파악을 하고 나서 그 집에 들어가야 겠다고 생각하고 더욱 귀를 기울여 살피고 있었습니다.

그러자 어머니의 목소리도 섞여서 들려왔습니다.

"얘야 조용히 하렴. 살쾡이가 왔단다……."

"……."

"큰 입을 벌리고."

그렇게 말하면서 어머니는 계속 달래고 있었습니다.

그러나 아이는 역시

"어엉 어엉 어엉……."

하며 계속 울고 있었습니다.

어떻게든 울음을 멈추게 하고 싶었던 어머니는 다시 말했습니다.

"저기 저기 커다란 뱀이 왔네."

아이를 안고 어르면서 그렇게 말하며 열심히 달래고 있는 어머니의 목소리가 또렷이 들려왔지만 그뿐이었습니다. 아이는 그것을 조금도 무서워하

지 않고 역시나 아무렇지 않게

“어엉 어엉 어엉”

하며 그저 계속 울기만 하고 어떻게 해도 조용히 하지 않았습니다. 열심히 상황을 살피고 있던 호랑이는 점점 의아해져서 창문 아래에 살며시 엉덩이를 붙이고 앉아서 생각을 하기 시작했습니다.

‘강한 아이 중에서도 정말 강한 아이인가 보군. 살쾡이도 뱀도 조금도 두려워하지 않다니……. 도대체 어떤 아이일까?’

이런 것들을 계속 생각하며 그저 멍하게 있었습니다.

빨리 뛰어들어가서 뭐든지 물어뜯고 싶어 죽을 지경이었습니다.

그러자 다시 어머니의 목소리가 들려왔습니다. 아이의 손이라도 잡아당겼는지 한층 더 큰 소리를 내며 갑자기

"이것 봐……. 커다란 호랑이가……. 창문 아래에."

이것을 들은 호랑이는 깜짝 놀라 바닥에 엎드려서 그 근처 벽 옆에 움츠리고 있었습니다. 마치 기계 장치가 되어있는 장난감을 접은 것처럼 작아져 버렸습니다.

2

호랑이는 겨우 숨을 고르며 살며시 머리들 들어 안의 상황을 살펴보았습니다. 그러자 역시 아이는 여전히 울고 있었습니다.

실로 크게 딸꾹질을 하면서 조금도 호랑이를 두려워하는 모습을 보이지 않았습니다.

'이거 참 도대체 어떤 아이인 걸까? 이렇게 강한 아이도 있구나.'

호랑이는 지금까지 그 근처에서 자신이 가장 강하고 가장 위대하다는 자만에 빠져있었는데, 게다가 지금 창문 아래까지 자기가 왔다는 것을 어머니는 이미 잘 알고 있어서

"저것 봐라. 창문 아래에."

이렇게까지 말하고 있는데.

저렇게 대단한 아이가 있다니 그저 당황해 하고 있었습니다.

'저 어머니의 목소리를 들으면, 분명히 어머니도 충분히 이 몸을 무서워하고 있는 것을 알 수 있는데, 이런 참으로 강한 아이로군.'

어머니는 어떻게든 울음을 멈추도록 달래려 마음먹고 "저기 살쾡이가." 라던지 "저기 뱀이."라면서 마지막에는 제일 무서워하는 "호랑이가."까지

꺼내면서 울음을 멈추게 하려고 이 방법 저 방법을 다 써 보았지만, 어느새 어머니에게 떼를 쓰는 방법을 터득해 버린 아이는 절대로 울음을 멈추지 않았습니다.

'살쾡이'도 '뱀'도 '커다란 호랑이'도……. 그 무엇이라도 아이는 어머니가 언제나 달랠 때 쓰는 방법을 알고 있기에, 어떤 무서운 말에도 전혀 무서워하지 않고 아무렇지 않게 흘려 들으며 끈질기게 떼를 쓰고 있었습니다. 원하는 것을 얻을 때까지 절대로 그치지 않았습니다. 그러나 호랑이는 그런 사정은 알지 못했기에 그저 의아할 뿐이었습니다.

언제나 그랬듯이 허세를 부리며 내려왔는데 이렇게 강한 아이를 만나게 되자 꽤나 당황했습니다.

자신이 없어진 호랑이는 그저 두려워할 수밖에 없었습니다.

이런 생각을 하면서 꾸물대고 있는데 이번에는 갑자기

"자! 곶감!"

어머니의 큰 목소리가 울려 퍼졌습니다. 어머니가 그렇게 내뱉듯이 말하자 마치 숨이 멈춘 것처럼 갑자기 입을 다물어 버렸습니다.

'그렇게 큰소리로 달래고 있던 어머니까지도 숨이 멈춘 것처럼 입을 다물어 버렸다.'

호랑이는 이것저것 제멋대로 생각하면서

'곶감……!'

'얼마나 무서운 것일까?

'무엇일까? 도대체 곶감이란 것은.'

'곶감 이라니.'

'분명히 살쾡이보다도 뱀보다도 이 몸보다도 강하고 무서운 놈임에 틀림

없어. 그래 무서운 놈이 틀림없어.'

그렇게 생각하자 호랑이는 다리가 부들부들 떨리기 시작했습니다.

아무리 떨지 않으려고 노력해도 제대로 앉아 있을 수가 없었습니다.

'만약 저 '곶감'이라는 녀석이 이쪽으로 오면…….'

그런 생각이 들자 안절부절 못했습니다.

"이거 붙잡히면 큰일이군."

전혀 자신이 없는 호랑이는 작은 목소리로 그렇게 말하면서 발소리를 죽여 그곳을 떠나 산속 깊은 곳으로 도망가 숨어 버렸습니다.

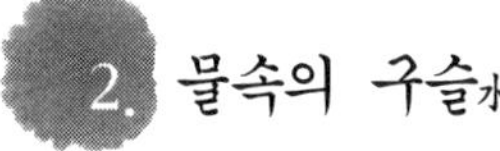

2. 물속의 구슬水中の珠

1

옛날 어느 시골에 아버지도 어머니도 일찍 돌아가신 두 형제가 있었습니다. 게다가 집이 매우 가난해서 이웃의 일을 해 주거나 산에 가서 땔감을 조금 해 오거나 하면서 겨우 하루하루를 보내고 있었습니다.

두 형제는 그렇게 가난한 생활을 하며 정말 보기에도 안타까울 정도의 남루한 모습을 하고 있었지만, 단 하나 어디에서도 얻을 수 없는 귀한 것을 가지고 있었습니다. 아무리 나쁜 마음으로 다가오는 사람이 있더라도, 언제나 바르고 순수하게 받아들였기 때문에 그들에겐 보기흉한 마음은 조금도 찾아볼 수 없었습니다. 그리고 진실로 마음 깊은 곳에서부터 자연스럽게 조금도 무리 없이, 실로 기뻐하며 서로 사랑하는 유례없는 순수함을 언제나 항상 가지고 있었습니다.

먹을 것이나 입을 것은 아무리 가난하더라도 마음에는 헤아릴 수 없는 부를 가지고 있었습니다. 외로울 때는 서로 힘을 모아 위로하고, 기쁠 때는 함께 기뻐하며 어떤 일도 함께하지 않는 일이 없었습니다.

어느 날 둘은 손을 맞잡고 옆 마을까지 일을 하러 갔습니다. 그러다 강기

슮에 도착했습니다. 조선의 길은 항상 그러한데 그곳에도 다리가 없었습니다. 보아하니 그리 깊지 않아서 둘은 그 강을 건너기 시작했습니다. 강을 중간 정도까지 건너가자 깨끗한 물이 흐르는 강 바닥에 뭔지 매우 빛나는 것을 발견했습니다.

형이 재빨리 그것을 가리키며

"뭐지?"

라고 말하자

동생도 형 옆으로 다가와 함께 가까이 몸을 기울이며 살펴보았습니다.

"뭘까?"

라고 말하며 둘은 걸음을 멈추고 자세히 쳐다보고 있었습니다.

그러자 자세히 살펴보던 동생이

"아, 구슬이야. 형 분명 아름다운 구슬이에요."

라고 흥분된 목소리로 소리쳤습니다.

형이 곧바로 물 밑 깊이 손을 뻗어 그것을 집어 올려보니, 그것은 그것은 훌륭하고 멋진 특이한 구슬이었습니다.

둘은 매우 기뻐하고 즐거워하니 그 기쁨은 이루 표현할 수 없었습니다.

소중히 그것을 가지고 빨리 볼 일을 끝내 버리고 서둘러 집으로 돌아왔습니다. 그렇게 소중하고 소중하게 상자에 고이 넣어 두었습니다.

상자에 넣어둔 구슬을 둘은 매일같이 꺼내 보았습니다. 마치 그것이 하루의 즐거움인 것처럼 매일매일 그 일을 반복하게 되었습니다.

그러던 어느 날 신기하게도 형이 살며시 상자를 열어보니 놀랍게도 그 상자 안에는 금과 은 그리고 보물들이 한 가득 들어 있었습니다. 형은 당장 달려가 그 일을 동생에서 이야기했습니다. 그리고 나타난 많은 보물들을 동생에게 보여 주었습니다.

둘은 한편으로 매우 신기하면서도 기뻤습니다. 그리고 이번에는 보물을 꺼낸 빈 상자를 동생이 열어보니 또 전처럼 금과 은, 수많은 보물들이 나왔습니다.

2

그 뒤로도 몇 번을 열어 봐도 열 때마다 반드시 많은 보물이 쏟아져 나왔습니다.

그래서 둘은 순식간에 큰 부자가 되어 버렸습니다.

“이건 구슬을 주운 덕분이야.”

둘은 함께 그렇게 말하면서 항상 사이 좋게 지냈습니다.

그렇게 세월이 흘러 둘은 이제 어른이 되어 그 돈을 반씩 나누어 각자 자신의 집을 짓게 되었습니다. 그리고 둘은 그곳에 살고 있었습니다.

그렇게 금과 재물들은 반씩 나누었지만 그 신기한 구슬은 하나밖에 없어서 나눌 수가 없었습니다. 그래서 둘은 아무리 생각해도 좋은 방법이 없었기에 형이 마음을 정했습니다.

“구슬은 네가 가지고 있거라.”

그렇게 말하면서 동생에게 건네자

동생은

“아닙니다. 그럴 수는 없어요. 소중한 구슬이니 부디 형이 보관해 줘요.”

그렇게 말하면서 계속 말을 듣지 않고 서로 양보만 하고 있었습니다.

정말 정직함 그 자체였던 두 형제는 어느 쪽도 구슬을 받으려 하지 않았습니다.

그래서 둘은 여러 가지로 궁리를 해 보았습니다. 마침내 그 구슬을 처음 주운 강바닥에 놓고 오기로 했습니다. 서로 양보만 하고 결론이 나지 않았기에 안타깝게도 그렇게 정하는 것 외에 달리 방법이 없었습니다.

"구슬님 안녕. 부디 안녕히 가세요."

그렇게 말하면서 둘은 분명하게 확인하고 전에 구슬을 주운 근처에 내려놓으려고 했습니다.

그런데 깜짝 놀라고 말았습니다. 아직 그 구슬을 내려놓기도 전인데 전과 같은 위치의 강 바닥에서 이미 빛나고 있는 것이 아닙니까? 자기도 모르게 둘은 자신들이 지금 가지고 온 손 안의 구슬을 다시 쳐다보았습니다.

그러나 역시 손 안에서도 빛나고 있었습니다.

마치 여우에게 홀린 것 같아

"앗."

하고 자기도 모르게 소리를 질렀습니다. 둘은 같이 다가가 자세히 들여다 보았지만 틀림없이 그것은 훌륭한 구슬이었습니다.

이렇게 신기한 일도 다 있다고 생각하며 다시 그 구슬을 주웠습니다. 자세히 살펴 보니 전의 구슬과 조금도 다르지 않았습니다.

서로 양보하다 결국 구슬을 원래 장소에 두고 오려고까지 했던 두 사람은 또 하나의 구슬을 얻어서 이제는 서로 양보하지 않아도 됐습니다.

두 사람은 각각 그 '구슬'을 하나씩 가지고 살게 되었습니다.

그리고 두 사람의 집은 점점 부자가 되었습니다.

3. 은혜를 모르는 호랑이恩知らずの虎

1

옛날 어느 깊은 산속에 길고 긴 고개가 있었습니다. 그곳은 이쪽 마을에서 저쪽 마을로 가는 중간지점으로 좁은 길이 나 있었습니다.

그리고 가끔씩 나그네가 지나갔습니다.

마침내 고개까지 올라가니 첩첩이 산이 이어지고, 소나무 가지 사이를 지나는 바람소리만이 쓸쓸하게 들려왔습니다.

그 근방에는 호랑이가 살고 있어 자주 매년 그곳을 지나는 나그네가 피해를 입었습니다. 조용히 덤불 그늘에 숨어 기다리고 있다가 그곳을 지나는 나그네를 노렸기 때문에 골치였던 것입니다.

그래서 산기슭의 마을 사람들은 여러모로 상의한 끝에 함정을 파 두기로 했습니다.

호랑이가 나올만한 곳에 몇 개나 몇 개나 함정을 파 두었습니다.

그러던 어느 날이었습니다. 한 나그네가 그 고개를 올라갔습니다. 마침 함정 근처를 지나고 있는데 이상한 소리가 들려왔습니다. 이것 참 이상하다고 생각하며 가까이 가서 들여다 보니 한 마리의 커다란 호랑이가 제대로 함정에 빠져서 어쩔 줄 몰라 하고 있었습니다.

호랑이는 어떻게든 나가보려고 구덩이 안에서 저쪽 구석으로 갔다가 이쪽 구석으로 갔다가 하면서 결국에는 빙글빙글 돌고 있었습니다.

그러나 처음부터 올라갈 수 없었기 때문에 단지 죽음을 기다릴 수밖에 없었습니다.

그때 갑자기 나그네가 구덩이 입구에 나타났기에 호랑이는 어떻게 해서든 도움을 받아야겠다고 생각했습니다. 불쌍한 얼굴에 한층 더 처량한 표정을 지으며 실로 착해 보이도록 울 것 같은 목소리로 구덩이 안에서 말을 걸었습니다.

"여보세요. 제발 저를 이 구덩이 안에서 구해 주십시오. 만일 구해 주신다면 결코 그 은혜는 잊지 않겠습니다. 그리고 제가 할 수 있는 한 호랑이 친구들한테도 알려서 그 보답을 하겠습니다. 제발 살려 주십시오."

그렇게 말하며 두 손을 모으고 정말 불쌍한 목소리로 부탁했습니다.

이것을 본 나그네는 당당한 호랑이가 몹시 기가 죽어 계속 자비를 구하는 것이 너무 불쌍해서 어떻게든 구해 주려고 주위를 둘러보았습니다.

그 근처에 굴러다니던 통나무를 끌고 와 그것을 구덩이 안으로 내려주었습니다. 쉽게 쉽게 올라올 수 있도록 사다리를 만들어 준 것입니다.

구사일생으로 살아난 호랑이는 구덩이 위로 올라오자, 기쁜듯한 표정을 지으며 살았다는 기쁨에 가득 차서 맘껏 몸을 움직이더니 한마디 고맙다는 인사도 없이 나그네를 노리고 달려들었습니다. 한 입에 물어버리려고 한 것입니다.

나그네는 호랑이가 매우 기쁘겠다고 생각했는데 오히려 물어 죽이려고 덤벼들자 매우 놀라 버렸습니다.

"잠시 기다려 기다리라고. 이거 너무하군. 배은망덕도 유분수지. 너는 바로 지금 내가 구해주지 않았느냐? 그것을 잊어버리고 덤벼들다니 무슨 일이냐? 너무하지 않느냐?"

나그네는 너무 깜짝 놀라서 숨도 쉬지 못하고 말했습니다.

그러자 호랑이는 매우 자신만만한 태도로 정색을 하고 말하기 시작했습니다.

"아니 잊을 리가 있겠나? 그런데 나에게 이런 심한 짓을 한 것은 바로 인간들이다. 원래 인간은 항상 우리들의 적이다. 그래 너는 지금은 나를 살려 주었지만 그것은 그저 지금 이순간의 마음일 뿐이고, 인간들은 항상 우리를 해칠 궁리를 하고 있다. 그러니 지금 나를 구덩이에서 꺼내준 정도로 은혜를 베풀었다고 생각하고 네 목숨을 소중히 여겨 달라고 해도 소용없다. 각오하는 것이 좋을 것이다."

그러자 나그네도 이 놈은 삐뚤어진 논리를 펼치는 녀석이라 생각하고 잠시 입을 다물었습니다. 그러나

"그렇군. 그건 네 말도 어느 정도 일리가 있다. 하지만 네가 하는 말만 듣는 것은 불공평하니 어느 쪽 말이 옳은지 누구에게 한번 물어보기로 하자."

그렇게 말하며 나그네는 맞은편에 묶여 있는 소에게 자세하게 이야기를 하고 어느 쪽이 옳은지 판가름을 받기로 했습니다.

2

소가 바로 대답하기를

"그것은 인간이 나쁘다. 당연히 나쁘지. 원래 인간은 우리에게 무거운

짐을 지게 하거나 무거운 수레를 끌게 하면서 정말 함부로 대하고 있다. 그뿐인가? 우리의 소중하고 소중한 젖을 짜고 게다가 죽여서는 고기로 먹고 심지어는 뼈까지 써 버리지. 하고 싶은 일은 마음대로 제멋대로 하고 있다. 그런 인간이 호랑이에게 잡아 먹히는 것은 당연한 일이다."

그렇게 말하며 씩씩거렸습니다.

인간을 동정하기는커녕 항상 귀여워해 주는 주인이 곁에 없는 틈을 타서 함부로 말을 늘어놓았습니다.

호랑이는 이를 듣더니 마치 '정말 그래. 내 마음과 같군.'이라는 표정을 지으며 당장이라도 나그네에게 달려들려고 했습니다. 그러자 나그네는

"기다려, 기다려보라고. 저기서 조용히 아까부터 이야기를 듣고 있는 소나무에게 한번 더 물어보자."

라고 말하며 성큼성큼 소나무 아래로 갔습니다. 어떻게 해서든 자기 편을 찾아야 할 것 같았습니다.

그런데 소나무 역시 잘난 척 하는 표정으로 하늘을 쳐다보고 콧방귀를 뀌면서

"인간처럼 제멋대로인 것은 없다. 우리들의 몸의 형태를 자기들 마음대로 바꾸면서 보고 즐거워하고, 게다가 우리 나무 친구들을 실로 마음대로 취급해서 화를 참을 수가 없다. 봄이 되었다고 하면서 꽃을 보고 들떠 돌아다닌다. 여름은 나무 그늘이 훌륭하다는 둥 하면서 어줍잖은 잘난 척을 하고, 가을이 되면 가을대로 단풍이 좋다는 둥, 낙엽이 어떻다는 둥 떠들며 구경하며 돌아다닌다. 그리고 겨울이 되면 제멋대로 마음대로 나뭇가지를 자르거나 뿌리째 베어서 온돌에 때거나 목재로 사용하고 있다. 그뿐만이 아니다. 낙엽까지 싹 쓸어서 온돌로 가져가는 상황이다. 그보다 나쁜 놈들

을 만나면 무슨 숯을 만든다고 떠들어대며 우리들을 느닷없이 뜨거운 가마 속으로 던져 버리기도 한다. 아무리 생각해도 인간에게는 전혀 동정이 가지 않는다. 호랑이 님의 말이 실로 타당하다."

때마침 불어온 바람을 이용해 한층 더 무시하는 듯 고개를 흔들며 잘난 척하고 있었습니다.

그렇게 말하며 소나무마저도 호랑이의 편을 들었기 때문에 호랑이는 점점 더 의기양양해져 버렸습니다.

그래서 나그네를 향해서 실로 거만하게

"누구한테 물어봐도 이렇다. 아무리 인간이라도 이렇게 많은 의견을 들으면 변명의 여지가 없을 것이다."

그 말을 마치자마자 벌써 송곳니를 드러내고 이를 부딪히며 덤벼들었습니다. 나그네는 이렇게 거만한 호랑이를 만났으니 아무래도 포기할 수밖에 없겠다고, 억울하지만 이제 여기까지구나라고 포기하고 가만히 있었습니다. 그러자 뒤쪽 풀 숲에서 부스럭 부스럭 소리가 났습니다.

돌아보니 한 마리 토끼가 나타났습니다. 나그네는 '그래 마지막으로 혹시 모르니 한번 더 이 토끼에게 물어보자. 토끼는 본래 옛날부터 매우 지혜롭다고 하니까 분명 좋은 방법을 생각해 줄 것이야'라고 생각하고

"기다려줘. 지금 토끼가 여기 나타났으니 만약을 위해 한번 더 토끼에게 물어보고 싶다. 만약 토끼도 소나 소나무처럼 같은 말을 한다면 어쩔 수 없다. 나도 인간이다. 구해준 너에게 미련 없이 잡아먹히겠다."

그렇게 잘라 말했습니다.

이번이 마지막이라고 생각하며 호랑이도 나그네도 숨을 죽이고 토끼가 말하는 것에 귀를 기울였습니다.

토끼는 조용히 입을 열어

"그렇다면 제가 정당한 판정을 내리지요. 그전에 대체 호랑이가 어떻게 구덩이에 떨어져 있었는지 그것부터 먼저 알고 싶습니다."

거만한 호랑이는 토끼의 표정을 슬며시 살피고 '이놈도 분명 내 편이 되어서 어떤 좋은 말을 해주겠지?' 하고 생각하며 꽤나 즐거운 듯 함정 앞까지 가서는 매우 기운차게 펄쩍 뛰어들어 버렸습니다.

그것을 본 토끼는 한층 더 침착하게

"처음부터 당신이 호랑이를 구해줘서 이런 귀찮은 일이 생긴 것입니다. 호랑이를 저대로 내버려두면 됩니다. 아무것도 하지 않고 처음 그대로 내버려두면 되는 겁니다. ……저 상태로 목숨을 건질 운명이라면 목숨을 건질 테니까요."

그렇게 나그네에게 말하고 이번에는 호랑이를 향해서

"당신은 그렇게 있었으면 그걸로 좋았을 것입니다. 누구에게 물어보지 않아도 무엇이 옳은지 스스로 알 수 있을 것입니다."

똑 부러지게 그렇게 말했습니다.

나그네도 토끼도 어디론가 가버린 뒤에 호랑이는 다시 구덩이 안을 빙글빙글 돌고 있었습니다.

산봉우리의 소나무 가지에는 여전히 바람이 불어와 쏴아쏴아 하는 소리만 나고 있었습니다.

4. 만수 이야기萬壽の話

1

어느 시골 그것도 산속 깊은 곳에 만수萬壽라는 아주 불행한 아이가 있었습니다.

집이 매우 가난한데다가 아버지도 어머니도 일찍 돌아가셔서 사람들의 도움을 받으며 자랐습니다. 어느 정도 성장하자 어떤 사람의 집에 고용되어 일하고 있었습니다.

매일 지게(짊어지는 도구)를 지거나 물을 긷거나 하면서 다른 사람들보다 훨씬 고생을 하면서 자랐습니다.

그러나 만수는 매우 어른스러운 아이였기에 아무리 주인이 심하게 부려먹어도 절대로 대들거나 하지 않았습니다. 하지만 주인은 그 반대로 아주 나쁜 사람이었습니다. 아침부터 밤까지 끊임없이 부려먹었습니다. 그래도 만수는 언제나 항상 의젓하게 주인의 말을 하나하나 지키면서 충실하게 일하고 있었습니다.

그러는 동안 만수는 이제 열세 살이 되었습니다.

바쁜 연말을 보내고 기쁜 새해를 맞이해, 모든 사람들이 훌륭한 나들이 옷을 입고 축복하며 즐기고 있었습니다. 그러나 만수에게는 그런 즐거운 시간은 주어지지 않았습니다. 주인은 언제나처럼 지게를 지고 산으로 나무를 하러 보냈습니다.

더럽고 더러운 옷을 입은 채로 만수는 조금도 불만스러운 얼굴을 하지 않고 산으로 올라갔습니다. 그래도 도중에 만나는 아이들을 보면 예쁜 저고리를 입고 새 신을 신고 놀고 있었기 때문에 '나도 저렇게 놀고 싶다.' 그런 생각이 들어서 도중에 돌아가고 싶다는 생각이 들기도 했습니다.

그러나 성실한 만수는 마음을 다시 다잡고 결국 산을 올라갔습니다.

산에는 새해의 햇살이 눈부시게 내리쬐고 있었습니다. 평소와 달리 조용해서 사람 발소리나 목소리조차 전혀 들려오지 않았습니다. 단지 꿩 우는 소리와 작은 새들이 지저귀는 노랫소리가 귓가에 울려 퍼질 뿐 너무나 적막했습니다.

그래서 나무를 베려고 하면 그 소리가 산 전체에 울려 퍼져서 한층 더 외로운 기분이 들었습니다.

만수가 힘을 내서 꾸준히 나무를 베자 드디어 지게 하나를 가득 채울 땔감을 마련했습니다.

'아 다행이다.'라는 생각이 들자 완전히 마음이 놓여서 조금 쉬엄쉬엄 하고 있었습니다. 그리고 땔감을 지게에 쌓고 기쁜 표정으로 햇볕을 쬐며 휴식을 취하고 있는데, 갑자기 큰 소리가 나더니 땅이 울리기까지 했습니다. '산사태인가?' 그렇게 생각하며 귀를 세우고 멈춰 서있었습니다. 그러자 그 소리가 점점 가까워 오더니 풀 숲에서 갑자기 사슴 한 마리가 나타났습니다.

"아 뭐야. 사슴이잖아."

라고 중얼거리고 있자 사슴이 슬금슬금 만수의 바로 앞까지 다가 왔습니다. 그리고 가쁜 숨을 내쉬며

"제발 저를! 제발 저를! 어딘가에 숨겨 주세요. 빨리빨리요."

다급하게 사슴은 그렇게 말했습니다.

만수는 재빨리 상황을 파악하고 근처 바위 그늘에 숨겨주었습니다.

그리고 자신은 시치미를 떼고 가능한 아무렇지 않은 표정으로 잡으러 오는 사람에게 들키지 않도록 준비를 하고 있었습니다.

2

사슴을 숨기자마자 바로 사냥꾼이 달려왔습니다.

그런데 이상하게도 지금 도망쳐 온 사슴은 보이지 않고 아이가 나무를 하고 있을 뿐이었기에, 이게 대체 어찌된 일인지 의아하게 여기며 계곡 쪽으로 성큼성큼 걸어가 버렸습니다.

사냥꾼이 가버린 것을 확인하고 사슴은 바위 그늘에서 천천히 나왔습니다.

"감사합니다. 정말로 목숨을 건졌습니다. 절체절명의 순간이었는데……. 감사의 인사로 드리고 싶은 것이 있으니 부디 저와 함께 가주십시오. 오늘은 덕분에 목숨을 건졌으니……."

그렇게 말하면서 사슴은 안내하며 앞장섰습니다. 순진한 만수였기에 '뭘까?'
라고 생각하며 사슴이 안내하는 대로 따라갔더니 높이 올려다 봐야 할 정도의 바위를 돌아서 계곡의 밑바닥 같은 곳으로 나왔습니다. 신기하게도 그곳에 가니 바람도 불지 않고 매우 따뜻했고 풀숲 한 덩어리가 자라고 있었습니다. 그 풀숲 옆으로 가자 사슴이 멈춰 섰습니다.

그리고 만수를 향해 대단히 정중하게

"부디 이 풀을 가지고 돌아 가십시오. 반드시 좋은 일이 있을 것입니다."
라고 말하자마자 조금 전까지 그곳에 서서 말하고 있던 사슴은 한 순간에 사라져버려 그림자도 찾을 수 없었습니다.

넋을 잃고 있던 만수가 아무리 주위를 둘러보고 찾아 다녀도 이미 아무것도 찾을 수 없었습니다.

주위는 조용하고 적막했으며 살랑살랑 불어오는 바람에 풀숲의 잎사귀만이 미세하게 흔들흔들 흔들리고 있었습니다.

만수는 겨우 정신을 차리고 일단 그 풀을 조금만 잘라서 기뻐하며 산을 내려왔습니다. 그런데 방금 전에 아주 조금만 잘라온 풀이 지게 위에서 무거워져서 걷고 있는 동안에도 변화를 알 수 있을 정도가 되었습니다. 이상히 여겨 지게를 내려놓고 뒤를 돌아 보니, 도대체 어찌된 일인지 조금 전의 풀이 전부 그 비싼 인삼으로 변해 있었습니다.

만수는 대단히 기뻐하며 그대로 주인에게 가져가 보여 주었습니다. 그러자 주인도 크게 기뻐하며 만수에게 많은 상을 내렸습니다.

그 뒤로도 원하는 사람이 있으면 흔쾌히 산으로 가서 그 풀을 뜯어와 나눠 주었습니다. 그것을 받은 사람들은 모두 진심으로 감사 인사를 하거나 감사의 표시로 여러 가지 물건을 만수에게 주었습니다.

그 뒤로는 만수는 점차 마을 사람들과 이웃마을 사람들에게까지 존경을 받게 되었고, 본인도 아무 부족함 없이 행복하게 하루하루를 보내게 되었습니다.

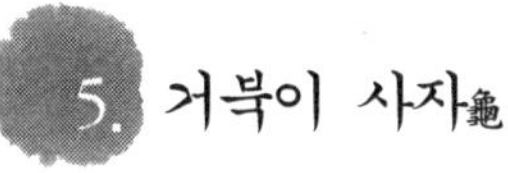

5. 거북이 사자亀のお使

1

조선 반도 동쪽 바다의 아주 깊은 곳에 용왕이 살고 있었습니다.

용왕의 궁전은 그야말로 훌륭했습니다. 궁전의 지붕도 기둥도 정원에 깔려 있는 자갈까지도 무엇 하나 훌륭한 보물이 아닌 것이 없었습니다. 그뿐만이 아니었습니다. 그 아름다운 궁전 위에서 햇살이 물속을 뚫고 내리쬐고 있어서 실로 그 아름다움은 이루 말로 표현할 수 없었습니다. 햇살을 등지고 보면 어느 쪽을 보아도 그야말로 멋진 무지개가 수없이 보였습니다. 그 무지개 다리를 건너 이쪽 궁전에서 저쪽 궁전으로 건너가고 있었습니다.

궁전에서는 용왕의 가족들이 영화를 누리며 아무 부족함 없이 행복한 나날을 보내고 있었습니다.

그러던 어느 날 사소한 일로 하나뿐인 공주님의 심기가 불편해지더니 그 뒤로 궁전 안은 마치 어둠이 드리운 것처럼 변했습니다. 항상 들려오던 웃음소리마저도 들을 수 없게 되었습니다.

그렇게 우울한 나날을 보낼 수밖에 없었는데 특히 아버지인 용왕의 마음은 누구보다도 아팠습니다.

어떻게 해서라도 공주의 기분을 즐겁게 해주고 싶은 마음에 아무리 약을 주고 아무리 용한 의원에게 보여도 도저히 확실한 이유를 알 수 없었습니다. 그래서 어느 날 조정의 신하들을 모두 다 불러모아 묘약을 수소문하고 좋은 치료법을 궁리해 보았습니다. 그러나 아무리 해도 좋은 해결책이 없었습니다. 모처럼 조정의 모든 신하들을 모아 놓았지만 허무하게 돌려보낼 수밖에 없었습니다.

그때 늦게 온 의사가 한 명 있었습니다. 왕 앞으로 성큼성큼 나아가

"제가 꼭 드리고 싶은 이야기가 있습니다. 부디 들어주십시오……. 드리고 싶은 이야기는 토끼의 간입니다. 살아 있는 토끼의 간을 가져 와서 그것을 아침저녁으로 복용하면 반드시 금세 병이 나을 것입니다."

조심스럽게 고하고 물러나자 용왕은 매우 기뻐하며 당장 토끼를 잡아오라고 하고 싶었습니다.

그러나 이곳은 바닷속에서도 깊은 바닥이었기 때문에 달리 방법이 없어 한동안 망연자실해 있었습니다. 그런데 지금까지 모여서 함께 상의하고 있던 신하들 중에 비틀거리며 늦게 도착한 거북이 한 마리가 이 이야기를 듣자마자 바로 왕께 고했습니다.

"제가 한번 토끼를 잡아와 보겠습니다. 부디 그 임무를 제게 맡겨 주십시오. 반드시 제가 성공시키겠습니다."

그렇게 너무나 자신만만하게 말해서 한편으로는 불안하기도 했지만 어쨌든 대단히 자신 있게 말했기 때문에

"너는 땅 위에 있는 토끼를 어떻게 이 바닷속으로 잡아올 생각이냐?"

그렇게 물어보았습니다.

"바로 그것입니다. 저는 이렇게 보여도 제법 말재주가 있는 편입니다. 그리고 알고 계시듯이 땅으로 올라갈 수도 있고, 이렇게 비틀비틀 걷고 있지만 필요할 때는 누구에게도 지지 않는 끈기를 가지고 있습니다. 일단 보내 주신다면 어떻게 해서든 그 임무만은 훌륭하게 해내겠다고 이미 각오하고 있습니다."

그렇게까지 말하며 강한 결심을 보여 주었습니다.

그래서 결국 거북이가 토끼를 데리고 오게 되었습니다.

왕은 거북이가 출발하자 마음이 놓였습니다. 그리고 거북이가 돌아오기만을 간절히 기다렸습니다.

2

거북이는 짧은 다리로 물을 헤치며 목을 길게 빼고 쭉쭉 헤엄쳐나갔습니다. 며칠이나 걸려 넓은 바다를 지나고 바위에서 잠시 쉬면서 어느 섬의 바닷가에 도착했습니다. 거북이는 우선 바닷가 바위 위에 올라가 사방을 둘러보면서 등껍질을 말렸습니다. 초록빛 풀은 무성하고 시원한 바람이 불고 있었습니다.

그럼 어느 쪽으로 가야 토끼를 찾을 수 있을까? 그런 생각을 하며 두리번두리번 목을 길게 빼고 살펴보고 있었더니, 운 좋게도 바로 앞 풀숲 안에서 토끼 한 마리가 불쑥 얼굴을 내밀었습니다.

"거북님 거북님, 이렇게 더운데 뭐하고 있니?"

토끼는 그렇게 말하며 말을 걸었습니다.

"나 말이냐? 나는 너를 데리러 왔단다. 내가 사는 곳에서 이번에 멋진 축제가 있어서 꼭 한번 보여 주고 싶어서 왔지. 용궁축제(龍宮祭)는 정말로 재미있단다. 그러니 축제를 보고 나서는 용궁 구경을 하고 돌아가면 좋을 거야. 용궁으로 말하자면 정말 아름답거든. 토끼님은 한번도 보지도 듣지도 못했을 거야. 일년 내내 푸른 잎이 무성하고 과일은 뭐든지 있지. 게다가 그것들이 적지도 않거든. 얼마든지 많이 많이 있다고. 시원한 물을 마시고 싶으면 마치 수정처럼 깨끗하고 얼음처럼 차가운 물이 콸콸 솟고 있어. 한번 와보면 누구라도 돌아가는 것을 잊어버린다고. 어때, 토끼님 나와 같이 가지 않을래?"

"나와 같이 가자고 말해도 용궁은 바닷속이잖아. 그런 곳에 우리들이 갈 수 있을 리가 없잖아."

"바로 그거야. 그래서 내가 데리러 오지 않았니? 내가 헤엄쳐 갈 테니 이렇게(말을 타는 것처럼 이상한 몸짓을 하며) 내 등껍질 위에 안전하게 타고 있으면 된단다."

"파도를 뒤집어 쓰면서 갈 수 없잖아."

"그런 일은 없을 거야. 나는 정말 헤엄을 잘 치니까 얌전히 앉아만 있으면 파도를 뒤집어 쓰지 않게 해 줄게."

"하지만 그렇게 솔깃한 이야기를 해도 그렇게 잘 풀릴 리가 없지. 게다가 겨울이 되면 나무열매 같은 것이 있을 리 없잖아. 그런 말도 안 되는 이야기를 하다니."

"아니야 아니야, 거짓말을 할 이유가 없잖아. 이 정직한 거북이가 말이야."

"그러면 가볼까?"

"가볼까 정도가 아니지. 가는 거야. 그리고 깜빡 잊고 있었는데 토끼님이 가장 싫어하는 수리나 매 같은 위험한 동물은 한 마리도 없단다. 그러니 절대 농담이 아니야."

너무나 적극적으로 권했기 때문에 결국 토끼는 갈 마음이 생겼습니다.

"넘어왔군."

이라고 거북이는 작은 소리로 말하며 수상하게 눈을 굴리고 목을 움츠리고 있었습니다.

토끼는 여전히 불안한 것처럼

"괜찮은 거야? 이런 등껍질을 타고 갈 수 있는 거야? 정말이야?"

"물론이지. 정말이야. 나는 거짓말 같은 건 하지 않아."

너무나 친절하게 말했기 때문에 결국 토끼는 거북이 등에 타 버렸습니다.

"괜찮아?"

"괜찮고 말고."

"신기하다. 지금까지 본 적 없는 바다를 건너 가는 것은 기분이 좋구나."

토끼는 바다 위로 불어오는 바람을 맞으며 기분이 좋아져서 거북이가 밑에서 작은 소리로 말하는 것에 대답하면서 실로 즐거워하며 가고 있었습니다.

3

파도를 헤치고 헤치며 둘이 이야기를 나누며 가는데, 한 2~3리 정도 헤엄쳐 가자 거북이는 슬슬 의기양양해져서 제대로 속인 것이 기쁘고 기뻐 도저히 잠자코 있을 수가 없었습니다.

거북이가 지나치게 기뻐하고 있었기에 토끼는 신경이 쓰이기 시작했습니다.

"거북님 거북님, 뭘 그렇게 기뻐하고 있는 거니?"

"아니 아무것도 아닌데. ……네가 불쌍하구나."

"뭐야 뭐야, 불쌍하다니? 뭐가 뭐가 이상한 거야?"

"아무것도 아니야. 그저 너는 이제 얼마 남지 않았다고 말하는 거야."

"얼마 남지 않았다니 무슨 소리야? 이거 이상한데. 조금만 말해주지 않을래? 얼마 남지 않았다니."

"그게 조금 있으면 네 목숨은 끝이란다."

토끼는 깜짝 놀랐습니다. 그 놀란 모습은 이루 말로 표현할 수 없을 정도였습니다.

"왜 목숨을 잃는 거야? 도대체 무슨 일이야? 너는 목숨을 잃지 않아?"

"말도 안 되는 소리 하지마. 내 목숨은 안전해. 그보다 토끼의 목숨이 위험하지. 이제 곧."

"뭐? 뭐라고? 왜 내 목숨을 빼앗는 거야?"

토끼는 이제 호들갑을 떨면서 등껍질 위에서 몸을 움직이며 소동을 부리기 시작했습니다.

거북이는 침착하게 실실 웃으면서 자신이 중대한 임무를 띠고 토끼를 속여서 데리고 온 것을 자세하게 이야기해 버렸습니다.

토끼의 표정은 점점 변했습니다. 그러나 침착하게

"그렇군! 그렇다면 왜 빨리 그렇게 말하지 않았어. 돌아가지 않으면 안 되겠네."

"당연하잖아. 만약 말 했다면 넌 도망가 버렸을 테니까. 그건 그렇고, 왜 돌아가야 하는 거지?"

"두고 와 버렸거든."

"왜? 간은 항상 뱃속에 있잖아."

"그게 말이야. 너는 토끼의 간이라는 것을 잘 몰라서 문제야. 그건 두세 개 있기 때문에 언제든지 달라고 하면 얼마든지 줄 수 있지만, 너희들이 약으로 쓸 정도의 물건이라서 항상 더럽혀지지 않도록 관리하고 있거든. 그게 역시 신의 자손이라서 다르거든. 오늘은 운 나쁘게도 하나도 가지고 있지 않아. 아까 좀 더러워졌길래 잘 씻어서 바위 위에 널어두고 와 버렸거든. 네가 너무 재촉하는 바람에 깜박 잊어버리고 와 버렸어. 곤란한걸 곤란해. 곤란하다고. 정말 필요하니? 그렇다면 돌아가서 가지고 오는 수밖에 없어. 그렇게 필요하지 않다면 그냥 가고. 어때?"

신기하게 거드름을 피울 정도의 여유가 토끼에게도 있었습니다.

"그렇다면 별수 없지. 나도 간을 가지고 있지 않은데 데리고 가봤자 소용없으니까."

그렇게 말하고 거북이는 다시 돌아가기 시작했습니다.

한번 온 길을 다시 가는 것이라, 거북이는 빨리 갔다오고 싶어서 매우 서두르고 있었습니다. 이마도 몸도 땀 투성이가 되어 열심히 헤엄쳤습니다.

그렇게 겨우 원래의 바닷가에 도착했습니다. 그러자 토끼가 폴짝 뛰어 맞은편 언덕 위까지 가더니 이쪽을 보고 큰소리로 호통을 쳤습니다.

"누가 너 같은 놈에게 끌려갈 줄 알아? 이제 여기까지 왔으니 살았구나. 여기까지 와 보렴. 여기까지 와 보렴."

그렇게 말하며 놀리고 있었습니다.

"간이 없이 살 수 있는 바보가 어디에 있겠냐? 안녕, 바보 녀석아."

토끼는 하고 싶은 말을 다하고 몸을 홱 돌려 산으로 깡총깡총 뛰어가 버렸습니다.

거북이는 '아뿔싸.'라고 생각했지만 더 이상 어찌할 방법이 없었습니다. 단지 멍하게 그곳에 서 있을 뿐이었습니다.

6. 원숭이의 재판お猿さんの裁判

1

어느 깊은 산속 시골길, 건너편 언덕 쪽에서 개 한 마리가 걸어왔습니다. 그러자 이쪽에서도 길모퉁이에서 갑자기 여우 한 마리가 나타나 만나자마자 인사를 했습니다.

"어이, 안녕."

"어이, 안녕."

오랜만에 우연히 만난 개와 여우는 약속이라도 한 것처럼 그곳의 바위에 앉아 잠시 쉬기로 했습니다. 그런데 그때

"앗, 고기다."

"앗, 고기다."

개와 여우는 그렇게 말하며 함께 그곳에 떨어져 있던 고기 조각을 주워 들었습니다.

시골에 사는 할머니가 바위에 앉아 쉴 때 언덕 건너편 시장에서 사온 고기를 떨어트리고 간 것 같았습니다. 그야말로 맛있어 보여서 보기만 해도 너무나 먹고 싶은 고기였습니다.

보면 볼수록 먹고 싶어 참을 수 없었기에 개는 당장 달려들려고 했습니다. 송곳니를 드러내고 한 입에 삼켜 버릴 기세였습니다.

그러자 여우는

"자, 잠깐 기다려 주세요. 그건 내가 먼저 발견한 고기잖아요……. '앗, 고기다'라고 처음 말한 것은 저였어요."

그렇게 말하고 어떻게든 혼자 먹으려고 했습니다.

그러나 개도 그것을 보고 잠자코 있지는 않았습니다.

"나 역시 말은 안 했지만 발견한 것은 여우님보다 먼저였어요. 그 증거로 내가 앉아 있던 옆에 떨어져 있지 않았습니까?"

그렇게 말하며 개가 아무리 애를 써도 여우는 조금도 동의하지 않았습니다.

"아니, 내가 먼저였어."

"아니, 내 쪽이 먼저 발견했어."

라고 물러서지 않고 말다툼을 하며 아무리 싸워도 전혀 결판이 나지 않았습니다.

정직한 개는 가만히 꼬리를 흔들며 빨리 먹고 싶은 마음에 억울하다는 듯이 고깃덩어리를 쳐다보고 있었습니다. '여우가 저렇게 주장한다면, 정말 조금이라도 좋으니까 빨리 먹고 싶어.' 그렇게 생각하며 말을 해보았지만 욕심쟁이 여우는 그마저도 들어주지 않았습니다.

그러자 여우가 그 두터운 꼬리를 조금 움직이는가 싶더니 부드러운 목소리로, 그러나 어딘가 교활해 보이는 눈빛으로

"모두 서로 우겨봐도 소용없으니 내가 하는 말이 옳은지, 네가 하는 말이 옳은지 누군가에게 물어보지 않겠니? ……그게 좋을 것 같은데, 어떤가

견공?”

“아아, 그것도 좋겠군.”

“하지만 이것을 잘 판단해 줄 사람이 있을까?”

“있고말고……. 있지 있어. 저 돌산의 원숭이공이라면 괜찮아. 그 녀석은 꽤 지식이 풍부하고 말을 잘 알아듣거든.”

“그래 그래, 좋은 생각이야. 그 원숭이공에게 부탁하자.”

개도 그렇게 말하며 찬성했습니다.

그래서 개와 여우는 소중하게 고깃덩어리를 들고 그곳에서 꽤나 후미진 곳에 있는 돌산으로 갔습니다.

2

드디어 원숭이의 굴 앞까지 가서는 우선 그 고기를 원숭이공에게 보이고, 개와 여우는 번갈아 가며 그 고기를 발견했을 당시의 상황을 하나하나 자세하게 설명했습니다. 개는 자기한테 그 고기가 오도록 유리하게 말했습니다.

여우는 여우대로 제법 그럴듯한 이야기를 하며 정말 자신의 것이라는 말투로 이번에도 또 우기기 시작했습니다.

그러자 원숭이는 둘의 이야기를 열심히 듣고 있는 듯한 얼굴을 하면서, 어느 샌가 고깃덩어리 쪽에만 눈을 고정하고 조용히 코를 킁킁거리고 있었습니다. 하지만 한층 더 교활한 원숭이는 아무렇지 않은 것처럼 알겠다는 듯한 얼굴을 하고 하나하나 듣고 있었습니다.

개와 여우는 이미 너무 흥분해 버려서 설명 같은 것은 잊어버리고 서로 으르렁거리고 있었습니다. 그러자 조용히 보고 있던 원숭이는 그것을 말리

려고도 하지 않고 조용히 입을 열었습니다.

영리해 보이는 원숭이는 이마의 주름을 더욱 찡그리고 눈을 굴리며 하얀 이빨을 조금 드러내면서 여러 그럴싸한 표정을 지었습니다. 원숭이는 잘난 체하면서

"잘 알겠습니다. 알겠어, 알겠군. 뭐야 별일도 아니네요. 둘 다 흥분해 있기 때문에 안 되는 거요. 자, 조용히 하세요. 그리 어려울 것도 없어요. 이렇게 하세요. 그것을 반반씩 나누면 그걸로 되는 겁니다. 역시 둘의 것이니까요. ……우선 그렇게 하는 수밖에 없겠네요."

그렇게 말하고 잠시 눈을 굴리고 다시 말을 계속했습니다.

"그러나 당신들은 제대로 반으로 나눌 수 없습니다. 제가 나눠 드리지요."

그렇게 말하자마자 재빨리 그 고기를 찢어 버렸습니다.

찢은 것을 보니 똑같이 반으로 나눠지기는커녕 크고 작은 두 조각이 되어 있었습니다. 그러나 그것은 원숭이가 미리 계획한 것이었습니다.

개도 여우도 어이없이 쳐다보고 있자 원숭이는 말을 계속하며

"이런! 아뿔싸. 이건 딱 반반씩이 아니네. 이쪽을 좀 줄여야지."

그렇게 말하면서 큰 쪽의 고기를 자기 입으로 가져가서 앙 하고 크게 물어뜯더니 우걱우걱 먹어 버렸습니다.

그리고 다시 고기를 늘어놓고 보니 역시 똑같은 크기가 아니었습니다. 그러자 다시 원숭이는 큰 쪽의 고기를 들고 이번에는 손톱으로 잘라 그 자른 조각을 그곳에 내려놓는가 싶더니 그것도 재빨리 입 안으로 넣어 버렸습니다.

나머지 남은 고기를 비교해 보니 역시 제 각각으로 절대 똑같지는 않았습니다.

"이런 이런, 아직 다르네."

하지만 원숭이는 조금 마음에 걸린다는 듯이 혼잣말처럼 중얼거리며 다시 한쪽을 찢었습니다.

찢은 것은 이제 아무렇지 않게 입에 넣었습니다.

그리고 교활하게 개와 여우의 얼굴을 똑같이 뚫어지게 쳐다보았습니다.

네다섯 번 정도 그런 짓을 하고 있는 동안, 고기는 흔적도 없이 사라져 버렸습니다.

그때는 이미 원숭이도 어디론가 사라져 버렸습니다. 실로 재빨리 도망가 버린 것이었습니다.

개와 고양이는 그저 멍하게 있을 뿐이었습니다.

그저 원숭이가 도망간 뒤, 나뭇가지가 흔들리는 소리가 희미하게 나고 있었습니다.

가지에서 가지로, 바위에서 바위로 도망간 원숭이를 어떻게 할 수도 없었습니다.

그곳에는 단지 고기를 묶어 들고 온 지푸라기만이 남아 있었습니다.

7. 점을 잘 치는 돌 占上手の石さん

1

개구리의 집은 매우 부유했습니다. 그리고 매일 아름다운 소리가 들려왔습니다. 비가 오는 날도 날씨가 좋은 날도 저녁이 되면 종종 은구슬 같은 소리가 났습니다.

개구리의 집 바로 뒤에는 아름다운 시냇물이 흐르고 있었습니다. 자주 그 시내에 나가서 놀았습니다.

시냇가에는 예쁘고 매끈매끈한 돌이 조용히 앉아 있었습니다. 개구리와는 항상 마주쳤기 때문에 언제부터인가 매우 친한 사이가 되었습니다. 바람이 불어도 비가 내려도 며칠이나 가뭄이 계속돼도, 하루도 안 만나는 날이 없었습니다.

돌은 말수가 적고 실로 차분한 성격이었고, 개구리는 매우 겸손하고 참을성이 강했기 때문에 둘은 서로 도와주며 조금도 상대방의 기분을 상하게 하는 일 없이 정말 사이 좋게 지냈습니다. 사이가 좋다고 해도 조금 이상한 일이 생겨서 서로 불편한 일이 생기게 되면 대개는 헤어져 버리지만, 이 둘은 절대로 그렇지 않았습니다. 이렇게 사이 좋은 친구는 어디를 찾아봐도 찾을 수 없었습니다.

개구리는 항상 돌의 집에 돈이 없는 것을 마음에 두고 있었습니다. 자신의 집에 아무리 돈이 많아도 그것은 아버지의 것이어서 어찌할 방도가 없었습니다.

게다가 돌은 너무나 말수가 적고 생각이 깊어서 누구에게나 답답하다는 소리를 들었습니다. 그리고 세상사람들에게 바보 취급을 당했습니다. 사려 깊은 돌의 진정한 마음을 알고 있는 개구리는 어떻게 해서라도 돌이 사람들로부터 존경을 받게 해주고 싶었습니다. 만약 존경하지 않더라도 저렇게 기분 나쁜 모습만은 보이지 않았으면 좋겠다고 생각하고 있었습니다.

언제나 언제나 돌의 처지에 대해서 개구리는 깊이 깊이 생각하게 되었습니다. 어떻게 해서든 돌의 진정한 능력을 보여 주고 싶다고 생각했습니다.

그러던 어느 날 아버지의 소중하고 소중한 은 숟가락이 사라져 버렸습니다. 아무리 찾아도 찾을 수가 없었습니다.

그것은 당연한 일이었습니다. 돌과 개구리가 그 숟가락을 꺼내와서 놀다가

"여기에 놓아두자."

"그래, 여기 잘 두었다가 다시 놀자."

그렇게 말하고 돌 옆의 풀숲 안에 소중하게 놓아둔 것이었습니다.

아버지가 그렇게 찾을 거라고는 생각하지 못했습니다. 너무 애타게 찾고 있었기에 개구리는 '이때다.'하고 좋은 방법을 생각해 냈습니다.

"아버지 아버지, 돌은 말은 없지만 생각이 깊어서 무엇이든 생각하고, 무엇이든 꿰뚫어보고, 무엇이든 점을 쳐서 맞출 수 있어요. 보통 사람과는 다른 능력을 가지고 있어서 말이 없는 것이에요. 그러니 한번 돌에게 점을

쳐보게 해주세요."

그렇게 말하며 권했습니다.

한편 돌에게는

"만약 우리 아버지가 얼마 전에 우리 둘이서 가지고 놀았던 은 숟가락을 찾아달라고 하거든 잠자코 내어 주기만 하면 되니까 그렇게 해주렴."

이라고 부탁해 두었습니다.

2

아버지는

"뭐라고? 그 바보 같은 돌이 어떻게 그 숟가락을 찾을 수가 있겠느냐?"

그렇게 말하며 비웃고 있었지만 아들이 너무 졸라댔기에 결국 물어보았습니다.

"이봐 돌아, 너는 내 은 숟가락을 알고 있느냐? 그것을 찾아낸다면 큰 상을 내릴 텐데, 어떠냐? 한번 점쳐 보거라."

그 말을 들은 돌은 곧바로 그 은 숟가락이 있는 곳을 맞춰서 찾게 해주었습니다.

정말 정직하고 사려 깊은 그리고 차분한 돌의 모습을 보고 아버지는 크게 감동했습니다.

그리고 많은 상을 내렸습니다.

이 이야기가 주변에 전해졌기 때문에 돌의 훌륭함이 순식간에 퍼져나갔습니다. 그리고 모두에게도 존경을 받게 되었습니다.

개구리는 이것을 보고 매우 기뻐했습니다.

3

마침 그때 중국에서는 큰 사건이 일어났습니다. 임금님의 소중하고 소중한 구슬이 없어져 버린 것이었습니다. 이것은 대사건으로, 온 나라를 구석에서 구석까지 전부 찾아보라는 명령이 내려지고 임금님이 그 도둑을 찾았지만 어떻게 해도 찾을 수가 없었습니다. 찾기는커녕 짐작조차 할 수 없었습니다.

임금님의 분노는 이루 표현할 수가 없었습니다. 빨리빨리 그 범인을 찾아내라고 명하고 많은 사람들을 풀어서 찾았지만 결국 찾지 못했습니다.

그러자 그때 조선에 유명한 점쟁이가 있다는 이야기가 임금님의 귀에 들어갔습니다. 그래서 멀리 조선에서 불러들였습니다

그렇게 돌은 마침내 중국으로 떠나게 되었습니다. 친한 개구리에게도 이별을 고하고 굳은 결심을 하고 사신과 함께 길을 떠났습니다.

조선에서는 이 명예로운 임무를 칭찬했고, 중국에서는 오랫동안 풀지 못했던 수수께끼를 해결한다는 것에 모두 크게 기뻐하고 있었습니다. 돌은 그 사이에서 마음속에 형용할 수 없이 큰 걱정거리를 가지고 있었습니다.

'내가 풀 수 있을까? 만약 내 힘으로 풀지 못하더라도 반드시 고향에서 나를 생각해 주는 개구리의 힘으로 어떻게든 해결해 가야지. 그리고 정말 신중하게 해야겠다.' 그런 생각을 하면서 여행을 계속했습니다.

드디어 조선땅을 떠나 국경을 넘게 되었습니다.

중국에서는 그야말로 크게 기뻐하며 문무백관文武百官을 갖추어 맞이할 정도로 야단법석이었습니다. 극진한 환대를 받았지만 돌은 걱정이 되어서 참을 수가 없었습니다. 그러나 자신감을 가지고 스스로를 격려하고 있었습니다. 마음속에서 솟아나는 힘을 믿고 개구리의 도움을 믿으며 기도하는

심정이었습니다.

임금님의 궁전에 도착하자 우선 여행의 짐을 풀고 그때부터 그 깊이 숨겨진 수수께끼를 풀 열쇠를 찾기 시작했습니다.

돌은 조용히 생각해보았습니다.

"부디 제게 100일의 시간을 주십시오. 그 사이에 반드시 문제를 풀어 보이겠습니다."

실로 힘이 실린 목소리로 그렇게 딱 잘라 말했습니다.

돌은 드디어 신비로운 풀리지 않는 수수께끼를 마주하고, 지금부터 풀어야 하는 순간이 되자 자신도 모르게 어디선가 자신감이 생겨서 분명하게 100일이라는 기간을 정해 버렸습니다.

이전부터 생각해 온 것도 아니고 또한 어떤 이유가 있어서 그렇게 선언한 것도 아니었습니다. 자연스럽게 그렇게 되었던 것이었습니다. 돌은 분명히 어떤 힘을 느꼈던 것이었습니다.

4

그렇게 선언은 했지만 막상 방 하나에 틀어박혀 있어보니, 막연히 불안한 마음이 들기도 하고 자기 능력이 부족하다는 생각이 들기도 해서 어쩔 줄을 몰랐습니다.

시간은 전혀 사정을 봐주지 않고 흘러갔습니다. 매일 고민하며 지내던 돌은 이제 얼마 남지 않은 날짜를 세어보니 너무 걱정이 되어서 참을 수가 없었습니다.

그러던 중에 이제 100일이라는 시간도 거의 다 지나 99일째가 되었습니다.

돌은

'이제 하루 남았다.'

그렇게 생각하자 초조한 마음에 조금 흥분했습니다. 그리고 생각했습니다. 자신에 일생일대의 최대 난제에 대해서 되돌릴 수 없는 경솔한 짓은 하고 싶지 않다. 자신의 힘이 부족한 것은 어쩔 수 없지만 가진 모든 힘을 다 쓰고 싶다. 그렇게 생각하며 기도하는 마음이 되자 갑자기 얼굴이 씻고 싶어졌습니다.

시원하게 깨끗한 기분이 되고 싶었던 것이었습니다.

그런데 두 손을 담그려고 했던 세면기에 넘쳐흐를 것 같이 깨끗한 물 위에 방금 떨어진 나뭇잎이 있었습니다.

'바스락' 하고 떨어진 나뭇잎 한 장이 쓰윽 물속에 잠겼다가 떠올라서 수면에 나타났습니다. 자세히 보니 그것은 버드나무 잎으로, 그 잎사귀에는 벌레 먹은 작은 구멍도 나있었습니다. 그것을 본 돌은 갑자기

"유공엽柳孔葉"이라고 큰 소리로 소리쳐 버렸습니다.

느닷없이 내뱉은 '유공엽'이라는 말이 채 끝나기도 전에, 마치 그 소리를 듣고 달려온 것처럼 성큼성큼 발소리가 들리더니 남자 하나가 돌 앞에 불쑥 나타났습니다. 큰 눈을 요리조리 굴리는 실로 인상이 좋지 않은 덩치 큰 남자였습니다.

"지금 부르신 유공엽은 저입니다. 제발 용서해 주십시오. 제가, 이 몸이 훔친 것입니다. 절대 찾지 못할 거라 생각하고 안심하고 있었지만, 당신께서 멀리 조선에서 오셨기에 언제 제 죄를 밝혀내는지, 언제 불려갈지 조마조마해서 결국 며칠 전부터, 아니 당신께서 이 왕궁에 오셨을 때부터 바로 이 옆방에 숨어서 상황을 살피고 있었습니다. 실은 이제 앞으로 하루, 일이 잘 풀려서 불려가지 않는다면 이라는 마음에 들뜬 기분을 가라앉히며 남은 하루를 기다리고 있었습니다. 그러나 지금 마침내 저를 부르셨기에 이제 제 운도 다했다는 생각에 앞으로 나온 것입니다. 제발 용서를 바랄 뿐입니다. 그 구슬은 궁전 연못의 연꽃 뿌리 아래 묻어 두었으니 부디 꺼내 가주십시오. 그리고 부디 제발 이 목숨만은 살려 주십시오."

그렇게 말하며 계속 용서를 빌다가 갑자기 도망가서 모습을 감춰 버렸습니다.

돌은 다 해결됐다는 표정으로 그 뒤에 바로 궁전으로 갔습니다. 그리고 그 구슬이 있는 곳을 가르쳐 주었습니다. 임금님의 기쁨은 실로 대단하여 곧바로 하인들에게 명령해 찾아오게 했더니, 정말로 그 구슬이 나왔습니다.

수수께끼 같은 손에 감춰져 있던 구슬이 간단히 나타나자, 궁중은 해라도 갑자기 떠오른 것처럼 밝아지고 모두 함께 기뻐했습니다.

그러자 실로 신기한 수수께끼가 너무 쉽게 술술 풀려 버렸기 때문에 신하들이 반은 질투하고 반은 의심하며 여러 가지 억측을 시작했습니다.

"이것은 분명히 자기가 묻어둔 것이다." 같은 이런저런 말들을 하며 임금님에게까지 그런 이야기를 고했습니다.

5

임금님도 조금은 그런 생각이 있었기에 신하들의 말을 듣자 정말 그렇다고 여기게 돼버렸습니다.

그래서 한번 더 시험해 보기로 했습니다.

임금님은 몰래 자기 손안에 청개구리 한 마리를 숨기고 그것을 내밀며 돌에게 보여주었습니다.

"내 손안의 물건을 맞춰 보거라. 맞춘다면 상을 내리겠지만 만약 맞추지 못한다면 지금까지의 점괘도 믿을 수 없다. 미안하지만 그런 거짓말을 하는 사람은 이 세상에 도움이 되지 않는다. 목숨을 거두도록 하겠다."

이 정중하지만 잔혹한 말을 들은 돌의 놀라움은 이만저만한 것이 아니었습니다. 멀고 먼 중국까지 와서 중대한 임무를 마치고 겨우 안심하고 있던 참에 또 하나의 큰 시련이 닥쳐 왔기 때문에 완전히 낙담해 버렸습니다.

돌은 뭔가 마음속으로 기도하는 것 같은 몸짓을 하면서 조용히 개구리를 부르며 도움을 청하려 했습니다. 그러다가

"개구리……. 개구리."

하고 말을 내뱉어 버렸습니다.

임금님은 두 번 깜짝 놀랐습니다. 이렇게 이렇게 훌륭한 분은 없을 거라 생각하며 진심으로 감탄하고 마음으로부터 존경하게 되었습니다. 그리고 다시 시험하려고 한 것을 미안하게 생각하고 부끄럽게 여겼습니다.

그래서 돌을 곁으로 불러서

"당신의 헤아릴 수 없는 능력에는 정말 감복하지 않을 수 없습니다. 저쪽에 준비한 것은 정말 작은 성의지만 부디 받아 주십시오. 그리하여 오래오래 제 감사의 증표로 삼고 싶습니다."

그렇게 말하고 하인들이 날라 온 금은보화를 잔뜩 상으로 내리셨습니다.

돌은 그것을 받아서 즐겁게 조선으로 돌아올 수 있었습니다.

8. 젊은이와 날개옷若者と羽衣

1

옛날 강원도의 북쪽에 있는 금강산 기슭에 젊은이가 한 사람 있었습니다. 집이 매우 가난해서 매일매일 산에 가서 땔감을 해와서 그것을 팔아 겨우 입에 풀칠을 하고 있었습니다.

같은 나이 또래의 이웃들은 모두 부인을 얻었지만, 젊은이는 집이 가난했기 때문에 도저히 부인을 얻을 수가 없었습니다.

그러나 젊은이는 마음씨가 매우 착했기 때문에 불평 한마디 하지 않고 열심히 일하고 있었습니다.

"해가 뜨지 않는 날은 있어도 저 젊은이가 휘두르는 도끼 소리가 들리지 않는 날은 없다."

마을 사람들에게 이런 소문까지 나기 시작했습니다.

그러던 어느 날의 일입니다. 젊은이가 언제나처럼 산에 가서 땔감을 하고 있는데, 건너편에서 파삭파삭 낙엽을 밟으며 뛰어오는 것이 있었습니다. 이상하게 여기며 일하던 손을 멈추고 고개를 드니 새끼 사슴 한 마리가 매우 다급하게 뛰어오면서

"제발 저를 도와 주세요. 빨리요, 빨리."

그렇게 말하며 숨을 헐떡이며 부탁하고 있었습니다. 젊은이는 곧바로 자신이 한 땔감 밑에 잘 숨겨 주었습니다. 그리고 아무 일도 없었다는듯한 얼굴로 나무를 하고 있었습니다. 그러자 다시 그곳에 사냥꾼 한 사람이 이번에도 숨을 헐떡이며 다가왔습니다. 그곳에 모습을 드러내자마자 갑자기 말을 걸었습니다.

"여보시오. 지금 이 근처로 새끼 사슴 한 마리를 쫓아왔는데, 보지 못했습니까?"

그렇게 말하며 그 덩치 큰 남자는 손에 활과 화살을 들고 우뚝 서있었습니다. 산에 매우 익숙한 사냥꾼은 나무 뿌리도 바위 모서리도 아무렇지 않게 뛰어 넘으며 다람쥐처럼 다가왔던 것입니다.

"그게 조금 전에 달려왔는데 마치 공중을 나는 것처럼 순식간에 건너편 계곡을 건너간 것 같았습니다만, 그 뒤에는 어디로 갔는지 전혀 알 수가 없습니다."

나무꾼은 그 말을 듣고는 곧바로 산 그늘 쪽으로 가버렸습니다.

그러자 지금까지 숨을 죽이고 숨어있던 새끼 사슴이 땔감 밑에서 부스럭거리며 나왔습니다. 그리고 눈물을 흘리며 감사의 인사를 하고 있다가 더욱 정중하게

"위험한 상황에서 목숨을 구해 주시다니 이렇게 감사한 일은 없습니다. 이 은혜에 대한 보답으로 당신 일생에 있어서 가장 도움이 될 일을 해 드리고자 합니다. 내일 오후 2시경까지 저 금강산 봉우리에 있는 연못에 가서 조용히 절벽 풀숲 그늘에 숨어 계십시오. 그렇게 하면 분명히 하늘에서 세 명의 천녀들이 목욕을 하러 내려올 것이니 그러면 절대 들키지 않도

록 살짝 그곳에 벗어 놓은 날개옷을 숨기십시오. 그렇게 하면 시간이 되어 하늘로 올라가려 해도 분명 한 명만은 올라갈 수 없을 것이니, 그때 나타나서 성의를 다해 맞이하십시오. 그 뒤에는 즐겁게 오래오래 살수 있을 겁니다. 그러는 동안 분명 아이가 태어나게 될 것입니다. 그러나 아이가 태어나도 절대 날개옷을 꺼내시면 안 됩니다. 둘째 아이가 태어나도 아직 꺼내시면 안 됩니다. 셋째 아이를 얻으시면 그때는 그 날개옷을 보여주셔도 괜찮습니다. 이미 하늘로 올라갈 걱정은 없으니까요. 부디 이것만은 꼭 주의하십시오. 그럼 안녕히 계십시오."

무엇을 더 말해주나 싶어 주의하고 듣고 있었지만 그대로 어디론가 사라져 버렸습니다.

젊은이는 기쁘고 기뻐서 그저 내일이 되기만을 기다리고 기다리고 있었습니다.

다음날 아침이 되자 아직 날이 밝기도 전에 일어나서 도끼를 메고 어제 새끼 사슴이 가르쳐준 대로 산봉우리에 있는 연못으로 갔습니다.

2

조선에서는 예로부터 '금강산을 보지 않고 산수山水를 논하지 말아라.'라는 말까지 있습니다. 그런 소리를 들을 정도라서 풍경이 대단히 좋기도 하지만, 그와 동시에 토지가 속세와 완전히 떨어져 있어서 나라에서 가장 신성한 곳이기도 했습니다.

몇몇 산봉우리는 웅장하게 푸른 하늘로 경쟁하듯 솟아 있으며, 몇 백 년이 지났는지 모를 오래된 나무가 낮인지 밤인지 구분할 수 없는 정도로 울창하고 그곳에는 소나무겨우살이[1]들이 늘어져 있거나 푸른 이끼가 잔뜩 끼어 있었습니다.

그 사이를 수정처럼 맑은 물이 흐르고 있었습니다. 봉우리의 신성한 샘에서 흘러나와 일년 내내 마를 줄을 몰랐습니다. 그리고 많은 나무들을 기르고 있었습니다. 한줄기 젖줄이라 불리듯이 이 영산靈山의 모든 것들에게 생명을 주고 있는 것이었습니다. 그리고 자애로 가득 찬 물줄기는 폭포를 만들거나 웅덩이를 만들면서 많은 작은 새들과도 사이 좋게 지냈습니다. 노래 부르다 지친 작은 새들이 찾아오면 물줄기는 기뻐하며 쉬게 해 주거나 목을 축이게 해 주거나 몸을 씻게도 해 주었습니다. 그리고 큰 줄기가 되거나 폭포가 되어 새들과 함께 노래하고 있었습니다. 하루도 쉬지 않고 그 신묘한 소리를 이어갔으며 결코 끊기는 일이 없었습니다.

이러했기에 언제부터인가 절 같은 것도 생겨서 많은 스님들까지 살게 되었습니다. 이 산 꼭대기에도 저쪽 계곡에도 절의 지붕이 보이게 되었고, 아침저녁으로 독경소리와 종 소리가 계곡에서 계곡으로 울려 퍼지게 되었습니다.

영지靈地는 점점 더 영지스럽게 되어 이제는 신들이 아니면 살 수 없는 곳이 되어 있었습니다.

젊은이가 계곡을 넘고 물을 건너 올라가자 탁 트인 산봉우리로 나와 신성한 연못에 도착했습니다.

이곳인가라고 생각하며 연못 한편에 있는 풀숲 그늘에 가만히 숨어서 이제나저제나 하며 기다리고 있었습니다. 그러자 갑자기 하늘에서 보기에도 눈부신 구름이 생겨나는가 싶더니 곧바로 옆 연못가로 세 명의 천녀가

1 안개가 잘 끼는 고산지역의 나무줄기와 가지에 붙어 실처럼 주렁주렁 달리는 이끼류.

날아 내려왔습니다.

천녀들은 실로 즐거운 듯이 속삭이면서 각각 옷을 벗어 주위의 나뭇가지에 걸었습니다. 젊은이는 눈도 깜빡이지 않고 쳐다보고 있었는데 그저 그 아름다움에 감동하고 있을 뿐이었습니다. 입었는지 안 입었는지 모를 정도의 얇은 옷으로 감싼 피부는 뭐라 표현할 수 없는 신성한 아름다움이었습니다.

드디어 세 명의 천녀는 아름다운 날개옷을 벗어 버리자 시원시원한 눈을 한층 더 빛내며 연못 속으로 들어갔습니다.

선녀들의 몸에서 금색의 빛이라도 내뿜는가 싶을 정도로, 세 명의 몸에서는 저마다 작은 물결이 일었습니다. 그 작은 물결이 점점 큰 원이 되고 세 개의 원이 서로 겹쳐져서 형용할 수 없는 아름다운 파문을 그리고 있었습니다. 작은 물결은 금 비늘을 뿌려 놓은 것처럼 밝게 빛나 연못 표면이 순식간에 반짝하고 환하게 빛났습니다. 그리고 계속해서 조용히 물결을 일으켰기 때문에 그 빛은 멈추지 않고 일렁일렁 거리며 환하게 빛나고 있었습니다.

젊은이는 완전히 넋이 나가 날개옷에 대해서도 잊고 있었습니다. 하지만 생각해 내고 살며시 그 옷 중의 하나를 품에 안고 다시 풀숲 그늘로 숨어 버렸습니다.

드디어 시간이 되자 천녀들은 물가로 올라와 즐겁게 웃고 떠들고 있었습니다. 천녀들의 몸 주변에는 얇은 후광이 나타나 똑바로 쳐다볼 수 조차 없었습니다. 이미 해는 서쪽으로 기울어 하늘로 돌아가지 않으면 안 되었습니다. 그래서 세 명은 각자의 날개옷을 찾아 옷차림을 갖추려고 하는데 이상하게도 한 개가 모자랐기 때문에 놀라서 어쩔 줄을 몰랐습니다. 천녀들은 매우 당황하며 찾아 헤맸습니다. 그러나 찾을 수 있을 리가 없었습니다. 어쩔 수 없이 그대로 한 명을 남겨 두고 둘은 하늘로 올라갈 수밖에 없었습니다.

이렇게 된 이상 밤새도록 찾아봐도 찾을 수 없을 것 같아서, 나머지 천녀들이 빨리 천상으로 돌아가 이 일을 하느님께 고하고 어떻게든 빨리 불러올 수 있는 방법을 찾아야겠다고 생각했기 때문입니다.

남겨진 한 천녀는 이런 상황에서 어떻게 해야 할지 몰라 어쩔 줄 몰라서 그저 그 주위를 이리저리 헤매고 있었습니다. 그런데 그때 나타난 것이 아까부터 지켜보고 있던 젊은이였습니다.

그때 천녀가 얼마나 놀랐는지는 말로 표현할 수 없을 정도였습니다. 체면이고 뭐고 없이 그저 깜짝 놀라 땅에 엎드려서 두 손을 비비며 이대로 못 본 척 해달라고 빌고 있었습니다.

그러나 젊은이는 그 말을 듣지 않고 신이 주신 운명을 조심스럽게 설명하고 성심성의껏 집으로 맞이하려고 했습니다.

이미 날도 어두워져서 형체도 못 알아볼 정도였기 때문에 주변 이웃들과 마주치는 일 없이 몰래 집으로 돌아올 수 있었습니다.

하루 이틀 시간이 지나면서 젊은이는 자신의 신변 이야기 등을 들려주며 진심을 다해 소중하게 대했습니다.

천녀는 처음에는 지상의 생활에 익숙하지 않았지만 점점 시간이 지날수록 여러 가지 것들을 익히게 되었습니다. 집안일부터 바느질까지도 하게 되어서 아녀자로서 일가의 살림을 자유롭게 할 수 있게 되었습니다.

그러는 동안 천녀는 어느샌가 아이를 가지게 되어 옥과 같이 아름다운 아들이 태어났습니다. 태어난 아이를 보자 천녀는 완전히 반해버린 것처럼 사랑스러워 어쩔 줄을 몰랐습니다. 이미 그때부터 하늘로 돌아가고 싶다는 마음도 점차 사라지고 이 지상에 대한 애정이 커져 갔습니다. 그래서 열심히 아이를 기르고 가족을 위해서 최선을 다했습니다.

그렇게 온 가족이 즐겁게 생활하는 동안, 다시 둘째 아이가 태어날 때가 다가 왔습니다. 드디어 태어난 아이를 보니 역시 옥과 같이 아름다운 아들이었습니다. 가족 모두의 기쁨은 이루 말할 수 없었으며 기쁘고 기쁘게 살고 있었습니다. 네 명의 가족은 진정으로 서로 화목하게 지내며 조금의 그늘도 없이 하루하루를 보내고 있었습니다.

젊은이는 완전히 안심하여 오래 전에 만난 새끼 사슴을 떠올리고 감사하게 생각하고 있었습니다. 그러던 어느 날의 일이었습니다. 그 새끼 사슴이 신신당부하며 주의를 준 말이 생각났습니다. 그리고 스스로도 다시 생각해 보았습니다. 그러나 이미 자신의 부인은 하늘로 돌아가는 것을 잊어버렸다고 생각하고 그 날개옷을 꺼내어 보여 주고 싶어 어쩔 줄을 몰랐습니다. 젊은이는 계속 이렇게 숨겨두는 것은 도저히 참을 수가 없었기 때문에 빨리 보여주고 마음이 편해지고 싶다고, 부인도 안심시켜주고 싶다고 생각했습니다. 그리고 언제까지 비밀로 남겨둘 수는 없다는 마음에서 결국 꺼내서 보여 주고 말았습니다.

날개옷을 받아 든 천녀는 그것을 똑똑히 눈 앞에서 보게 되자 지난날이 너무나도 그리워졌습니다. 그래서 갑자기 날개옷을 몸에 걸치는가 싶더니 두 아이를 양팔에 안고는 눈깜짝할 사이에 하늘로 올라가 버렸습니다.

3

어리둥절해진 것은 젊은이였습니다. 젊은이는 갑자기 홀로 남겨져 버렸기 때문에 그저 넋을 잃고 있었습니다. 지금까지 즐거웠던 생활에서 갑자기 외톨이가 되어 버렸기 때문에, 무엇을 할 용기도 없이 그저 멍하게 지내는 수밖에 없었습니다.

그렇게 며칠을 보내는 동안 젊은이는 또다시 생활이 어려워졌습니다. 어쩔 수 없이 쓸쓸한 마음을 안고 힘없이 산으로 갔습니다. 그리고 또 전처럼 나무를 할 수밖에 없었습니다.

용기를 내서 산으로 올라갔습니다. 그러나 걸핏하면 의욕을 잃고 아무 희망도 없이 힘없이 길바닥에 주저앉곤 했습니다.

전에 나무를 하던 근처까지 겨우 올라가 보니 그나마 예전같이 기운이 나서 부지런히 일하고 있었습니다. 그러자 실로 신기하게도 전에 찾아왔던 새끼 사슴이 또 달려왔습니다. 오랜만에 만나자 기쁘고 반가워서 젊은이는 진심으로 감사 인사를 했습니다. 그리고 그 뒤의 일들까지 자세히 이야기했습니다. 그러자 새끼 사슴은 이미 그 일을 듣고 있었기에 대단히 가엽게 여겼습니다.

얼추 이야기가 끝나자 새끼 사슴은 한 번 더 젊은이를 도와 주기 위해 하나의 방법을 알려 주었습니다.

"어쨌든 당신이 날개옷을 숨겨서 천녀가 한 사람 하늘로 올라갈 수 없었기 때문에, 그 뒤로는 천녀들이 그 연못에 절대로 오지 않게 되었습니다. 그러니 다시 한번 천녀를 얻는 것은 매우 어렵습니다. 그런 까닭으로 이 지상으로 내려오는 것은 기대하기 어려우니, 당신이 천녀와 아이들 곁으로 가까운 곳으로 가서 여생을 보낼 수밖에 없는 것 같습니다. 그렇게 하기 위해서는 제게 좋은 방법이 있습니다. 내일 정오 무렵에 그 연못에 가서 기다리고 있으면 하늘에서 커다란 두레박이 내려올 테니, 내려오면 두레박에 들어있는 물을 전부 쏟아 버리고 재빨리 그 안으로 들어가는 겁니다. 그러면 하늘에서는 그런 줄도 모르고 끌어올릴 테니 그대로 하늘로 올라가면 됩니다. 하늘에 올라가기만 하면 절대 두 아이들의 부모를 버리고 떼어놓는 일은 없을 것입니다. 어쨌든 다행인 것은, 지상으로 내려와서 저 신령한 샘에서 목욕을 했던 자들이 그것을 못하게 되자, 저 물을 길어 올려서 목욕을 할 수밖에 없다고 생각하고 매일같이 물을 길어 올리고 있으니 이런 좋은 일은 없습니다."

그렇게 말하고 나서는 다시 전처럼 사라져 버렸습니다.

젊은이는 잃어버린 구슬을 다시 손에 넣은 것처럼 기뻐했습니다. 그리고 다음날 찾아갔습니다. 시간을 맞춰 보고 있었더니 하늘에서 크디 큰 두레박이 내려왔습니다.

젊은이는 재빨리 연못으로 뛰어들어가서 '촤악' 하고 담긴 물을 비우고 그 안으로 재빨리 들어갔습니다. 당연히 위에선 이 사실을 몰랐기 때문에 두레박이 쭉쭉 위로 끌어 올려졌습니다. 이제 됐다고 안심하고 있는 동안에 하늘 문을 지나 벌써 천녀와 아이들이 살고 있는 나라로 올라갔습니다.

젊은이는 그때부터는 조금도 나이를 먹지 않고 오래도록 행복하게 살았습니다.

9. 교활한 토끼狡い兎

1

옛날 깊은 산속에 호랑이와 토끼가 살고 있었습니다. 호랑이는 매우 성격이 좋았고 토끼는 그와 반대로 매우 교활했습니다.

어느 날 호랑이는 커다란 바가지(박의 일종으로 만든 것으로 물건을 넣도록 만든 용기)에 두부를 일곱 모나 넣어서 그것을 소중하게 안고 왔습니다. 그러자 우연히 반대편에서 예의 토끼가 다가왔습니다.

"호랑이 님! 호랑이 님! 그런 바가지 같은 걸 들고 대체 어디에 가는 거야! 뭐 하러 가는 거야! 뭐가 들어있는 거야? 그렇게 소중히 껴안고는."이라고 토끼는 이미 머리를 굴리며 그렇게 물어 보았습니다.

성격 좋은 호랑이는

"나 말이냐? 나는 항아리가 가지고 싶어서 어디 가서 이 바가지 속의 두부와 바꿔오려고 하는데."

반쯤 질문하는 것처럼 또 상담이라도 하는 것처럼 싱글싱글거리며 말했습니다.

"흐음 그렇군. 두부하고 항아리하고 말이군."

토끼는 그렇게 말하며 들여다 보면서 바가지에 손을 대 보았습니다.

호랑이는 안고 있던 바가지를 그곳에 내려 놓았습니다. 그리고 세어보는 것 같은 동작을 하면서 말했습니다.

"일곱 모 있어."

"흐음 일곱 모!"

앵무새처럼 따라 말한 토끼는 맛있어 보이는 두부를 눈 앞에 두고, 그렇게 많이 있는 것을 보자 이미 먹고 싶어져서는 입술을 움직이고 침을 꿀꺽꿀꺽 삼키고 있었습니다.

"꽤나 많이 가지고 왔구나. 이걸로 달랑 항아리 하나랑 바꾸는 거야? 너무 많아. 이렇게 많이. 너무 손해 보는 거야. 호랑이 님은 너무 착하네. 그래서 안 되는 거야. 뭐야 이렇게 많이 주면 어떻게 해. 그보다 나한테 한 모 주게나. 나는 감사 인사를 해 줄 테니. 부탁이니 한 모 인심을 쓰게나. 정말이야. 모르는 사람한테 이렇게 줘도 소용없으니까."

"그렇게 먹고 싶어? 빨리 말하지 그랬어. 먹고 싶으면 줄게. 한 모 정도는 괜찮아."

이미 토끼는 한 모를 가로채 금세 먹어 버렸습니다. 얼마나 순식간에 먹어 치워 버렸는지 모릅니다.

욕심쟁이 토끼는 한 모를 먹고 나자 그걸로는 모자라서 견딜 수가 없었습니다. 그래서 토끼는 아주 뻔뻔스럽게 말했습니다.

"호랑이 님! 호랑이 님! 너무 맛있었으니까 한 모정도 더 줘도 되지 않겠어? 한 모만 더 먹게 해줘."

그렇게 능글맞은 눈빛으로 이미 손을 대고 있었습니다.

호랑이는 실로 착한 표정을 지으며

"그래. 그래."
라고 말하면서 당장 또 한 모를 바가지 안에서 꺼내 토끼에게 나눠 주었습니다.

토끼는 손에 들자마자 순식간에 먹어 버리고는 입 주위를 할짝할짝 할짝거리며 핥고 있었습니다. 그러나 아무래도 부족했기에 또 다시 교활함을 자랑하듯

"호랑이 님! 호랑이 님! 이 두부는 정말 맛있구나. 더 먹고 싶지만 돈이 없어서 어쩔 수 없네. 돈이 있다면 바로 사러 갔다 와서 먹을 텐데 말이야. 아쉽다."

말을 거는 것처럼, 혼잣말처럼, "그럼 더 드시게."라고 호랑이가 더 두부를 내놓게 하려는 욕심에 토라져서 있었습니다.

그 말을 들은 호랑이가 애처롭기도 하고 불쌍하기도 해서

"그렇게 먹고 싶다면 한 모 더 줄게. 자 드시게."
라고 말하자 토끼는 마치 기다렸다는 듯한 얼굴로 정신 없이 먹고 있었습니다.

토끼는 두부를 다 먹어 버리자 이번에는 한층 더 대담해졌습니다. 이제부터가 내 진짜 실력이라고 말하는듯한 기세로

"호랑이 님, 어때? 이렇게 나에게 줬으니 주는 김에 좀 더 주지 않겠어? 어차피 이미 반이 없어졌으니 좀 더 먹게 해주게. 어중간하게 가지고 있어도 소용 없지 않나. 나도 항상 돈이 없는 것은 아니니 나중에 돈이 들어오면 두 배 세 배라도 드리지……. 나는 거짓말 같은 건 안 한다오."
라고 토끼는 실로 제멋대로 염치없는 말을 늘어놓으며 지키지도 못할 약속을 내뱉고 있었습니다.

그러나 호랑이는 그렇게 뻔뻔하게 굴어도 조금도 불평조차 하지 않고 토끼가 말하는 대로 해 주고 있었습니다.

그러자 토끼는 이때다 싶어 이번에는 바가지 안에 손을 쑤셔 넣으며 게걸스럽게 먹고 있었습니다. 우적우적 먹다가 얼마 남지 않자 아무리 토끼라도 조금은 미안한 기분이 들었는지, 그래도 마지막 한 모만은 손을 대지 않고 그대로 남겨두고 어디론가 도망가 버렸습니다.

그러나 서너 간間[1] 뛰어 가더니 멈춰 서서 "안녕." 하고 한마디를 남기고 딱히 감사 인사도 하지 않고 뛰어가 버렸습니다.

2

토끼에게 속아 버린 호랑이는 그렇게 당했어도 어떤 불평도 하지 않고 실로 인내심 강한 표정으로 그 한 모밖에 들어있지 않은 바가지를 들어올렸습니다. 그리고 서둘러 항아리를 나눠주는 곳으로 갔습니다.

두부 한 모와 작은 항아리를 교환하고는 조용히 돌아왔습니다. 항아리를 가지고 잠자코 돌아오자 다시 좀 전의 토끼가 다가왔습니다.

"어이 이봐 호랑이 님."

토끼가 조금 정중한 말투로

"그건 뭐예요?"

라고 말하자

"이거 말이냐? 이건 내 항아리란다. 아까 남은 두부와 바꿔왔단다."

호랑이는 그 항아리를 소중하게 고쳐 안으며 말했습니다.

1 간間은 길이의 단위. 6척尺(약 1.818m)

"그렇구나."

토끼는 살짝 경멸하는 어조로

"좀 빌려줘 봐요. 어, 좋은 소리가 나잖아. 이거 봐, 이런 소리가."

귀를 기울이며 계속 두드려댔습니다.

"이봐 이봐, 그렇게 두드리면 깨져 버린다고. 그만하게, 그만 하라고. 원래 이 항아리는 깨지기 쉬우니까."

아무리 호랑이라도 이번만은 위태위태했기에 그만두게 하려고 했지만 좀처럼 말을 들으려 하지 않았습니다.

"왜 그래 괜찮아요. 이거 봐, 이 소리. 꽤나 좋은 소리가 나네."

그렇게 말하면서 계속해서 두드리다가 결국 깨트려 버렸습니다.

아무리 착한 호랑이라도 이번만큼은 가만히 있을 수가 없었습니다. 날카로운 발톱을 내밀고 송곳니를 드러내며 으르렁거렸습니다. 당장이라도 한입에 물어 죽일 듯한 기세로 일어섰습니다.

어이쿠, 이건 큰일이다 싶어서 토끼는 이때다 싶어 최후의 수단을 썼습니다. 그리고 쏜살같이 도망가 버리려 했습니다.

"이 녀석! 놓칠 것 같으냐? 네가 뛰는 정도는 누구라도 뛸 수 있단다. 잡히면 각오해라."

그렇게 말하며 쫓아가니 당장이라도 잡힐 것 같았습니다.

토끼는 열심히 전력을 다해 도망갔지만 결국 위험해지고 말았습니다. 그러자 그때 나쁜 꾀가 많은 토끼였기에 도망가면서도 한 가지 꾀를 생각해 냈습니다.

"좋아 좋아, 조금 더 도망가다가 저 강가에 도착하면 승부를 걸어야지."

그렇게 생각하고 뛰고 또 뛰었습니다.

무서운 호랑이에게 쫓기면서 이미 계략을 생각해 낸 토끼는 오히려 느긋하고 어딘가 자신에 찬 모습이었습니다.

드디어 강가까지 쫓아가 이제 잡았다는 생각에 한입에 물어뜯으러 으르렁거리며 달려들었는데, 실로 의외로 토끼는 너무나 태연한 얼굴로 털썩 강가에 앉아서 강을 등지고 그 짧은 꼬리를 물속에 첨벙첨벙 담그고 있었습니다.

너무나 태연하게 행동하고 있었기 때문에 숨을 헐떡이며 쫓아온 호랑이는 어이가 없어 당장 붙잡을 생각도 없이 그저 멍하게 있을 뿐이었습니다. 여우에게 홀린다는 것은 이런 때 쓰는 말일 것입니다. 호랑이는 벌써 다

잊어버린 것처럼 토끼 옆에 가까이 가서

"도대체 왜 그러고 있는 거야?"

그렇게 말하며 물어 보았습니다.

토끼는 넘어왔다고 생각하며 마음속으로 손뼉을 치며 기뻐했습니다. 그리고 매우 거드름을 피우면서

"저기 좀 조용히, 조용히."

호랑이를 조용히 시키더니

"이렇게 꼬리를 물속에 움직이지 않고 조용히 담가두면 붙지, 달라붙고 말고. 물고기뿐만 아니라 무엇이든 정말 많이 붙는다고. 어쩌다 여기까지 왔는데 물고기가 너무 많아서 지금 막 시작한 참이야."

호랑이는 완전히 걸려들어 버렸습니다. 그러자 토끼는 이 정도로 걸려들었다면 이제 됐다고 생각하며 슬슬 시작했습니다.

"호랑이 님도 한번 해 보지 않을래? 분명 내 것보다 많이 붙을 거야. 호랑이 님의 꼬리는 일단 굵고 기니까. 이렇게! 이대로 하면 돼. 간단하다고."

결국 완전히 속아 버린 호랑이는 그래 그렇구나 하면서 바로 시험해 보려 했습니다.

드디어 호랑이는 등을 돌리고 꼬리를 물속에 담그기 시작했습니다.

토끼는 그것을 보고

"그래, 그렇게 가능한 깊이 넣고 엉덩이를 확실히 붙이고 꼬리를 조금도 움직이지 않고 조용히 하고 있는 거야. 그러면 점점 무거워지니까 무거워지기 시작하면 바로 주렁주렁 물고기가 붙기 시작했다는 표시야. 많이 잡히지 않으면 재미없으니 그 무게를 참고 있는 게 좋아. 내가 "됐어."라고 말할 때까지 그렇게 있어야 된다네."

그렇게 말하고 토끼는 물가에 올라가 꼼짝 않고 망을 보는 척하며 살피고 있었습니다.

마침 겨울이라 혹독한 추위가 한창이었기 때문에 정말 견디기 힘들었습니다. 얼마 지나지 않아 호랑이의 꼬리는 점점 무거워지고 완전히 얼어붙어 버렸습니다.

그러나 아무것도 모르고 있는 호랑이는 춥지만 꾹 참고 있었습니다.

토끼는 적당히 때를 골라 슬슬 일을 시작했습니다.

그대로 따라 하고 있던 호랑이는 토끼의 행동을 우연히 보고 아무래도 이상해서 꼬리를 물에 담그고 있으면서도 단단히 경계하고 있었는데, 토끼의 얼굴은 점점 비웃는 것처럼 변하더니 이미 완전히 기고만장해져 있었습니다.

"호랑이 님. 안녕. 여기까지 와 봐."

그렇게 말하며 놀리기 시작했습니다. 호랑이는 이런 아뿔싸 당했다고 생각하며 아무리 몸부림을 쳐도 이미 어쩔 방도가 없었습니다.

호랑이가 억울해하고 있는 동안에 토끼는 어디론가 뛰어가 버렸습니다. 그리고 어디선가 성냥과 부엌칼을 빌려왔습니다. 서둘러 돌아오더니 갑자기 호랑이의 몸에 불을 붙이고 매우 괴로워하며 몸부림치는 것을 그대로 방치해 결국 죽여 버렸습니다.

그리고 그 부엌칼로 맘껏 잘라서 그것을 먹기 시작했습니다.

3

토끼는 호랑이를 제대로 속이고 심지어는 고기까지 먹어 버렸기 때문에 더욱 더 의기양양해졌습니다.

"이 몸에게 걸리면 누구든지 끝장이야."

그런 혼잣말까지 하면서 어슬렁어슬렁 돌아다녔습니다. 자기보다 잘난 것은 없다고 믿게 돼 버린 것입니다.

그러자 조금 전에 빌려온 부엌칼이 생각났습니다.

"다 쓰고 나면 빨리 돌려 주세요."라고 했던 말을 떠올리고 그것을 들고 돌려 주러 갔습니다.

"토끼 씨, 내 부엌칼을 쓰기만 하고 고맙다는 인사 한마디도 없는 거야?"

부엌칼 주인에게 그런 빈정거림을 듣고 놀림을 당했습니다.

그러자 토끼는

"아 맞아. 무슨 일이 있었나?"

그렇게 말하며 도저히 먹지 못할 정도로 더러운 것을 그곳에 던져 버렸습니다. 이미 완전히 교만해진 토끼는 겸손이라는 것을 조금도 가지고 있지 않았습니다.

이를 본 부엌칼 주인은 참지 못하고 불처럼 화를 내 버렸습니다.

그곳에 놓여 있던 부엌칼을 들더니 갑자기 그것을 던져 버렸습니다.

그러자 이미 토끼는 저 멀리로 도망가 있었습니다.

부엌칼이 날아온 순간, 토끼는 한 바퀴 굴러 넘어지면서 어디론가 도망쳐 사라져 버렸습니다. 다행히 맞지 않았던 것이었습니다.

부엌칼 주인은

"좋아. 어떻게든 잡고 말겠다."라며 당장 토끼가 도망간 방향의 앞으로 돌아가서 토끼 잡는 그물을 단단히 쳐 버렸습니다.

토끼는 그것도 모르고 쏜살같이 도망가다 그물에 칭칭 걸려 쉽게 잡혀 버렸습니다.

'아차' 싶었지만 어찌할 방법이 없었습니다. 그러다 문득 한가지 꾀를 생각해 내고는 그대로 그 자리에서 죽은척하며 다리를 축 늘어트리고 있었습니다. 그러는 동안 실로 많은 파리들에게 둘러 쌓여 버렸습니다. 토끼의 계획대로 진짜 시체가 되었던 것입니다.

아무리 따뜻한 햇살이 비추고 있다고 해도 이 추운 겨울에 어떻게 그렇게 파리가 있었던 것인지. 무엇보다 그때 그렇게 파리가 바로 몰려들 거라는 것을 어떻게 알고 있었던 것인지. 토끼의 약삭빠른 꾀는 정말 대단했습니다.

어쨌든 마치 시체 그 자체가 되어 쓰러져 있자 곧 따라 잡혀 바로 발견되었습니다.

그러나 그 토끼의 모습을 보고는 이건 손을 대기는커녕 아무것도 할 수 없었습니다. 부엌칼 주인은 그대로 돌아가 버렸습니다.

가만히 뒷모습을 바라보던 토끼는 겨우 한숨을 돌렸습니다. "이제 괜찮아." 그렇게 말하면서 일어나 꽤나 고생해서 드디어 그 그물을 물어뜯고 재빨리 도망쳤습니다.

그러자 토끼의 마음속에는 더욱 더 의기양양하고 교만한 마음이 뿌리 깊게 자리잡아, 이제 누구든지 덤비라며 우쭐거리게 되었습니다. 그리고 뭔가 좋은 일이 없을까? 이번에는 어떤 일을 해볼까? 하고 여러 가지 장난을 생각하고 있는데,

갑자기 하늘이 그림자가 지더니 커다란 독수리 한 마리가 내려왔습니다. 흠칫 놀라는 사이에 이미 토끼의 목덜미를 꽉 움켜쥐고 들어올렸습니다.

"무슨 일이지? 이봐 이봐, 놓아줘. 놓아달라고."

토끼는 너무나 괴로워 팔다리를 버둥거렸습니다. 그러나 팔도 다리도

그저 허공을 가를 뿐 아무 보람도 없이 번쩍 하늘 높이 끌어올려졌습니다.

아래쪽을 보니 들도 산도 작아지고 차가운 바람은 휭휭 온몸에 부딪쳤습니다.

토끼는 이번에야말로 큰일 났다고 생각했습니다. 이렇게 독수리의 날카로운 발톱에 잡혀서는 더 이상 어찌할 방법이 없었습니다.

이제는 험한 바위 모서리에 내던져져 낚시 바늘처럼 구부러진 저 부리에 찢겨져 버리는 것일까? 아니면 큰 나뭇가지에 저 발톱으로 단단히 붙잡혀 부리로 당하는 것일까?

이번에 독수리가 어딘가에 멈춘다면 그때가 마지막이다. 그렇게 생각하자 이미 살아 있는 것인지 죽은 것인지 자신도 알 수 없는 심정이 되어 버렸습니다.

지금까지 한껏 교만을 떨었던 것을 떠올리자 안타깝고 안타까워 참을 수가 없었습니다.

'어떻게 하지? 이대로 독수리의 저 날카로운 부리에 걸려 죽어 버리는 걸까?' 하며 비참해하고 있었습니다.

그런데 그때 갑자기 생각이 났습니다. 그리고 다시 한번 속여 보겠다며 이미 그 속일 말까지 머릿속에 떠올라 있었습니다.

토끼는 날개를 펼치고 날고 있는 독수리를 향해 말을 걸었습니다.

"독수리님 독수리님, 나를 어디로 데려가니? 어디로 데려가든 나는 상관없지만 독수리님이 불쌍해서 말해 주고 싶어. 나로 말할 것 같으면 매우 중요한 임무를 가진 몸이야. 나는 오늘 어떤 짐승의 왕의 명령을 받아서 왕에게 가지 않으면 안 되는 몸이란 말이야. 어차피 왕께 바친 몸이니 나는 상관 없지만……. 만약 나중에 오늘 독수리님이 내 몸을 빼앗아가버린 일을 그 왕이 알게 된다면 그야말로 큰일이야. 절대로 이렇게 태평스럽게 하늘을 날아다니고 있을 수 없을 거야. 그렇게 생각하니 잠자코 있을 수 없어서 그런 일이 있다는 것만이라도 이야기해 두려고 하는 거야. 나는 괜찮지만 독수리님이 불쌍하니까." 거기까지 말하자 아무리 용맹한 독수리라도 역시 부들부들 떨기 시작했습니다. 토끼를 꽉 움켜쥐고 있던 발끝까지도 부들부들 떨리기 시작했습니다.

지금까지 태연하게 날고 있던 독수리는 이상하게 날갯짓이 빨라지더니 혈류가 미친 듯이 빨라지며 발톱 끝까지도 강한 심장고동이 두근두근하고 울리고 있었습니다.

'아, 지금 내 이야기가 꽤 잘 먹혔구나.'

토끼가 그렇게 생각하고 내심 기뻐하고 있던 그 순간, 어질어질 현기증이 나는 것 같더니 몸 전체가 빠르게 허공을 가르며 떨어졌습니다. 그리고 무슨 일인지 전혀 알 수 없게 되어버렸습니다.

교만해질 대로 교만해진 토끼도 결국 높고 높은 하늘에서 땅으로 내동댕이쳐져 버렸습니다.

그리고 두 번 다시 지상에서 그림자를 볼 수 없게 되었습니다.

10. 혹부리 영감瘤取爺さん

1

옛날 어느 시골 마을에 한쪽 볼에 커다란 혹이 있는 할아버지가 있었습니다. 혹이 너무 컸기 때문에 그 무게로 인해 항상 그 혹이 있는 쪽으로 고개를 기울이고 있었습니다. 할아버지는 이 보기 흉한 혹을, 거추장스러운 혹을 어떻게든 떼어 버리고 싶다고, 없애버리고 싶다고 생각하고 있었습니다. 멀리서 약을 받아 와서 발라 보아도, 그리고 영험하다는 사람이 몇 번이나 기도를 해 주어도 소용이 없었습니다. 하지만 할아버지는 어떻게든 이 혹을 떼고 싶다고 떼어 버리고 싶다고 계속 생각하고 있었습니다.

그러던 어느 날 할아버지는 평소처럼 산에 나무를 하러 갔습니다. 꽤 깊은 산속까지 가지 않으면 나무를 해 올 수 없었습니다.

할아버지는 그날도 열심히 나무를 해서 벌써 한 짐이 되었기에 그것을 지게에 싣고 이제 돌아가려고 하는데, 이미 해가 저물어 초저녁 달이 벌써 동쪽 나무 사이에 환하게 걸려 있었습니다. '아뿔싸, 이런 그만 늦어 버렸네.'라고 할아버지는 깜짝 놀라 무거운 지게를 짊어진 채로 집을 향해 서둘러 돌아가기 시작했습니다. 그러나 아무래도 깊은 산길이라 발치는 어둡고 길은 험하고 모처럼 한 나무는 무거워서 늙은 몸으로는 아무리 서둘러도 좀처럼 나아가지 못했습니다. 땀투성이가 되어 서둘러 보았지만 도저히 밤길을 걸어 돌아갈 수는 없을 것 같았습니다. 그러는 동안 몸도 완전히 피곤해져서 걷는 것 조차 불가능해져 버렸습니다.

할아버지는 더 이상은 어떻게 할 수도 없어서 지게를 길가에 내려놓은 채 멍하게 흐르는 땀을 닦고 있었습니다.

그러자 길 아래쪽에 아무래도 집 지붕 같은 것이 보였습니다. 할아버지가 '저건 나무꾼의 오두막인가?'라고 생각하고 자세히 살펴보니 그것은 틀림없이 작은 오두막이었습니다. 황폐해진 채로 그저 밤 이슬을 피할 수 있을 정도의 오두막이었습니다. 할아버지는 "자 여기서 하룻밤 묵자." 그렇게 말하고 피곤에 지친 몸을 눕히고 쉬려 해 보았지만, 깊은 산 계곡에서 불어오는 쓸쓸한 바람이 뼈저리게 불어와 도저히 참을 수가 없었습니다. 그래서 할아버지는 그 적적함을 달래고자 평소 내심 자랑거리였던 노래를 부르기 시작했습니다. 마치 산에서 산으로 울려 퍼지는 것 같은 목소리를 내면서 계속 노래를 불렀습니다.

계곡에서 계곡으로 퍼져가는 목소리는 밤이 깊어갈 수록 더욱 낭랑해져 갔습니다. 할아버지는 이런 밤에는 괴물이라도 나오지 않을까 하는 생각이 들어 기운을 내서 자신을 격려하며 계속 노래를 부르고 있었습니다.

2

그러는 동안 아무래도 이상한 기분이 들어 천천히 몸을 일으켜서 주위를 둘러보자,

모여 든다 모여 들어, 많은 도깨비들이! 어디에선가 모여 들어서는 마른 침을 삼키며 그 할아버지의 노래를 넋을 잃고 듣고 있는 것이었습니다. 그러자 할아버지는 너무 무섭고 무서워서 참을 수가 없었습니다.

그러나 그런 약한 모습을 보여서는 안 된다고 생각하고 허세를 부리며 아까보다 더욱 낭랑한 목소리로 그리고 재미있는 곡으로 계속 노래를 했습니다.

도깨비들도 신기한 것이 있다고 생각하며 특이한 사람목소리에 몰려들었는데, 그것이 옆에 가까이 가서 들어보니 실로 훌륭하게 노래를 잘 부르고 있었기에 흥에 겨워 듣고 있었습니다. 이 신기한 영감의 흥겨움이 도깨비들은 그저 재미있어서 참을 수가 없었습니다.

그러고 있는 사이에 날이 점점 밝아오기 시작했습니다. 할아버지는 "이제 살았다."

혼잣말처럼 그렇게 중얼거리고 기운을 내며 기뻐하고 있었습니다.

하지만 도깨비들은 서로 얼굴을 마주보고 날이 밝은 것을 원망스러워하고 있었습니다. 그러나 아무리 아쉬워해도 이미 날이 밝았는데 그대로 듣고 있을 수는 없었기에, 허무하게 자리를 뜰 수밖에 없었습니다. 그러나 그대로 갈 수 없었는지 도깨비 대장인 듯한 녀석이 할아버지 옆으로 다가와서는

"이 보게 영감, 우리들도 오랜 세월 동안 노래를 들어왔지만 이렇게 훌륭한 노래는 아직 한 번도 들은 적이 없다네. 대체 영감은 어떻게 그렇게 아름다운 목소리가 나는 거지? 정말 신기해 죽겠어. 대체 어디에서 나오는 거지? 목이라도 다른 건가?"

기어코 도깨비는 그렇게 물어보았습니다.

그러자 할아버지는 곧바로 자못 자랑스러운 것처럼

"보세요. 제 여기에 있는 이 혹을. 이 커다란 혹을요. 여기에서 이 아름다운 목소리가 나오는 거라오."

라고 실로 아무렇지 않게, 조금도 부자연스럽지 않게 술술 이야기했습니다.

그것을 들은 대장 도깨비는 어떻게 해서라도 자기도 저런 목소리를 내고 싶다고 생각하고 있었기 때문에, 당장 신하들을 불러서 많은 보물을 그곳

으로 가져왔습니다. 그리고 말하기를 "부디 그 혹을 저에게 주십시오. 그 대신 변변치 않은 것이지만 이 얼마 안 되는 보물을 받아주십시오." 그렇게 정중히 말을 마치자마자 조금도 아프지도 간지럽지도 않게 휙하고 할아버지의 혹을 떼어내서는 어디론가 사라져 버렸습니다.

해는 높이 떠올라 있었습니다. 할아버지는 마치 꿈같은 생각이 들어서 다시 볼을 쓰다듬어 보았습니다. 완전히 가벼워지고 시원해져서 마음까지 매우 개운해져 있었습니다. 그뿐 아니라 등에 짊어지고 있는 짐까지도 가벼워진 것처럼 느껴졌습니다.

할아버지는 서둘러 집으로 돌아왔습니다. 마을 사람들도 그 이야기를 전해 듣고는 모두 신기해했습니다.

그런데 할아버지와 같은 마을에 역시 커다란 혹 때문에 고민하고 있는 할아버지가 있었습니다. 그 이야기를 듣자 매우 부러워했습니다. 어떻게 해서든 자신도 그 할아버지처럼 혹을 떼어 버리고 싶어서 어쩔 줄을 몰랐습니다.

그래서 어느 날 혹을 떼어 갔을 때의 상황을 묻고자 찾아왔습니다. 그리고 그날 밤의 일을 자세하게 묻고는 "잘됐다. 나도 한번 그렇게 해서 할아버지보다도 더 많은 보물을 받아와야지." 그렇게 혼잣말을 중얼거리며 싱글벙글 기뻐하며 돌아갔습니다. 미리 자기 혹도 가져가 줄 것이라고 혼자 정하고 즐거워하고 있었습니다.

같은 마을의 그 할아버지는 더 이상 가만히 있을 수가 없었기에, 그 다음 날 당장 산으로 올라갔습니다. 그리고 열심히 이야기해준 대로 오두막에서 잠을 자고 있었습니다. 그러자 얼마 지나지 않아 그 할아버지가 말해준 것처럼 도깨비들이 잔뜩 모여 들었습니다. 자 이때다라고 생각하고 열심히 노래를 불렀습니다. 그러는 사이에 날이 밝아왔습니다. 그러자 역시 마찬가지로 대장 도깨비가 질문을 했습니다. 그래서 전에 할아버지가 알려준 대로 진지한 얼굴을 더욱 그럴싸하게 하고 혹을 만지면서 이야기했습니다.

가만히 듣고 있던 대장 도깨비는 그 이야기를 다 듣고 나자 껄껄 웃으며

"이 거짓말쟁이, 잘도 또 속이러 왔구나. 어젯밤에는 결국 속아 넘어가서 값진 보물과 바꿔 버렸지만 더는 안 속는다."

"그런 혹을 볼에 붙이면 좋은 목소리가 난다고! 새빨간 거짓말을 하다니. 좋은 목소리는커녕 목구멍이 막혀서 완전히 나쁜 목소리가 되어 버렸다. 이제 이 혹도 쓸모 없으니 가지고 꺼지거라."

그렇게 말하고 대단히 화를 내며 그 혹을 할아버지의 볼에 내던졌습니다.

할아버지는 원래 있던 혹 옆에 또 하나 붙어 버렸기 때문에, 무거운데다 더 무겁게 커다란 혹을 두 개나 달고 터덜터덜 돌아갈 수밖에 없었습니다.

도깨비들은 그 뒷모습을 바라보며 모두 배꼽이 빠지게 웃고 있었습니다.

11. 겁쟁이 호랑이 自信のない虎

1

옛날 어느 깊은 산속에 호랑이가 한 마리 살고 있었습니다. 어느 날 밤, 몹시 배가 고파 마을 쪽으로 내려왔습니다. 어슬렁어슬렁 걸어 오다 어떤 집 옆에 다다랐습니다. 가만히 숨어 들어가 보니 그곳에서는 소를 많이 키우고 있었습니다.

호랑이는 그것을 발견하자

"이거 좋은 것을 찾았구나."

그렇게 말하며 기쁘게 그 외양간으로 들어가려고 했는데, 그때 건너편 온돌방 쪽에서 아이의 울음소리가 들려왔습니다. 호랑이는 그것이 신경 쓰였기 때문에 가만히 귀를 세우고 듣고 있었습니다. 그러자 아이가 우는 것을 어머니가 열심히 달래고 있었습니다. 빨리 아이의 울음을 그치게 하려고 여러 가지 겁을 주는 이야기를 하며 아이를 어르고 있었습니다.

"저기 사자가 왔다."

"어이쿠 늑대가 왔네."

“호랑이가 왔다.”

계속해서 이런저런 이야기를 하며 달래고 있었습니다. 그러나 어떻게 해도 그 아이는 울음을 멈추지 않았습니다.

호랑이는 그동안 몰래 외양간 안에 들어가 버렸습니다. 그리고 가만히 움츠리고 여전히 울고 있는 아이의 목소리를 신경 쓰며 듣고 있는데, 지난 밤부터 잔뜩 흐렸던 구름이 드디어 비가 되어 조금씩 내리기 시작했습니다. 그러는 동안 낙숫물 소리도 점점 커져 갔습니다.

아이는 아직 울음을 멈추지 않았습니다. 어머니는 완전히 두 손을 들어 버려서 어떻게 하면 좋을지 좋은 생각이 전혀 나지 않는 것 같았습니다. 그런데 갑자기 그때부터 밖에서 낙숫물 소리가 나기 시작했기에

“저건 낙숫물인가?”

할 수 없이 그런 말을 한층 더 무서운 목소리로 말했습니다.

그러자 아이는 무슨 생각을 했는지 바로 울음을 멈춰 버렸습니다.

아까부터 귀를 기울이고 신경 쓰며 듣고 있던 호랑이는 아이가 갑자기 울음을 멈춘 것에 깜짝 놀랐습니다.

‘낙숫물이라니? 대체 얼마나 무서운 것일까? 그만 본적도 들은 적도 없는 것이지만. 저렇게 울면서 어떤 무서운 짐승도 두려워하지 않던 아이가 단번에 무서워하다니. ……그 놈은 분명 대단히 무서운 짐승임에 틀림없다.’

그렇게 믿어버린 호랑이는 이제 온몸을 벌벌 떨기 시작하며 어찌 할 바를 몰랐습니다.

만약 ‘낙숫물’이 찾아 온다면? 그야말로 큰일이라고 생각하며 단단히 움츠리고 있었습니다. ‘어쨌든 눈에 띄면 끝이다.’ 그렇게 생각하고 작게 웅크리고 있었던 것입니다. 그런데 그때 마침 밖에서 소도둑이 숨어들어 왔습

니다. 소도둑은 몰래 창문에 올라가 거기서 펄쩍 오두막 안으로 뛰어내렸는데, 운이 좋은 건지 나쁜 건지 호랑이 등 위에 펄쩍 올라타 버렸습니다. 그때 호랑이의 놀라움은 이루 표현할 수 없을 정도였습니다.

어쨌든 지금까지 무섭고 무서워서 작게 웅크리고 있었는데 펄쩍 위로 올라탔기 때문에, 이것은 분명 지금 아이를 겁나게 했던 '낙숫물'이 틀림없다고 생각하고 쏜살같이 달리기 시작했습니다. 그리고 어딘지도 모르고 산 쪽을 향해 내달리기 시작했습니다.

그저 두려움에 정신 없이 달리기 시작한 것이었습니다.

2

호랑이는 모든 것을 다 잊어버리고 계속 달렸습니다. 물론 자기 등 위에 타고 있는 것이 무엇인지, 그것을 침착하게 생각해 볼 여유 같은 건 전혀 없었습니다. '낙숫물'이라고 생각한 것이 마지막으로 그저 도망가는 것 이외에는 아무것도 할 수 없었던 것입니다.

그러나 호랑이보다도 더 놀란 것은 소도둑이었습니다. 소도둑은 펄쩍 뛰어내린 순간에 따뜻하고 부드러운 푹신푹신한 털을 만졌을 때도 놀랐지만, 곧바로 뛰기 시작했을 때는 너무 무서워서 숨도 쉬지 못하고 아무 생각 없이 죽을 힘을 다해 단단히 호랑이의 목을 잡고 있었습니다 그렇게 올라탄 채로 한참 달리고 나서야 겨우 자기가 지금 타고 있는 것이 호랑이라는 것을 알게 되었습니다.

그런데 호랑이라는 것을 알게 되자 이번에는 다른 두려움이 커졌습니다. 대체 어째서 이렇게 정신 없이 달리고 있는 것인지도 알 수 없었지만 만약 내동댕이쳐서 물어뜯기라도 하면. 그렇게 생각하자 무섭고 무서워서 참을 수가 없었습니다.

그저 정신이 나간 것처럼 단지 호랑이의 목덜미를 붙잡고 있었습니다. 떨어지면 큰일이라고 생각하고 단단히 단단히 꼭 붙어 있었습니다.

그러는 사이에 날이 차차 밝아왔습니다. 그러나 호랑이는 조금도 속도를 늦추지 않고 그저 계속 달리고 있었습니다.

'어떻게 하면 좋을까?'

소도둑이 그렇게 걱정하고 있는데 마침 오래된 나무 사이로 뛰어들어갔습니다. 오래된 나무의 큰 가지들은 좌우로 뻗어 터널처럼 아래로 늘어져 내려와 있었습니다. 그곳으로 도망쳐 들어갔기 때문에 소도둑은 이때라고 생각하고 한 순간에 그 나뭇가지로 뛰어 올라 힘껏 매달렸다가 조금씩 나무줄기 쪽으로 옮겨갔습니다. 그리고 나무 위로 올라가려고 했더니 그 나무에는 큰 구멍이 뚫려 있었습니다. 오래된 큰 나무였기에 둥치 쪽에 구멍이 뚫려 있었던 것입니다.

"마침 잘 됐다." 소도둑은 그렇게 말하고 재빨리 그 구멍으로 숨어 버렸습니다.

"여기 있으면 괜찮아."

그렇게 말하며 겨우 안도의 숨을 내쉬었습니다.

한편 바로 그때, 이쪽으로 도망쳐 온 호랑이도 겨우 한숨을 돌리고 있었습니다. 그 무서운 '낙숫물'을 뿌리쳐 버렸기 때문에 완전히 여유를 찾아서 다시 살아난 것 같은 기분이 들어 기뻐하고 있었습니다.

그 뒤에도 계속 달려서 한걸음에 자신의 보금자리로 돌아왔습니다.

보금자리로 돌아와 보니 그곳에는 많은 친구들이 있었습니다. 곰도 있고 토끼도 있고 여우도 늑대도 많은 짐승 친구들이 모여 있었습니다. 호랑이는 헐레벌떡 달려온 그대로 쉴 틈도 없이 대단히 숨을 헐떡이며 방금 전 까지 자신이 등에 태우고 왔던 괴물 '낙숫물'에 대해 전부 이야기했습니다.

호랑이가 매우 화를 내며 이야기하고 있는데 옆에 있는 곰은 너무나 태연스럽고 침착하게 듣고 있었습니다.

그리고 호랑이의 이야기가 끝나는 것을 기다렸다가 천천히 입을 열었습니다.

"그건 분명 인간이야."

"'낙숫물'이라니. 그런 것이 있을 리가 없어."

"그거 재미있군. 좋은 것을 알려 주었네. 이 몸이 가서 한방에 해치워 주겠어. 그리고 맛있게 먹어버려야지."

거만하게 비웃으며 그렇게 말하면서 지금 두고 왔다는 오래된 나무에 대해 듣고는 한방에 해치우겠다는 기세로 걸어갔습니다.

곰은 드디어 그 고목 밑에 도착하자 재빨리 그 구멍을 찾아내서는

"이 녀석 여기에 숨어 있구나." 하며 안을 들여다 보았습니다.

그러자 뒤에서 상황을 살피며 따라 온 토끼, 늑대, 여우 그리고 많은 짐승친구들이 그것을 지켜보고 있었기에, 곰은 거드름을 피우며 구멍을 들여다보며 살펴보고는 참으로 기고만장하게 친구들 쪽을 돌아보았습니다.

그러자 그때를 틈 타, 안에서 소도둑이 살그머니 손을 내밀어 곰의 뒷발을 꼭 움켜쥐고 아플 정도로 끌어 당겼습니다.

그러자 그것이 끝이었습니다. 지금까지 거만하게 굴던 곰도 갑자기 발 한쪽이 구멍 안으로 끌려들어가자 어쩔 도리가 없었습니다. 구멍 입구로 빨려 들어간 것처럼 다른 세 발로 발버둥을 치고 굵은 목을 우스꽝스럽게 빼고 흔들 뿐 전혀 방법이 없었습니다.

그 모습을 보고 있던 많은 짐승들은 일제히 배꼽을 잡고 웃었습니다.

지금까지 조마조마해하며 뒤늦게 몰래 따라와 있던 호랑이도 도저히 터져 나오는 웃음을 참지 못했습니다. 결국 호랑이는 큰소리로 웃기 시작했습니다.

12. 아저씨와 거울 小父さんと鏡

옛날 어느 시골에 아무것도 모르는 아저씨가 있었습니다. 매일매일 아침부터 저녁까지 일만 하며, 일 하는 것 말고는 아무것도 알지 못했습니다. 그러던 어느 날의 일이었습니다. 아저씨는 볼일이 있어 서울에 간 김에 신기한 마음에 거울을 하나 사서 돌아왔습니다. 조용히 그것을 안방에 숨겨놓고 몰래 가서 보곤 했습니다. 무엇보다 너무 신기했기에 매일매일 한 번씩 보는 것이 즐거움이었습니다. 볼 때마다 매번 다른 얼굴이 보여서 더욱 흥미를 가지며 혼자 보고는 잘 넣어 두었습니다.

처음에는 아무도 몰랐지만 점점 시간이 지날수록 아내가 이상하게 생각하게 되었습니다. 그러나 아저씨는 아무도 없는 때를 골라서 몰래 보고는 잘 숨겨 놓았습니다.

아내는 어떻게든 그 정체가 알고 싶어서 벼르고 있었습니다. 언제나 아저씨가 들여다 보고는 웃거나 얼굴색을 바꾸고 있었기에 더욱 이상해서 참을 수가 없었습니다.

그래서 어느 날 아저씨가 집을 비우는 것을 기다렸다 안방에 들어가서 찾아냈습니다. 그 모양새부터 실로 특이한 것으로, 살짝 들여다 보자 자신

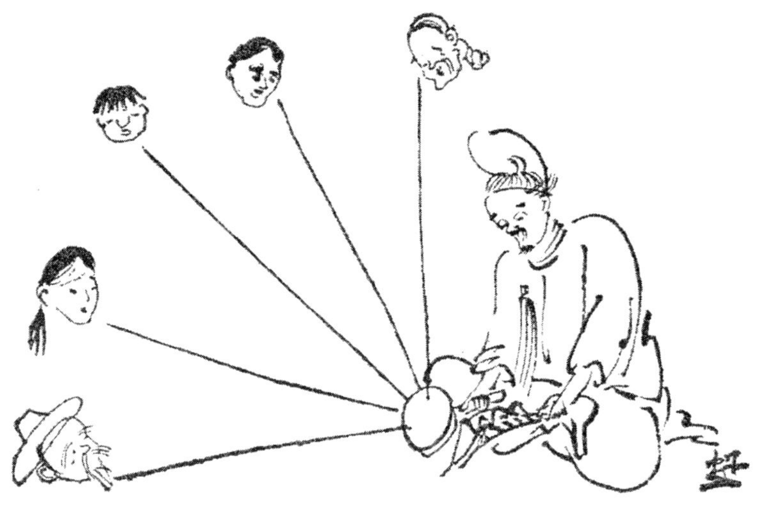

과 거의 다르지 않은 부인 한 사람이 똑똑히 보였습니다. 설마 여자가 있으리라고는 생각지도 못했는데, 확실히 그곳에 보이는 것은 여자였기에 아내는 대단히 화가 났습니다. 그렇게 성실한 남편이라 여기고 있었는데, 무엇을 그리 소중히 여기고 있나 봤더니 이런 여자를 데리고 있었구나. 너무 화가 나고 화가 나서 어쩔 줄을 몰랐습니다. '이제 나 같은 건 싫어진 게로구나.' 그렇게 생각하자 도저히 참을 수 없어서 곧바로 거울을 가지고 시어머니를 찾아갔습니다.

"어머님, 저희 남편이 이런 여자를 데리고 왔습니다. 너무해요."

"어디 어디. 어디냐?"

그렇게 말하고 보니까 이건 또 어떻게 된 일인지, 완전히 주름이 깊이 패인 얼굴을 한 영락없는 할머니의 얼굴이 보였습니다.

"아니, 아무리 아범이라도 이런 주름투성이 할멈을 왜 소중하게 여기는 거지? 만약 아범이 이런 늙은이를 귀하게 여기고 있다면 그것은 틀림없이 어떤 사연이 있을 것이다. 네가 말한 것처럼 아범이 다른 여자를 두고 있지 않다는 것은 분명하다. 이 일은 네가 지나치게 신경을 쓴 것 같구나. 일단 조용히 그 이유를 물어보는 것이 좋겠다."

그렇게 말하며 혹시 몰라 어머니는 다시 한 번 거울을 들여다 봤지만 역시 그대로였습니다.

하지만 아내는 도저히 용서할 수가 없었습니다. 그도 그럴 것이 아내가 들여다 보면 반드시 아내와 동년배인 부인이 나타났기 때문입니다. 그런데 할아버지가 마침 그곳을 지나갔습니다.

"어이, 이 보게 이봐. 너희는 어째서 그리 툴툴거리고 있는 거냐? 그리고 그렇게 웃고 있는 거냐?" 하고 물어 왔습니다.

질문을 받은 아내는 열심히 남편의 부정에 대해 비난하듯 이야기했습니다. 그래서 할아버지도 또 거울을 들고 들여다봤는데, 그곳에는 젊은 여자 얼굴이 보이기는커녕 실로 주름이 쭈글쭈글한 할아버지가 나타났습니다.

그것은 완전히 할아버지의 모습 그대로였습니다.

할아버지는 그것을 보자 알았다는 표정을 지으며

"어디 젊은 여자가 있는 거야. 그런 건 없는걸. 쓸데없는 말은 하는 게 아니란다. 옆집 할아범이잖냐. 착각에도 정도가 있지. 이 할아범이라면 언제나 찾아오는걸."

할아버지는 자기 얼굴이 비추고 있는데 옆집 할아버지라고 완전히 착각하고는 자신 있게 그렇게 말했습니다.

하지만 아내도 시어머니도 할아버지가 하는 말을 그대로 믿을 수가 없었습니다. 아무리 다시 봐도 시어머니가 들여다보면 주름투성이 할머니가 나타나고, 아내가 보면 젊은 여자가 들여다 보고 있었기 때문입니다. 분명히 사실이 그렇기 때문에 아무리 할아버지가 자신 있게 말해도 그것으로 깊어질 대로 깊어진 의심은 절대로 풀리지 않았습니다.

어느 날 10살 정도된 아저씨의 아들이 어떻게 찾아냈는지 그 거울을 찾아내서 즐거워하며 들여다 보고 있었습니다. 그런데 거울 속 아이를 보니, 그 거울 속 아이의 손에는 실로 맛있어 보이는 과자가 들려 있는 것이 아니겠습니까?

"아아 내 과자를 뺏어갔어. 내 과자야. 내 과자야."

그렇게 말하며 자기가 들고 있던 과자를 흔들자, 거울 속 아이도 한층 더 심술궂은 표정을 지으며 마구 흔들고 있었습니다.

아이가 화를 내면 거울 속 아이도 그에 덩달아 화를 냈기 때문에 결국 소란을 피우며 큰 소리로 울음을 터트려 버렸습니다.

그러자 그것을 듣고 젊은이가 달려왔습니다.

"뭐야 뭐야? 왜 울고 있니?"

"내 과자를 뺏어갔단 말이야."

"흠 그렇구나."

그렇게 말하고 당장 거울을 들여다 보니 그쪽에도 혈기왕성한 젊은이가 가세해 있었습니다.

"이런 네놈까지 이런 아이를 괴롭히다니, 나쁜 녀석이군."

말하자마자 젊은이는 주먹을 쥐고 휘둘렀는데 있는 힘껏 내리쳤기 때문에 버틸 수가 없었습니다.

"쨍, 쨍그랑" 하고 거울은 온돌바닥 위에 떨어져 산산이 부서져 버렸습니다.

13. 세 개의 병三つの瓶

어떤 곳에 매우 힘이 센 악당이 살고 있었습니다.

산을 몇 개나 몇 개나 넘은, 마을에서 떨어진 곳에 집을 짓고 거기서 살고 있었습니다. 집이라고 해도 바위 사이에 지었기 때문에 대단히 튼튼했습니다.

그 체격에 대해 말하자면 키가 크고 머리카락은 덥수룩해서 보기에도 아주 무서운 사내였습니다. 팔뚝 힘으로 말하자면 장사 열명도 이길 정도의 장사였으며, 발에는 아무것도 신은 적이 없고 언제나 맨발이었고 어떤 바위 모서리 위에서도 실로 자유롭게 뛰어다니고 있었습니다.

그랬기 때문에 마을 사람들은 매우 무서워하고 있었습니다.

"저런, 산사나이가 왔다."

그렇게 말하면 울던 아이도 울음을 그친다고 할 정도로 무서워하지 않는 사람이 없었습니다.

비단 여자나 아이들뿐만이 아니었습니다. 어느 하나 그 산사나이를 무서워하지 않는 사람이 없었던 것입니다.

때때로 무모한 사람들이 있어서 "뭐야. 해치워 버리겠어." 그런 말들을 하며 싸우러 간 사람도 있었지만 결국 그 산사나이를 물리쳤다는 사람은 없었습니다.

그래서 산사나이는 기고만장해져서 때때로 마을로 내려왔습니다. 어느 때는 쌀을 뺏으러 왔습니다. 어느 때는 아이를 빼앗으러 왔습니다. 또 어느 때는 아름다운 여인을 노리고 끌고 갈 때도 있었습니다.

하지만 마을에서는 언제나 횡포를 부리는 대로 내버려둘 뿐 어찌할 방도가 없었습니다.

어느 마을에 최진순崔眞純이라는 너무나 착한 오빠와 실로 아름다운 화향華香이라는 여동생이 단 둘이서 살고 있었습니다.

아버지는 두 사람이 아직 어렸을 때 돌아가시고 오랫동안 어머니와 셋이서 하루하루를 보내고 있었지만, 바로 2~3년 전에 어머니도 갑자기 세상을 떠나 버려서 그때부터 둘은 더욱 더 사이 좋게 매일매일 열심히 일을 하고 있었습니다.

마을 사람들 모두에게도 '사이 좋은 진순이와 화향이 남매'라고 불리며 칭찬을 받고 있었습니다.

그러던 어느 해 가을의 일이었습니다.

어머니가 돌아가셨을 당시에는 이런저런 집안 살림을 전혀 알지 못해 걱정을 많이 했지만, 2년이 지나고 3년이 지나는 사이에 완전히 익숙해져서 올해는 어떤 집보다도 빨리 가을 추수도 끝내고 이제부터 새해맞이 준비를 할 때가 되었습니다.

아직 20살이 채 되지 않은 진순이는 여러 가지 계획을 세워 청어를 사고 대추를 준비하고 곶감 같은 것까지 준비했습니다. 그렇게 지금 당장 설날이 되어도 괜찮을 것 같은 어느 날 밤이었습니다. 하루의 피로로 깊이 잠들었던 진순이가 이상한 소리에 깜짝 놀라 눈을 뜨자 이미 그때는 커다란 산사나이가 집 안으로 들어와 있었습니다.

그리고 아무 말도 없이 여동생의 손을 잡아 끌며 싫어서 울부짖는 것도 개의치 않고 질질 끌며 데리고 가 버렸습니다.

진순이는 깜짝 놀라 그저 멍하게 있을 수밖에 없었습니다. 그 충격은 이루 표현할 길이 없었습니다.

이미 산사나이가 여동생을 끌고 가 버린 뒤라서 아무리 이웃 사람들을 깨워 불러와도 이미 아무 소용이 없었습니다. 특히 깜깜하고 깜깜한 새까만 밤이었기 때문에 아무것도 못하고 그저 날이 밝기를 기다릴 수밖에 없었습니다.

진순이의 슬픔과 분노는 대단했습니다. 그러나 이를 꽉 악물고 다음날 아침이 오는 것을 기다리고 있었습니다.

2

날이 밝는 것을 기다려 진순이는 여동생을 되찾으러 길을 떠났습니다.

이웃 사람들도 함께 힘을 보태고 싶은 마음이 없는 것은 아니었지만, 결국 무슨 일을 하더라도 그 산사나이에게서 되찾아 오는 일은 도저히 상상조차 할 수 없었기에 같이 가려고는 하지 않았습니다. 그보다도 혹시 진순이가 포기해 줄 수 있다면 포기해 주었으면 좋겠다고까지 생각했습니다. 그러나 그렇게 생각하면서도 진순이가 너무도 열심히라서 어쩌지 못하고 있었습니다.

진순이는 매우 기세 등등하게 길을 떠났습니다. 이웃사람들에게 들은 길을 따라 점점 산속으로 들어갔습니다. 산을 하나 넘고 두 개를 넘어 가는 동안에 주변은 큰 나무들 천지가 되고 쓸쓸한 기분이 되었습니다. 굽고 굽은 산길을 따라가자 길가에 커다란 바위가 있었습니다. 그러자 그 바위 뒤 햇볕이 잘 드는 곳에서 할아버지 한 분이 햇볕을 쬐고 있었습니다. 새하얀 머리카락에 수염까지도 새하얗고 긴, 그냥 보기에도 신성한 분위기의 할아버지였습니다.

진순이를 보자 싱글싱글 웃으며 말하기를

"제법 용감하구나. 감탄할 수밖에 없구나."

그렇게 말하는 것을 보니 이 할아버지는 이미 진순이가 무엇을 하러 왔는지 그 이유를 분명히 알고 있는 것이었습니다.

할아버지는 실은 신이었는데 이런 할아버지의 모습으로 변해서 너무나도 불쌍한 진순이를 도와주러 와있었던 것이었습니다.

진순이도 쓸쓸하던 참에 친절한 할아버지를 만나서 큰 힘을 얻고 이제 더 깊이 산속으로 들어가려고 했습니다. 그러자 그때

"잠깐 기다리시오."

할아버지는 상냥하게 싱글싱글 웃으면서 그렇게 말했습니다. 그리고 아무것도 가지고 있지 않은 것처럼 보였는데 품속에서 신기하고 예쁜 새하얀 병을 꺼냈습니다. 그리고 말하기를

"이것을 줄 테니 앞으로 깊은 산속에 들어가서 혹시 어려운 일이 생기면 그때 그것을 던지거라."

진순이가 기뻐하며 받자 다시 파랗고 파란, 비쳐 보일 것 같은 병을 꺼내서

"그래도 또 어려움을 겪는다면 이것을 꺼내서 던지거라."

그리고 계속해서 이번에는 붉은 병을 꺼내며

“만약 그래도 또 어려움이 닥친다면 마지막으로 이것을 던지거라.”

그렇게 말하자마자 순식간에 할아버지의 모습은 사라지고 어디에도 보이지 않았습니다.

“아아, 이 분은 틀림없이 신이었을 거야.”

라고 생각하며 일단 기뻐하며 그것을 가지고 점점 깊은 산속으로 들어갔습니다. 세 개의 병, 지금 받은 세 개의 병을 소중하게 가지고 어느 때보다 기운차게 산을 올라갔습니다.

마침내 산사나이가 살고 있는 곳에 도착하자 진순이는 실로 조심스럽게 다가가서 산사나이가 모르는 사이에 교묘하게 여동생을 데리고 나와 버렸습니다.

“자, 이제부터 죽어라 도망치는 거야.”

이제 잡히지 않고 도망치기만 하면 됐다고 생각하며 그저 정신없이 도망쳤습니다.

그러자 산사나이는 금세 그것을 알아차리고는 소리를 지르며 쫓아왔습니다.

진순이 남매가 아무리 도망을 쳐도 산사나이에게는 도저히 당할 수가 없었습니다. 결국 잡힐 것 같은 상황에 처했습니다.

그때

‘이때다.’

라고 생각하고 먼저 하얀 병을 꺼내서 산사나이 쪽을 향해 던졌습니다.

그러자 신기하게도 큰 강이 생겨서 물이 펑펑 쏟아져 나왔습니다. 아무리 산사나이라도 그 강을 건너지 않으면 안 됐기 때문에 꽤나 쩔쩔매고 있었습니다. 둘은 그 사이에 달려서 제법 도망을 쳤지만 산사나이는 금세 다시 추격해 왔습니다.

이번에는 파란색 병을 꺼내 던지자, 길 가득히 가시덤불이 무성하게 자라났습니다.

그 가시에 걸려 이리저리 몸부림치고 있는 산사나이를 향해 마지막 붉은색 병을 계속해서 던져 버렸습니다. 그러자 그 마지막 붉은 병은 금세 화염이 되어 주변 수풀에 전부 불이 옮겨 붙어 버렸습니다. 산사나이도 완전히 불에 둘러싸여서 이제는 아무것도 할 수 없었습니다.

허무하게 그곳에서 쓰러져 버릴 수밖에 없었습니다.

그 사이에 진순이는 여동생의 손을 잡고 둘은 열심히 도망갔습니다.

간신히 집까지 뛰어온 두 사람은 크게 기뻐했습니다.

산사나이 굴에서 도망친 둘은 그 뒤로도 오래오래 사이 좋게 행복하게 살았다고 합니다.

14. 거북이의 말 亀の言葉

1

옛날 어느 곳에 두 형제가 있었습니다.

둘은 나이차이가 거의 나지 않았지만 성격은 전혀 달랐습니다.

형은 전혀 자비심이 없는 욕심쟁이로 언제나 동생을 힘들게 하고 있었습니다. 그러나 동생의 유순한 성품으로 말하자면 세상 어디에서도 찾아볼 수 없을 정도였습니다. 형이 어떤 심한 부탁을 해도 한 번도 거절한 적이 없었습니다. 그래서 조금씩 형에게 빼앗겨서 재산까지 줄어들어 버렸습니다. 그러나 자신은 분가하기도 했고 형에게는 어머니까지 계시기 때문에, 앞으로 살 날이 얼마 남지 않은 어머니에게 어떻게든 기운을 북돋아 드리고 위로를 해드리며 항상 기쁜 마음으로 지내실 수 있도록 마음을 쓰고 있었습니다.

형은 그런 동생의 성격을 잘 알고 있었기 때문에 그것을 이용해서 이런저런 핑계로 동생의 것을 뺏을 궁리만하고 있었습니다. 그러니 동생의 생활은 점점 가난해질 뿐이었습니다.

결국 동생의 재산이라는 재산은 전부 형의 것이 되었습니다. 완전히 가난해진 동생은 하루하루 생활하기도 어려울 정도가 되었습니다. 그러나 동생은 조금도 형을 원망하거나 미워하는 기색조차 없었습니다.

2

어느 해 가을의 일이었습니다. 동생은 매일매일 산으로 낙엽을 주우러 갔습니다. 낙엽을 주우려 해도 배가 고파서, 허기지고 허기져서 아무것도 할 수 없는 날도 있었습니다.

어느 날 언제나처럼 지게를 지고 낙엽을 주우러 갔습니다. 그날도 아침부터 아무것도 먹지 못했기 때문에 정말 눈이 핑핑 돌 정도로 배가 고팠습니다. 그러나 힘을 쥐어짜 열심히 낙엽을 모으고 있는데 이제 도저히 서 있을 수 조차 없어졌습니다. 힘없이 그곳에 앉아 쉬고 있는데 바람도 없는데 툭하는 소리가 났습니다. 떨어진 것을 보니 데굴데굴 땅 위를 굴러서 맞은편에 있는 나무그늘로 사라져 버렸습니다.

"뭐지? 동글동글한 열매였는데."

그렇게 말하며 찾아보니 그것은 귀여운 개암나무 열매였습니다. 위를 올려다 보니 그곳에 제법 큰 나무 한 그루가 서있었습니다.

좋은 것이 떨어졌네, 그렇게 생각하며 주워서 보니까 실로 매끌매끌하고 훌륭한 열매였기 때문에 동생은 당장 그 자리에서 먹고 싶어서 참을 수가 없었습니다. 하지만 이것은 소중하게 가지고 돌아가서 어머니께 드려야지, 그렇게 생각하자 기뻐서 어쩔 줄을 몰랐습니다.

"이걸 어머니께 드려야지."

그렇게 큰 목소리로 소리쳤습니다. 그러자 조용하던 숲 저편에서 동생이 말한 것과 똑같이

"이걸 어머니께 드려야지." 그렇게 말하고는 금세 다시 원래대로 조용해졌습니다.

"어라 이상하네?"

"누구지? 말을 따라 하는 건?"

"메아리도 아니고."

혼잣말을 중얼거리며 의아해했습니다. 그러자 다시 툭하고 떨어졌습니다. 동생은 자기도 모르게 위쪽을 올려다 보았습니다. 개암나무의 나뭇가지는 맑게 갠 하늘을 향해 조용히 뻗어 있었습니다.

발치에 구르고 있던 것을 기쁘게 주워 들고

"아, 이건 형께 드려야지."

라고 말하자

"아, 이건 형께 드려야지."

아까처럼 따라 했습니다.

동생은 점점 더 궁금해져서 참을 수가 없었습니다. 그러자 이번에는 뒤쪽에서 떨어지는 소리가 났습니다. 뒤돌아서 주우면서

"이건 동생한테 줘야지."

하자 또

"이건 동생한테 줘야지."

똑같이 그대로 말하는 것이었습니다.

"이상하다. 신기한 일도 다 있네." 그런 말을 하고 있는데 개암열매는 여기저기에 툭툭하고 계속 떨어졌습니다.

"이건 여동생에게 줘야지."

역시

“이건 여동생에게 줘야지.”

역시 그대로 계속 흉내를 냈습니다. 그러나 또 툭툭하고 개암열매가 떨어졌기 때문에 그때마다 자기 부인에게 줄 것도, 아이에게 줄 것도 마지막으로 자기 몫까지도 줍게 됐습니다.

더 이상 개암열매가 안 떨어졌기 때문에 지금 들린 목소리가 궁금해지기 시작했습니다.

“그건 도대체 뭘까?”

그렇게 말하면서 주변을 대충 둘러보니 아무래도 땅속에서 소리가 나는 것 같아 나뭇잎을 헤치고 살펴보니, 한층 더 두텁게 쌓여 있던 나뭇잎 아래에서 엉금엉금 거북이 한 마리가 기어 나왔습니다.

분명 그 거북이라는 것을 알 수 있었습니다.

“말하는 거북이라니, 신기한 거북이도 다 있구나.”

동생은 혼잣말을 하면서 신이 나 그 거북이를 품에 넣자마자 마을로 돌아가기 시작했습니다.

3

반쯤 뛰는 걸음으로 마을로 돌아오자 큰 목소리로

“이보게들 신기한걸 주워왔다네. 말하는 거북이야. 뭐든지 말한다네. 이렇게 말을 따라 하는 거북이는 없을 거야.”

그런 말들을 떠들어댔습니다.

마을 사람이 한 사람이 오고 두 사람이 오더니 점점 많이 몰려와 새까맣게 모여들어 무리를 이뤘습니다.

동생은 실로 의기양양하고 진지하게 품에서 그 거북이를 꺼냈습니다.

그리고 손 위에 올려두고

"이걸 어머니께 드려야지."

"이걸 어머니께 드려야지."

조금도 틀리지 않고 앵무새처럼 따라 말했습니다.

모두들 깜짝 놀랐습니다.

"어찌된 거북이지?", "이상하네", "정말일까?"

제각기 그런 말을 하면서 듣고 있었습니다.

이번에는

"아, 이건 형께 드려야지."

"아, 이건 형께 드려야지."

군중은 재미있어 하며 박수를 치고 즐거워했습니다.

동생이 이런저런 말을 하면 거북이는 완벽하게 똑같이 이런저런 말들을 그대로 따라 했습니다. 거북이 자신도 그렇게 사람들이 기뻐하는 것을 꽤나 좋아하고 있는 것처럼 보였습니다.

그곳에 모인 많은 사람들은 그 거북이를 보고, 그 동생을 보고, 손 위에 올라가 아무렇지 않게 자유롭게 말하고 있는 것을 보고, 감탄하지 않는 이가 없었습니다.

뭐라 표현할 수 없는 기쁨으로 가득 차 있었습니다. 그리고 어느 샌가 그 거북이와 동생에게 깊은 감사 인사를 하고 싶은 마음이 들었습니다.

그때 누군가가 너무 신기해서

"이걸 감사의 표시로." 그렇게 말하며 얼마 안 되는 돈을 내놓았습니다. 그러자 너도 나도 할 것 없이 돈을 내놓아서 거의 한 사람도 빼지 않고 냈을 정도였습니다.

예상치도 못하게 동생은 실로 많은 돈을 받아 버렸습니다. 그것은 기쁨으로 가득 찬 마음에서 우러나온 희사喜捨였습니다. 야시(野師[1])가 가지고 다니는 구경거리를 본 관람료와는 전혀 다른 마음씀씀이가 가득 담겨있었습니다.

이 일은 빠르게 마을에서 마을로 전해졌습니다. 물론 형도 그것을 들었습니다. 그러자 형은 당장 동생네 집으로 찾아갔습니다.

동생이 많은 답례를 받았다고 하니 자기도 그렇게 하고 싶어서 어쩔 줄 몰랐던 것입니다.

"이봐 너, 그 거북이를 나에게 빌려주지 않을래? 정말 잠깐이라도 좋으니

1 축제일 따위에 번잡한 길가에서 흥행 · 요술 따위를 하거나 또는 싸구려 물건을 소리쳐 파는 사람.

까."

그런 말을 하며 이미 그 거북이를 빌려가서 자신도 많은 돈을 벌려는 계획을 세우고 있었습니다.

"괜찮아요. 괜찮고 말고요."

동생은 싫은 얼굴 한번 하지 않고 빌려주었습니다.

형은 거북이를 빌리자 대단히 기뻐하며 서둘러 시장으로 갔습니다. 마침 그날은 장날이라서 시골사람들도 줄줄이 모여들고 있었습니다. "이 근처라면 괜찮겠군." 형은 그렇게 말하면서 사람들이 많이 모일 것 같은 광장을 골라서

"자 여러분. 여기 신기한 거북이가 한 마리 있습니다. 이 거북이는 실로 신기한 거북이로 마치 인간처럼 말을 합니다. 모두 들어 보세요."

매우 과장하여 선전을 하고 있었습니다. 그러자 장날이라 모여들고 모여들어 실로 많은 사람들이 모여들었습니다. 형은 마음속으로 이미 기뻐하고 있었습니다. '이거다, 이거야. 벌써 다 넘어왔군.' 가만히 그렇게 생각하며 품에서 거북이를 꺼냈습니다. 신기해하며 모여드는 사람들은 어떻게 말을 하는지 궁금하게 여기며 침을 삼키고 귀를 쫑긋 세우고 듣고 있었습니다.

형은 거북이를 향해 여러 가지 말을 했습니다.

"자 여러분에게 말하는 것을 들려주렴. 자 거북이님, 내 이야기를 듣고 있답니다."

어떤 말을 해 봐도 거북이는 조금도 말하지 않았습니다. 말을 하기는커녕 지금까지 길게 빼고 있던 목을 움츠리고 등껍질 안으로 들어가더니 전혀 나오려 하지 않는 것이었습니다. 무엇보다 목을 집어넣고 있었기 때

문에 아무것도 할 수 없었습니다. 그러나 형은 어떻게 해서라도 말하게 하려고 여러 가지 말을 하며 재촉해 봤지만 아무리 말을 해봐도 조금도 말하지 않았습니다. 그저 가만히 목을 집어넣고 있을 뿐이었습니다.

형은 자기 주위에 모여 있는 군중을 보자 이제 마음이 다급해졌습니다. 꽉 쥔 손에는 식은땀이 축축하게 배어 나왔습니다.

군중은 이제나저제나 하며 기다리고 있었지만 아무리 해도 말을 하지 않았기 때문에 불평을 하기 시작했습니다. 이미 여기저기에서 작은 소리로 말하는 목소리가 들려왔습니다.

"어디서 거짓말을 하고 있는 거야."

"참 사람을 바보 취급하는군."

"이렇게 사람을 기다리게 해 놓고도 태평한 녀석이 다 있네."

"이런 거짓말쟁이에게는 질려 버렸어."

다들 그런 말들을 하며 화를 내기 시작했습니다. 지금 당장이라도 무슨 일이 일어날 것 같은 분위기가 되어 버렸습니다.

형은 매우 곤란하게 되어 버렸습니다. 마치 사람들에게 사정하듯 그곳에서 도망쳐 버렸습니다. 그리고 매우 화를 내며 아무 죄도 없는 거북이를 돌로 쳐서 죽여 버렸습니다. 그뿐만이 아니었습니다. 그 화풀이 대상을 동생으로 바꿔서 실컷 동생의 욕을 한 뒤에 거북이를 내버려둔 채로 집으로 돌아가 동생에게는 아무 말도 하지 않고 그대로 입을 다물어 버렸습니다. 마치 아무것도 모른다는 얼굴로 지내고 있었던 것입니다.

4

동생은 그런 줄도 모르고 '형이 그 거북이를 데려갔는데 어찌된 걸까?

말을 잘 해주면 좋을 텐데.' 마음속으로 그런 생각을 하며 어떻게든 형을 기쁘게 해 주고 싶어서 그저 상냥한 맘으로 신경을 쓰고 있었습니다.

그런데 형이 가지고 가서는 그대로 가지고 오지 않았기 때문에 이건 이상하다며 걱정을 하고 있었습니다. 별일이 없었으면 좋겠다고 그런 생각을 하고 있는데 결국에는 거북이가 말을 조금도 하지 않았다는 것과 죽임을 당했다는 이야기를 들었습니다.

동생은 그 이야기를 듣자 곧바로 형을 찾아갔습니다.

"그게 얘기를 들어보니 거북이가 잠자코 있었다지요. 잘못했네요."

동생은 마치 형의 불편한 마음을 달래 주려는 것처럼 말하고 있었습니다.

"뭐야. 전부 너 때문이야."

"……."

"그래 맞아. 내가 데리고 가면 말 같은 거 하지 않는다는 것을 잘 알고 있었으면서도 싫은 얼굴 하나 하지 않고 신나서 빌려줬잖아. 이제 사람을 바보 취급하지 않는 게 좋을 거야."

온갖 비아냥거리는 말을 늘어놓고 있었습니다. 그러나 동생은 그런 말을 들어도 심한 말을 한다고는 생각지 않았습니다. 오히려 모처럼 기대하고 갔을 텐데 배신당한 기분을 위로하는 듯한 표정으로 잠자코 듣고 있었습니다.

그리고 거북이가 너무나 불쌍하다는 마음이 들어 적어도 시체라도 찾아와서 어딘가에 묻어 줘야겠다고 생각했습니다.

형이 죽여서 버린 곳을 물어서 찾으러 돌아다녔습니다.

형에게 듣고 온 주변을 찾아보았지만 좀처럼 찾을 수가 없었습니다. 겨우 발견해서 그것을 소중하게 집으로 가지고 돌아왔습니다.

"아아, 불쌍하게도 나 때문에 이렇게 돼 버렸구나."

그렇게 말하면서 마당 앞 좋은 곳에 묻어 주었습니다.

그러자 실로 신기하게도 거북이를 묻은 바로 그 위에서 신기한 싹이 돋아났습니다. 동생이 거북이의 혼을 보살피는 것처럼 그 무덤에 물을 뿌려 주자 그 싹은 쑥쑥 자랐습니다.

이웃사람들까지도 찾아와서

"이런 이런. 이렇게 신기한 것이 돋아나다니."

그렇게 말하며 쳐다볼 정도로 신기한 싹이 돋아났습니다. 그리고 동생이 거북이의 영혼을 위하는 마음을 가지면 가질수록 그 싹은 크게 자라났습니다. 조금이라도 형이 한 일에 대해서 불평을 하면 그 싹은 시들어 버렸습니다.

동생이 거북이를 예뻐하고 형을 위하는 마음을 가지면 그 나무는 무럭무럭 크게 자랐습니다.

"신기한 나무다. 내가 좋은 기분으로 바른 마음을 가지면 이 나무는 쑥쑥 자라고, 내가 사람을 미워하거나 불평을 하면 완전히 시들어 버려."

그런 말을 하면서 주위 사람들과 신기하게 생각했습니다. 동생은 두려운 마음이 들어서 바른 것들만 생각하게 되었습니다.

나무는 점점 커졌습니다. 쑥쑥 자랐습니다. 며칠도 지나지 않았는데 하늘 높이 자랐습니다. 밤낮을 가리지 않고 자라서 하늘까지 뚫고 나가는 것이 아닌가 할 정도로 자랐습니다.

동생은 매일매일 바라보고 있었습니다. 어떤 나쁜 마음이 들어도 불평거리가 생겨도, 그 나무 곁에 가면 아주 기분이 좋아지고 깨끗한 마음이 됐습니다. 아니 곁에 가지 않아도 그 나무를 보기만 해도 마음이 깨끗해졌습니다.

그러던 어느 날, 그 나무의 꼭대기 쪽에서 심상치 않은 소리가 나기 시작했습니다. 천둥이 치는 것도 아닌데 어찌된 일인가 싶어서 나무근처로 가보니 실로 놀라웠습니다. 하늘에서 금은보물이 자꾸자꾸 쏟아져 내려서 그 나무를 타고 흘러내렸습니다. 은하수가 한꺼번에 무너져서 이 지상으로 쏟아져 내린 것이 아닐까 싶을 정도였습니다. 순식간에 마당 한 가득 높게 쌓였습니다. 동생의 기쁨과 놀라움은 이루 표현할 수 없었습니다.

그러자 빨리도 이야기를 전해들은 형은 이것을 보자 심기가 불편해 참을 수가 없었습니다. 그래서 당장 그 나뭇가지를 받아갔습니다. 땅에 꽂아 두니 뿌리가 나와 쑥쑥 자랐습니다. 얼마 지나지 않아 동생의 나무만한 나무가 되었습니다. 형은 매일 올려다보며 빨리 보물이 쏟아지기 시작하기를 오직 그것만을 바라고 있었습니다.

그러던 어느 날 하늘에서 커다란 소리가 나기 시작했습니다. "자 드디어 왔구나." 그렇게 말하며 온 집안 식구들이 모두 나와서 쳐다보았습니다. 벌써 며칠이나 기다리고 기다리며 기다림에 지쳐 있었기 때문에 서둘러 뛰어나와서 봤더니 쏟아져 내려왔습니다. 실로 더러운 것들과 냄새 나는 것들이 쏟아져 내려왔습니다. 도저히 가까이 갈 수 조차 없을 정도였습니다.

그 양도 결코 조금이 아니었습니다. 쏟아지고 쏟아져서 다 쏟아져 내려왔을 때는 형의 집도 밭도 전부 떠내려가 버렸습니다. 게다가 더러운 것들이었기 때문에 정말 견딜 수가 없었습니다.

가족은 모두 뿔뿔이 흩어지고 하인들마저도 어디로 떠내려 갔는지 알 수 없게 돼 버렸습니다. 형은 간신히 도망쳐서 목숨을 잃지 않고 살기는 살았습니다.

형은 처음으로 자신의 잘못된 마음가짐을 깨달았습니다. 그리고 잘못했다고 진심으로 생각하게 되었습니다.

완전히 다시 태어난듯한 형은 단 하나밖에 없는 동생을 의지할 수밖에 없었습니다.

동생은 형의 그러한 모습을 보자 더 이상 참을 수가 없어서 눈물을 흘리며 손을 맞잡았습니다.

그 뒤로 두 사람은 더더욱 행복하게 살았습니다.

15. 여우와 개구리의 지혜 대결狐と蛙の智慧くらべ

옛날 어느 곳에 여우 한 마리와 개구리가 살고 있었습니다.

어느 따뜻한 봄날의 일이었습니다. 여우가 '뭔가 맛 있는 것이 없을까?' 라고 생각하며 어슬렁어슬렁 들판을 돌아다니고 있는데 갑자기 개구리를 만났습니다. '이거 좋은 것을 만났군.', '당장 먹어 치워야지.' 그렇게 생각했지만 아무 이유 없이 개구리를 먹어 버릴 수도 없었기에 '이거 한번 싸움을 걸어 줘야겠다.' 여우답게 이미 그런 나쁜 꾀를 내고 있었습니다. 그래서 혹시 잘못이라도 하면 그걸 빌미로 먹어 버려야겠다고 그게 좋겠다고 생각하며 벌써 말을 시작했습니다.

"어이 누군가 했더니 개구리님이었군. 꽤나 오랜만일세."

"어이구 이거 여우님. 이런 실례를. 정말 오랜만이네요. 변함없이 건강하신듯하니 정말 기쁩니다. 댁의 가족 분들도 모두 잘 지내시겠죠? 정말 감사드릴 일입니다."

그런 식으로 실로 절묘하게 예의를 갖춰 인사했기 때문에 결국 여우도 시비를 걸만한 말은 한마디도 건넬 수가 없었습니다.

이건 곤란한데. 이런 식이라면 타산이 안 맞아. 어떻게 하면 좋을까?

잠시 생각해 보니 좋은 생각이 났습니다. 이거 한 번 지혜 대결을 해야겠군. 그래서 개구리 녀석을 교묘하게 몰아붙여서 할말이 없게 만들어 버린 다음에 불쌍하지만 먹어버려야지. 한번 그렇게 생각하자 이미 벌써 이긴듯한 기분이 들어 슬슬 행동을 시작했습니다.

"그런데 개구리야, 이런 쓸데없는 이야기는 해도 소용없으니 한번 지혜 대결을 해 보지 않겠니? 제법 오랫동안 못 만났으니 신기한 좋은 생각도 있을 테고."

"그러게요. 한번 최선을 다해서 신기하고 새로운 것을 보여드리지요."

그래서 먼저 여우가 묻기로 했습니다.

"그럼 시작한다."

"네 시작하세요."

"개구리님 개구리님."

이상하게 재촉하는 것처럼

"당신의 등은 아주 힘줄이 도드라져 있군. 마치 도랑이라도 생긴 것 같아. 대체 그건 왜 그런 거지? 초봄이라서 살이 빠진 것도 아닌데."

"아, 이 높고 낮은 거요?"

마치 기다리고 있었다는 듯이 짧은 목을 돌려 자기 등을 보는 것 같은 자세를 취하며

"이건 아무것도 아니랍니다. 좀 오래된 이야기지만 한번 들어보세요. 그게 중국 우(禹)나라 때였나? 엄청난 홍수가 나서 사람들이 힘들어 한 적이 있었잖아요. 그때 일이랍니다. 우나라는 재빨리 대책을 세워서 커다란 도랑을 파고 그 물을 모두 바다로 흘려 보냈는데, 그때의 공사라는 게 실로 대단한 것이었습니다. 마침 저도 그때 그곳에 있었기 때문에 정말

많은 일을 했습니다. 그야말로 큰 돌을 옮겼지요. 지금 생각해 보면 도저히 손도 못 댈 것 같은 돌을 쉽게 쉽게 옮겼어요. 하지만 등이 우둑우둑하고 부러졌지요. 그때의 상처랍니다. 그 흔적이 이렇게 상처가 되어 아무리 해도 낫지를 않아요. 하지만 이것은 실로 나에게는 명예로운 훈장이랍니다."

"아아, 그렇구나."

여우는 그 대답을 듣고 졌다고 생각했지만 태연한 척하면서 아무렇지도 않은 얼굴로 흘려 버렸습니다. 그리고 두 번째 질문을 던졌습니다.

"그러면 개구리님, 당신의 눈알은 왜 그렇게 노란 건가?"

"이 눈 말입니까?"

딱히 놀란 기색도 없이

"이것 말입니까? 이건 제 숙부 되는 사람이 중국 주周나라 문왕文王을 모신 적이 있습니다만, 그때 감여로甘與露라는 술을 그야말로 많이 받았습니다. 그 맛을 보니 너무 맛있어서 결국 떡이 되도록 마셔 버렸지 뭐예요. 그랬더니 그 술의 색처럼 눈알 색까지 변해 버린 것이랍니다. 그건 그렇고 당신은 감여로라는 술을 알고 있습니까?"

라고 갑자기 반격을 당해서 아무리 여우라도 조금 당황했습니다.

"아니, 아직 마셔 본 적도, 본 적도 없다만……."

"그래요? 그거 신기하네요. 모르는 게 없는 여우님이니까 분명 그 정도는 알고 계실 거라 생각했는데. 그런데 여우님. 이번에는 저도 질문을 하게 해주세요. 괜찮겠죠?"

막상 "안 돼."라고는 말할 수가 없어서 여우는 조마조마해하며 개구리의 말을 기다렸습니다.

"당신을 뵐 때마다 느끼는 겁니다만 당신은 실로 훌륭한 옷을 입고 있네요. 그런 훌륭한 옷은 많지 않지요. 복슬복슬하고 실로 멋스러운 색으로 아름다움과 따뜻함의 깊은 분위기가 있는, 뭐라 표현할 수 없는 아름다움입니다. 그리고 겨울이 되면 그 털이 많아져서 방한의 임무를 다하고 그리고 조금 맞더라도 아무렇지도 않겠지요. 그래서 몸 보호도 되니까 이렇게 고마운 것은 없을 것입니다."

그렇게 말하며 부러워했습니다.

그러자 여우는 대단히 의기양양해져서 기뻐하고 있었습니다.

"그렇다면 여우님에게 그 털가죽은 실로 중요한 역할을 하고 있다고 할 수 있겠네요."

"그렇고 말고. 그래서 언제나 깊은 감사의 마음을 가지고 이 털을 소중히 여기고 있지. 한 순간도 소홀하게 다룬 적이 없네."

여우가 이미 우쭐대기 시작하고 있었기에 개구리는 때를 놓치지 않고 물었습니다.

"그 정도로 감사히 여기고 있는 털가죽에 대해 묻겠습니다만, 대체 그 털은 몇 가닥 정도 있습니까? 그걸 알고 계십니까?"

"어, 그게 아직 한 번도 세어 본 적이 없어서."

"아니, 세어 본 적은 없어도 개수 정도는 항상 알고 있지 않으면 안 되지요. 그 정도로 감사해 마지않는다던 털가죽에 최대의 주위를 기울이지 않고 있다는 것만은 사실이네요. 그렇다면 아무래도 그 감사의 마음이 의심스러워지네요."

조금 비꼬는듯한 말투로 말했기 때문에 완전히 당황해 버렸습니다.

여우는 처음에는 간단하게 궁지에 몰아넣고 일찌감치 먹어 버리겠다고 생각하고 있었는데, 오히려 제대로 반격을 당해서 이제는 아무것도 할 수가 없었습니다. 궁지에 몰아넣기는커녕 물어본 질문에 답하는 일에 고생하고 있었습니다.

그러자 개구리는 의미심장한 미소를 지으면서

"예로부터 영웅이나 호걸이라 불리는 사람들은 혀가 실로 길어서 그것을 말아 안으로 넣으면 목구멍 깊은 곳까지 들어간다고 들었는데, 정말일까요?"

그렇게 말하며 물어보았습니다. 그러자 뭐든지 아는 척을 하고 자랑하고 싶어하는 것이 여우의 본성이기에

"그렇습니다. 내 아버지가 정말 길었지. 정말 깊은 곳까지 들어갔기 때문에 많은 사람들에게 항상 존경을 받았던 거라오. 그래서 나도 제법 말 수 있소."

"흐음. 그래요? 역시 영웅의 자식은 다르네요. 한번 볼까요? 하지만 그냥 보기만 하면 재미가 없으니, 제 혀와 어느 쪽이 더 많이 말리는지 경쟁해볼까요?"

공손한 말투로 그렇게 말했습니다.

"좋고 말고. 그럼 내가 먼저 말아보겠소."

여우는 이미 말기 시작했습니다. 눈알을 굴리고 땀을 흘리면서 열심히 말고 있었습니다. 그러나 그렇게 말릴 수 있는 것이 아니었습니다. 그러자 개구리가 킥킥 웃기 시작했습니다.

"뭐야. 겨우 그게 다예요? 더 말릴 거라고 생각했는데 그 정도인 건가요? 그럼 제 것을 조금 보여드리지요."

그렇게 말하면서 큰 입을 벌리고 보여줬습니다. 말리고 말리고 계속 말

렸습니다.

여우는 그 개구리의 입 속을 들여다보면서

“이거 정말 많이 말리네. 이렇게 말리는 것은 본적이 없어. 놀랍군, 놀라워.”

그렇게 말하며 혀를 내둘렀습니다.

여우는 거만하게 지금까지 계획했던 것이 모두 수포로 돌아갔기 때문에 그저 포기해 버렸다는 이야기였습니다.

16. 세 개의 보물三つの寶

1

옛날 어느 곳에 큰 부잣집이 있었습니다. 아버지와 세 명의 형제가 아무 부족함 없이 살고 있었습니다.

한쪽에 부족함이 없다면 어느 한쪽이 부족해지는 것이 세상의 이치입니다. 이 집도 아버지가 깊은 병에 걸려 얼마되지 않아 돌아가시고 말았습니다.

죽기 얼마 전에 아버지는 세 명의 형제들을 모아놓고

"너희들에게 우리 집 재산을 나눠 줄 테니 그것을 밑천으로 살아가거라. 그러나 내가 나눠주는 재산만 믿고 놀기만 해서는 안 된다. 아무것도 없다고 생각하고 자기 힘만으로 시작한다는 각오로 살아야 한다. 그리고 셋이 사이 좋게 지내며 이 집의 이름을 결코 더럽히지 않도록 조심해야 한다."

그렇게 말하고 세 명에게 재산을 똑같이 나눠 주었습니다.

처음에는 셋이 사이 좋게 살고 있었지만 한 달이 지나고 두 달이 지나고 세 달이 지나는 동안 셋은 각각 다른 마음을 가지고 모두 제멋대로 행동하게 되었습니다.

막냇동생은 지극히 성실해서 아침부터 밤까지 열심히 일했습니다. 그리고 자기 집 주변에 어려운 사람이 있으면 무엇이든 가져다 주었습니다. 그러면서도 절대로 생색내는 일도 없이 열심히 일하고 있었습니다.

이와 반대로 두 형들로 말하자면 동생과는 전혀 다른 성격이었습니다. 가능한 일하지 않고 노는 것만 생각하고 있었지만 욕심이 많은 사람이라서 어떻게 해서든 돈을 얻고자 했습니다. 그래서 어느 사이엔가 막냇동생이 받은 유산의 반 이상을 이런저런 이야기로 속여서는 자신들 것으로 챙겨 버렸습니다.

그렇게 당했어도 동생은 불평 한마디 하지 않고 모든 것을 다 알고 있으면서도 잠자코 있었습니다. 게다가 앞서 말씀 드린 것처럼 불쌍한 사람을 보면 누구에게든지 차별 없이 은혜를 베풀었기 때문에 동생의 생활은 하루하루 나빠져갔습니다.

놀면서 게으름을 피우고 있는 욕심쟁이 형들은 큰 재산을 마련해서 떵떵거리며 살고 있는데, 가장 부지런하고 정 많은 동생은 점점 초라해지더니 결국 완전히 가난뱅이가 되어 버렸습니다. 그렇게 되자 형들도 더 이상 동생에게 뺏을 것이 없어지자 쓸모가 없어졌다고 생각해 이번에는 여러 가지 이유를 붙여서 구박을 하게 되었습니다.

그래서 마침내 마을에서 쫓겨나게 되었습니다.

마을에서 쫓겨난 동생은 이곳 저곳을 방랑하며 걸어 다녔습니다. 딱히 목적지도 없이 어떤 마을을 지나고 있는데 마을 외곽의 다리 위에 매우 나이 많은 스님이 쓰러져 있었습니다. 완전히 너덜너덜해진 옷을 입고 몸은 볼품없이 말라 쇠약해져 있었습니다.

가끔씩 그 다리를 건너는 사람도 있었지만 누구 한 사람 그 스님에게 말을 거는 사람은 없었습니다. 그 누구도 모른척하고 빨리 지나가 버렸습니다.

그런데 그곳을 동생이 지나가게 된 것이었습니다.

동생은 보자마자 이미 어쩔 줄을 몰랐습니다. 물론 그대로 지나칠 수 없었습니다.

"스님! 무슨 일이세요?"

그렇게 말하며 안아서 일으켜주자 스님은 괴로운듯한 목소리로

"몸이 지쳐서 도저히 걸을 수가 없습니다. 게다가 배도 고파서."

겨우 그렇게 말했습니다.

동생은 안쓰러워서 도저히 그대로 자리를 뜰 수가 없었습니다.

그래서 스님의 팔을 끌거나 업어서 절까지 데려다 주었습니다.

겨우 절에 도착하자 동생은 스님을 모닥불 화롯가에서 쉬게 두고 뒷산에 가서 땔감을 모아오고 밥을 하며 열심히 보살펴 주었습니다. 결국 2~3일이나 그 절에 머물며 스님의 간호에 힘닿는 데까지 최선을 다했습니다.

그러자 점점 기운을 찾아서 이제 괜찮아졌기에 동생은 그곳을 나와 정처 없이 휘청휘청 떠돌며 돌아다녔습니다.

떠돌아다니다 며칠 뒤에 다시 그 절을 찾아가 보았습니다.

그러자 스님은 마치 기다리고 있었다는 듯한 얼굴로

"이런, 며칠 전에는 큰 신세를 졌습니다. 약소하지만 감사의 선물을 드리고 싶어서 당신의 행방을 찾고 있던 참입니다. ……아, 잘 됐습니다."

그렇게 말하며 스님은 기뻐했습니다. 동생은 과연 무엇을 줄까? 어떤 좋은 것일까? 하며 기다리고 있었습니다.

그러자 스님은

“감사의 선물이라 해도 별것 아닙니다. 그저 당신의 친절한 마음에 보답하기 위한 제 마음의 표현일 뿐입니다. 그것을 당신께 전해드리고 싶어서 그저 그뿐입니다. ……부디 이것을 받아 주십시오.”

그렇게 말하며 멍석 한 장과 표주박 하나, 그리고 젓가락 한 벌. 그것만을 주었습니다.

2

동생은 그것을 받아서 기쁘게 절을 떠났습니다. 그 뒤로 점점 걸어가다 보니 넓고 넓은 들판으로 나왔습니다. 하늘은 맑게 개어 있었습니다. 풀숲이 이어지는 한 줄기 길을 걷고 있자 왠지 이상하게도 부자가 된 기분이 들기 시작했습니다. 그리고 아까 받은 물건을 형들에게 가지고 가서 보여줘야겠다는 그런 생각이 들었습니다. 그래 빨리 가자. 그렇게 생각하니 이번에는 내딛는 발걸음에도 힘이 들어가 서둘러 걷고 있었습니다. 그러나 좀처럼 자기 마을까지 돌아갈 수 없었습니다. 결국 그 넓은 들판에서 날이 저물어버려 어쩔 수가 없었던 것입니다.

단지 혼자 그 넓은 들판 한 가운데에서 하룻밤을 보내는 것 밖에는 달리 방법이 없었습니다.

그래도 갈 수 있는 만큼은 가보자며 걸어도 보고 뛰어도 봤지만, 서두르면 서두를수록 녹초가 되어 버려서 결국 앉아 쉬게 되었습니다. 한 번 앉으니 더 이상 일어나기도 힘들어서 그대로 그곳에 누워 버렸습니다.

“이거 참 잘됐군. 이럴 때 써야지.” 그렇게 말하며 동생은 아까 스님에게 받은 멍석을 그곳에 펼쳤습니다. 그러자 펼치는 순간 조금 전까지 분명히 멍석이었던 것이 그야말로 멋진 이불로 변해 버렸습니다.

동생은 깜짝 놀라 "이것 참 이상하네. 그런데 정말 이불인 걸까?" 그런 말을 하면서 뒤집어보았지만 어떻게 봐도 실로 훌륭한 이불이었으며 게다가 따뜻하기도 이루 말할 수가 없었습니다.

"이것만 있으면 오늘밤은 따뜻하게 쉴 수 있겠어." 그렇게 말하며 기뻐하고 있는데 어느 샌가 자기 주변이 아름다운 궁전 같은 훌륭한 집이 나타났습니다. 들판의 풀숲 그늘에서 잘 생각이었는데 제대로 된 아름다운 방으로 변해 있었습니다.

"이런 이런, 이게 어떻게 된 일이지?"

동생의 놀라움은 이루 말로 표현할 수 없었습니다.

그리고 너무나 신기했기에 지금까지 가지고 온 표주박이 신경 쓰이기 시작했습니다. 역시 그곳에 있었기 때문에 살짝 들어올려서 살펴보니 조금 전까지는 가벼웠던 것이 대단히 묵직해져 있었습니다. 이상하다고 생각하며 잠깐 내려놓았는데 어느 샌가 쓰러져 버렸습니다. 그러자 안에서 나온다 나온다, 그야말로 진수성찬이 얼마든지 얼마든지 쏟아져 나왔습니다.

"이것 참. 이것 참."

동생은 너무 기쁘고 행복해서 춤을 추며 즐거워했습니다.

이번에는 어떤 신기한 일이 생길까라고 생각하면서 그 젓가락을 들고 진수성찬을 먹으려고 하다가, 갑자기 묘하게 무거운 것이 왠지 좋은 소리가 날 것 같다는 생각이 들어서 젓가락으로 표주박을 살짝 두드려보았습니다. 그러자 이번에도 역시 신기하게도 실로 아름다운 아이들이 나타났습니다.

"아아, 이것 참. 이것 참."

그렇게 말하고 기뻐하면서 이번에는 그 젓가락으로 어디든 좋은 소리가

날것 같은 곳을 여기저기 두드려댔더니

나옵니다. 나와요.

두드리는 대로 여자와 아이들이 잔뜩 나타났습니다. 그리고 그 진수성찬을 나르기 시작했습니다.

동생은 이미 모든 것을 잊은 채, 마을로 돌아가는 것도 잊어버리고

"이것 참. 이것 참."

그렇게 말하며 놀라고 있었습니다. 기뻤습니다. 동생은 생각지도 못하게 그곳에서 살게 되었습니다.

한동안 그곳에 살고 있다가 다시 마을로 돌아가보고 싶다는 생각이 들었습니다. 그러자 이미 맞은편에서 훌륭한 가마를 메고 마중을 온 사람들이 행렬을 이루며 다가왔습니다. 동생은 기뻐하며 그 가마를 타고 출발하여

점점 마을에 가까워졌습니다. 그런데 길가에서 큰 소동이 일어난 곳을 지나가게 되었습니다. 뭘 하고 있는 걸까? 누굴까? 하며 살며시 가마의 덮개 사이로 내다보니 왠지 아는 사람들인 것 같은 생각이 들었습니다. 눈을 떼지 않고 보고 있었더니 그것은 분명 자신의 두 형들이었습니다.

형들은 더욱 부자가 되자 다른 나라로 장사를 하러 갔습니다. 그리고 그때 마침 큰 손해를 보고 말았습니다. 그 일로 결국 큰 싸움을 시작해 버린 것이었습니다. 동생은 그것을 보자 더 이상 잠자코 있을 수가 없었기에 당장 뛰어내려 가서는 이것저것 잘잘못을 들은 뒤에 큰 돈을 내어 주었습니다. 그러자 둘은 그것으로 만족하고 화해를 했습니다.

그리고 동생은 마을에 도착하자 곧바로 옛날에 입던 옷으로 갈아입고 실로 초라한 행색을 하고 찾아갔습니다.

우선 형들의 집에 갔더니 형들은 언제나처럼 '시끄러운 녀석이 또 왔군.'이라고 말하는듯한 표정으로 말 한마디 건네지 않았습니다. 물론 진수성찬도 대접해 주지 않았으며 제대로 된 먹을 것 조차 내어 주지 않았습니다.

"뭐야, 이 바보 같은 녀석."

전부 그런 식으로 전혀 상대를 해 주지 않았습니다.

그렇기 때문에 동생은 근처 강가의 모래밭에 가서 잠을 자기로 했습니다. 그리고 그 세 개의 보물을 꺼내서 순식간에

멋진 집과

많은 보물과

수많은 하인들과

아무 부족함 없는 생활을 시작했습니다. 하룻밤 사이에 완전히 변해 버렸습니다.

작은 마을이기 때문에 다음날 날이 밝자 이미 온 마을의 큰 화제가 되어 버렸습니다.

형들도 놀라서 찾아갔습니다.

누구보다 욕심 많은 형들인데 어떻게 그냥 지나칠 수가 있었겠습니까? 동생이 한 일이 너무 부러워서 자신도 해 보고 싶어서 참을 수가 없었습니다.

2~3일이 지나자 두 형은 동생이 한 것처럼 자신의 재산이라는 재산은 모두 사람들에게 나눠 주면서 되는대로 써 버리고는 그 절을 찾아갔습니다. 어떤 좋은 보물을 받게 될지 크게 기대를 하고 갔지만 불쌍하게도 스님은 외출 중으로 아무리 기다려도 결코 돌아오지 않았습니다. 그래서 울며불며 동생을 찾아왔습니다.

형들은 많은 가족들을 거느린 채로 완전히 무일푼이 되어 버렸기 때문에, 당장 그날 밤부터 잘 곳도 없고 입을 것도 없고 물론 먹을 것조차 없었습니다.

그러나 동생은 그 많은 수의 두 가족을 맞아들여서 실로 기뻐하며 진심으로 대접해주었습니다. 결국 두 형들은 막냇동생의 집에서 살게 되었고 지금까지는 그렇게 욕심쟁이였지만 동생의 아름다운 마음에 감동했는지 완전히 다시 태어난 것처럼 변해서 오래오래 행복하게 살았습니다.

17. 호랑이와 젊은이虎と若者

1

옛날 어느 곳에 유명한 선생님이 있었습니다. 선생님은 오랜 역사에도, 여러 학문에도, 불교의 가르침에도, 공자와 맹자의 가르침에도 정통해 있어서 무엇 하나 모르는 것이 없었습니다. 특히 점치는 기술까지 깊이 터득하고 있었습니다.

꽤 나이를 먹은 선생님은 시골의 깊은 산속으로 들어가서 사계절을 따라 변하는 자연을 벗삼아 하루하루를 보내고 있었습니다. 그러나 선생님은 멀리에서 가까이에서 자신을 따르며 찾아오는 제자들은 진심을 다해 가르치고 있었습니다. 모여드는 사람들의 이야기는 뭐든지 들어주지 않는 것이 없었습니다. 그래서 그 부근 사람들은 무슨 일이든지 선생님을 찾아가 물어보았습니다.

그러던 어느 날의 일이었습니다. 선생님이 여러 명의 제자들을 열심히 가르치고 있는데 그곳으로 갑자기 백발의 스님이 찾아왔습니다. 그리고 그저 아무 말없이 정중하고 정중하게 인사를 하자마자 그대로 성큼성큼 걸어서 사라져 버렸습니다. 제자들은 수상하게 여겼습니다. “모처럼 찾아와서는 아무 말없이 가 버리다니 무슨 일이지?" 그런 이야기를 하며 다들 서로 얼굴을 쳐다보고 있었습니다.

말없이 가 버리기는 했지만 그 노승은 무엇인가를 선생님께 고하고 일을 마치고 떠나 버린 것 같은 느낌이었습니다.

물론 선생님은 노승이 찾아온 이유도 그리고 만족해서 돌아갔다는 것도 잘 알고 있었습니다.

선생님은 그 노승이 떠나자

"조금 전의 백발 노승은, 그것은 스님이 아니란다. 이 산의 아주 나이 많은 호랑이란다. 오늘밤 옆 마을에 혼례가 있어서 그곳에 가서 신부를 훔쳐갈 것이라고 그것을 내게 고하러 온 것이다."

그렇게 제자들에게 이야기했습니다. 그리고 혼잣말처럼

"안됐어. 불쌍하게도."

"운명이라고는 해도 정말 불쌍하군."

그렇게 말하며 한숨을 쉬고 있었습니다.

그러자 제자들 중에 남들보다 원기왕성하고 성질 급한 젊은이가 있었습니다. 선생님의 앞으로 나가서

"선생님, 선생님께서는 이미 지금부터 그 사실을 알고 계시니 분명히 그것을 피할 방법도 알고 계실 거라 생각합니다만, 어째서 선생님께서는 구해 주지 않으시는 겁니까?"

그런 말을 하며 물어봤기에 선생님은 그 질문에 대답하기를

"그야 얼마든지 구할 방법이 있기는 하단다. 그러나 그것을 할 수 있는 사람이 있을지 없을지. 아무래도 그런 용감한 사람은 없을 것 같구나."

그것을 들은 젊은이가 힘주어 말하기를

“그럼 어떤 일이라도 하겠습니다. 제발 알려 주십시오. 꼭 할 테니까요.”

“그렇다면 알려 주마. 그건 매우 간단하단다. 이 경經을 소리 내서 읽으면 되지. 그러나 읽는 동안에 어떤 무서운 일이 일어나더라도 절대로 공포심을 가지면 안 된다. 그리고 한 글자도 틀리지 않고 읽어야 한다. 그렇게 하면 안전하단다. 하지만 절대 그 호랑이에게 죽임을 당하는 일은 없단다. 무사히 보낼 수 있을 것이다. 만약 잘못 읽더라도 읽고 있는 사람은 어떤 해도 입지 않는 것은 틀림없단다. 그것은 괜찮아. 안심해도 된단다.”

그렇게 말하며 선생님은 책장에서 한 권의 경문을 꺼내서 젊은이에게 건네 주었습니다.

젊은이는 그것을 받아 들자 지나치게 흥분하며

“부족하지만 제가 그 일을 해내고 오겠습니다. 만약 어떤 일이 있더라도 반드시 무사히 다 읽어서 불쌍한 일가를 구하겠습니다.”

심상치 않게 번뜩이는 눈을 한층 더 빛내면서 젊은이는 말에 채찍질하며 옆 마을을 향해서 달려갔습니다.

2

숨을 헐떡이며 젊은이가 달려가 보니 이미 그 집에는 혼례 준비가 다 되어있었습니다. 신랑이 보내온 많은 선물은 모두 단상 위에 올라가 쭉 늘어서 있었습니다. 그것을 하나하나 손님들에게 보여 주며 실로 떠들썩하게 웃고 떠드는 소리가 온 마을에 울려 퍼지고 있었습니다.

“여보시오.”

젊은이는 대문 앞까지 말을 타고 가서 주인을 만나기를 청하고 있었습니다.

주인은 이런 경사스러운 날에, 게다가 갑자기 전혀 모르는 사람이 숨을 헐떡이며 찾아왔기에 의아해서 견딜 수가 없었습니다.

“무슨 일이십니까?”

주인이 묻는 소리에 대답하며

“당신 집에는 매우 경사스러운 일이 있는듯 하지만 그러나 조심하시지 않으면 오늘밤 큰일이 일어날 것입니다. 만약 예방하지 않으신다면 그야말로 큰일입니다. 신부님을 빼앗기고 거기다 목숨까지 위험합니다. 하지만 지금부터 준비하기만 한다면 무사히 넘길 수 있을 것입니다. 그게 그 예방이란 것은 별 것 아닙니다만, 외람되지만 제가 아니면 다른 누구도 그것을 막을 수 없기에 부족하지만 신부님을 지켜드리려고 찾아 온 것입니다. 너무 불쌍한 마음이 들어서요."

젊은이는 그렇게 말하고 진심을 다해 도와주려고 노력했습니다.

주인은 처음에는 처음 보는 젊은이의 너무나 뜬금없는 말이 도저히 믿기 어려웠지만, 진심을 다해서 최선을 다하는 열성에 감동해서 결국 젊은이에게 그날 밤을 지켜달라고 부탁을 하게 되었습니다.

젊은이는 곧바로 단단히 채비를 하고 먼저 신부를 한 방에 넣어두고 몇 명의 힘센 노비들을 붙여 놓았습니다. 그리고 자신은 넓은 방에 등불을 환하게 밝히고 그 앞에 단정히 앉아서 슬슬 경을 읽기 시작했습니다.

그러자 얼마 지나지 않아 벼락이 치는듯한 소리가 나자마자 실로 큰 호랑이가 밖의 담을 뛰어 넘어 마당으로 내려오더니 곧바로 신부의 방을 향해 달려가려 했습니다. 그러나 그것을 안 젊은이가 성심성의껏 경을 읽고 있었기 때문에 도저히 문 안으로 들어갈 수가 없었습니다.

호랑이는 마당에 웅크리고 밤새도록 계속 으르렁거리고 있었습니다. 그리고 빈틈만 생기면 곧바로 들어가려고 했지만 도저히 그럴 수 없었습니다. 두세 번 창가까지 다가와서는 창틀을 물어뜯었지만 단지 그뿐으로 더 이상은 어쩌지 못했습니다.

그러던 중 경도 다 읽어갈 무렵이 되자 슬슬 동쪽에서 해가 뜨기 시작했습니다.

그렇게 되자 호랑이는 그 마당에 언제까지나 웅크리고 있을 수가 없었기 때문에 결국 어디론가 달아나 버렸습니다.

날이 밝아 살펴보니 신부는 방안에 쓰러져 완전히 정신을 잃고 있었습니다. 모두들 수선을 부리며 물을 뿌리고 큰소리로 부르는 사이에 조금씩 정신이 돌아와서 완전히 다시 정신을 차렸습니다. 마치 꿈에서 깬 것처럼 눈을 깜빡깜빡 거리고 있었습니다.

주인의 기쁨은 이만저만한 것이 아니었습니다. 젊은이는 주변의 이웃사람들에게도, 친척들에게도 깊은 감사의 인사를 받았습니다.

주인은 너무나 기뻐서 제발 이것만이라도 받아달라며 많은 돈을 젊은이에게 내밀었습니다. 그러나 젊은이는

"아닙니다. 저는 그런 것을 바라고 온 것이 아닙니다. 그저 불쌍한 사람을 제 힘이 허락하는 한 구하고 싶다고 그것만을 바랬을 뿐이었습니다."

그렇게 말하고 채비를 마치자 어제 타고 온 말에 올라타서 한걸음에 떠나 버렸습니다.

젊은이가 돌아오자 선생님은 싱글벙글 웃으며

"잘 했구나, 잘했어. 큰 일을 하고 돌아왔구나."라고 칭찬을 하면서

"그런데 너는 어젯밤에 세 군데를 틀리게 읽은 것 같지만, 그래도 잘했다. 별일도 없이."

라고 덧붙였습니다.

젊은이는 그 이야기를 듣자 자신은 조금도 틀린 기억이 없었기 때문에

"아니요. 그럴 리가 없을 텐데요."

그렇게 말하며 절대 인정하지 않았습니다.

"하지만 방금 어제의 스님이 찾아와 신부를 구해준 것에 대한 감사 인사를 하고 돌아갔는데, 그때 '어젯밤 경을 세 군데 틀리게 읽었기 때문에 결국 방 창틀을 세 곳 물어뜯어서 표시를 해두고 왔습니다'라고 하던데."

선생님이 그렇게 분명히 잘못이 있었다고 말씀하셨기 때문에 다시 경을 펼치고 읽어보니 선생님의 말대로 틀리게 읽은 것을 알 수 있었습니다.

18. 두 남매와 호랑이二人の兄弟と虎

어느 곳에 가난하게 살고 있는 농사꾼 가족이 있었습니다. 농사꾼에게는 딱 두 명의 아이밖에 없었습니다. 오빠와 여동생 그저 그뿐이었습니다.

아버지는 일찍 돌아가시고 홀로된 어머니와 쓸쓸하게 살고 있었습니다. 집이 너무나 가난해서 어머니는 매일매일 남의 집에 가서 일을 해 주고 그날의 일당을 받아왔습니다. 두 남매는 싸움 한번 하지 않고 사이 좋게 집을 보고 있었습니다.

어머니는 남의 집에서 일하는 것은 전혀 힘들지 않았지만 매일 집에 두고 오는 아이들이 너무나 마음에 걸렸습니다. 그저 착하게 자라주기만을 바라고 있었습니다. 그래서 매일 일하는 곳에 가면 그저 집으로 돌아가는 것만 생각하고 있었습니다. 오늘은 뭘 사다 줄까? 집에 가면 무엇을 해 줄까? 한 순간도 잊지 않았습니다.

그러던 어느 날의 일이었습니다. 그날은 옆 마을에 가서 옷에 풀을 먹이고 돌아오기로 되어있었습니다. 아침 일찍부터 준비해서 두 아이들에게도 밥을 먹이고 일찍 집을 나섰습니다.

"오늘은 빨리 돌아올 테니 집을 잘 보고 있어라. 만약 누가 찾아오면,

누가 오더라도 집에 안 계신다고 잘 말해야 한단다. 그럼 다녀오마. 괜찮겠지?"

"네."

"네."

남매는 한 목소리로 방긋방긋 웃으며 어머니를 배웅했습니다.

어머니는 섭섭한 표정도 짓지 않고 씩씩하게 배웅해준 귀여운 아이들을 남겨 두고 콩죽 도시락을 가지고 서둘러 집을 나섰습니다.

옆 마을에 가기 위해서는 산을 하나 넘지 않으면 안 됐습니다. 그리고 그 주변에는 실로 큰 숲이 펼쳐져 있었습니다. 때는 옛날이었기 때문에 숲은 매우 울창했습니다. 어머니는 그 사이를 지나 홀로 천천히 걸어가고 있었는데 어쩐지 묘하게 무서운 기분이 들기 시작했습니다. 평소와는 다른 굉장한 기운이 느껴졌지만 빨리 일을 마치고 돌아가고 싶은 마음에 종종거리면서 떨면서 두세 걸음을 걸어갔습니다. 그러자 길가의 큰 바위 그늘에서 커다란 호랑이 한 마리가 나타났습니다.

어머니의 놀라움은 이루 말로 표현할 수 없었습니다. 여하튼 바로 앞에 나타났기 때문에 아무것도 할 수 없었습니다. 도망가도 잡힐 것이고 그렇다고 무서워서 그대로 가만히 있을 수도 없었기 때문에 부들부들 떨면서 두세 걸음을 걸어가자

"이봐 이봐, 네가 들고 있는 거, 그건 뭐야? 그걸 내놓지 않으면 미안하지만 목숨까지 가져가 버리겠다."

그렇게 말하면서 호랑이는 뒤에서 어슬렁어슬렁 다가왔습니다. 이미 자신의 손안에 들어왔다고 생각하며 제멋대로 말하고 있었습니다.

어머니가 무섭고 무서워 몸을 떨면서 도시락을 살며시 내려놓고 뒤도

돌아보지 않고 걸어가자, 호랑이는 그것을 날름 먹어 버리고는 또 어슬렁 어슬렁 뒤따라왔습니다.

"이봐 이봐. 네 그 오른 팔을 내놓아라. 먹어 줄 테니까. 그게 싫다면 목숨까지 가져갈 수밖에 없다."

그렇게 말하며 따라왔기 때문에 어머니도 어쩔 수 없었습니다. 잠자코 오른팔을 뒤로 내밀었습니다.

어머니는 '목숨만 건질 수 있다면 아이들도 만날 수 있고 아무리 괴로워도 위로 받을 수 있어.'라고 생각하고 꾹 참으며 빨리 호랑이의 마수에서 벗어나고 싶다는 마음에 발걸음을 재촉하여 정신 없이 뛰기 시작했습니다. 호랑이는 금세 팔도 먹어 치우더니 다시 다가왔습니다. 그리고 말을 걸었습니다.

"이봐 이봐. 왼팔도 가져가겠다."

그렇게 내뱉고 곧바로 먹으려 들었습니다.

어머니는 '어쨌든 목숨만 건질 수 있다면.'이라고 생각하며, 빨리 벗어나고 싶다. 빨리빨리, 이렇게 아이들만을 머릿속에 떠올릴 뿐 완전히 제정신이 아니었습니다. 그리고 정신 없이 계속 뛰었습니다.

그러자 호랑이도 재빨리 달려와서 이번에는

"왼쪽 다리를 내놔라. 내놓지 않으면 한입에 먹어 버리겠다."

그렇게 말하면서 달려들었습니다.

어머니는 다리를 줘 버리면 이제 집에 돌아갈 수도 없고 아이들을 만날 수도 없다고 생각하자 순식간에 기운이 빠져서 그 자리에 털썩 쓰러져 버렸습니다.

잔인한 호랑이는 잘됐다고 생각하면서 어머니를 순식간에 먹어 치웠습니다.

이러쿵저러쿵 하면서 결국 어머니를 잡아먹은 호랑이는 그것만으로는 만족할 수 없었습니다. 이번에는 그 집에서 집을 보고 있는 아이들을 먹어야겠다고 생각했습니다.

"그래, 이 옷을 입고 가자." 그렇게 말하며 호랑이는 순식간에 완전히 어머니처럼 변해 버렸습니다. 그리고 어머니가 온 길을 따라서 찾아갔습니다.

2

호랑이는 아이들의 집 밖에서

"엄마가 왔단다. 자, 문을 열거라."

라고 말하며 문을 열게 하려고 했지만 아무래도 그 목소리가 어딘지 달랐기 때문에 아이들은 절대로 문을 열지 않았습니다.

"아니야 아니야, 어머니가 아닌걸. 우리 어머니는 그런 이상한 목소리가 아닌걸."

그렇게 말하며 절대로 열지 않았습니다.

"엄마가 오늘은 말이지. 너무 일을 많이 해서 목이 완전히 상해 버렸단다. 그래서 이상한 목소리가 되어 버린 거란다."

"아니야 아니야, 하지만 다른걸. 그럼 어머니의 손을 보여줘."

그런 말까지 하면서 절대 말을 듣지 않았습니다. 호랑이도 방법이 없어 쑥하고 자신의 손을 내밀었습니다.

"이런, 이건 어머니의 손과 달라. 이렇게 딱딱하고 더러운 손이 아니야."

"아니란다. 오늘은 일을 많이 하고 제대로 씻지 않고 돌아왔기 때문에 이렇게 됐단다. 그럼 씻고 올게."

그렇게 말하고 호랑이는 내밀었던 손을 빼서 씻고 왔습니다. 씻는다고 해도 정말 씻는 것이 아니라 기름을 잔뜩 발라 매끌매끌하게 만들어서 온 것이었습니다.

그러자 그 손을 본 여동생이 결국 속아 넘어가서 '드르륵 드르륵'하며 문을 열어 주었습니다.

들어온 것을 보니 역시 어머니의 옷은 입고 있지만 어머니가 아니라는 것은 분명히 알 수 있었습니다. 두 아이는 그렇게 생각하자마자 곧바로 일어나 잠시 화장실에 가는 척하면서 뒤쪽으로 조용히 도망쳤습니다. 호랑이가 두리번거리는 동안에 집 뒤로 나오기는 나왔지만 이제는 어떻게 하나, 두 남매는 주변을 둘러보다 바로 옆 우물가에 서 있는 나무를 쳐다보았습니다. 이 나무에 올라가면 괜찮겠다고 생각하고 곧바로 올라갔습니다. 남매는 이미 그 나무의 열매가 익을 때가 되면 여러 번 올라간 적이 있었기 때문에 쑥쑥 올라가서 언제나 걸터앉아 있던 가지에 앉아 있었습니다.

한편 호랑이는 아이들이 지금이라도 집안으로 들어올 거라고 생각하며 기다리고 있는데 전혀 들어올 생각을 안 하자 살며시 나가보니 어디에도 보이지 않았습니다. 이거 속았다고 그렇게 생각하면서 집 주위를 둘러보았지만 전혀 찾을 수 없었습니다. 쳇, 이거 실수를 했네. 손해를 봤어. 그렇게 생각하자 슬슬 화가 나기 시작했습니다. 그런데 문득 우물 안을 들여다 봤는데 그곳에 모습이 비추고 있었기 때문에 바로 찾아 버렸습니다. "좋아. 됐어." 호랑이는 그렇게 말하고 당장 나무위로 올라가려고 했습니다. 그러나 쉽게 올라갈 수 있는 것이 아니었습니다. 그저 허무하게 미끄러져서 내려올 뿐이었습니다. 그러자 호랑이는 조금도 화난 기색을 보이지 않고 방긋방긋 웃으면서 상냥한 목소리로

“이봐. 이 나무에 어떻게 올라간 거야? 나도 올라가게 해주렴.”

그렇게 말하며 부탁했습니다. 그러자 아이들은 재치 있게 알려 주었습니다.

“그게 말이야. 가장 좋은 건 나무 기둥에 기름을 듬뿍 바르는 거야. 우리들은 항상 그렇게 올라와. 그렇게 하면 정말 쉽게 쉽게 올라올 수 있어.”

그 말을 듣자 호랑이는 그대로 했습니다. 물론 기름을 바르고 올라갈 수 있을 리가 없었습니다. 전보다도 더 미끄러질 뿐이었습니다. 그래서 호랑이는 이번에는 여동생을 향해서 착한 표정을 지으며

“동생아 동생아, 부탁인데 어떻게 올라가면 잘 올라갈 수 있을지 한 번만 알려 주지 않겠니? 착한 아이니까 좀 알려 주렴.”

영악하게 부탁을 했습니다. 여동생은 아직 순진했기 때문에 그 감언이설에 깜박 속아넘어가 버려서

“그게 말이야. 어디에서 도끼를 가지고 와서 말이야, 그 도끼로 쿵쿵 나무줄기를 찍는 거야. 그러면 발 디딜 곳이 생겨서 잘 올라올 수 있단다.”

그렇게 알려 주었습니다.

호랑이는 그대로 했습니다. 이번에는 아무리 재주 없는 호랑이라도 어떻게 올라가기 시작했습니다. 무엇보다 나무줄기에 발과 손을 걸칠 곳이 생겨서 비교적 쉽게 올라갈 수 있었기 때문입니다. 두 남매는 여기라면 괜찮겠다는 생각에 나뭇가지에 앉아 있었는데 그곳까지도 따라왔기 때문에 더 이상 도망갈 곳이 없었습니다. 이제는 하느님께 부탁할 수밖에 없다고 생각하고 둘은 아주 천진난만한 귀여운 얼굴로 하늘을 향해, 그 작은 두 입으로 함께

“제발 하느님, 저희 두 사람을 도와주세요.”

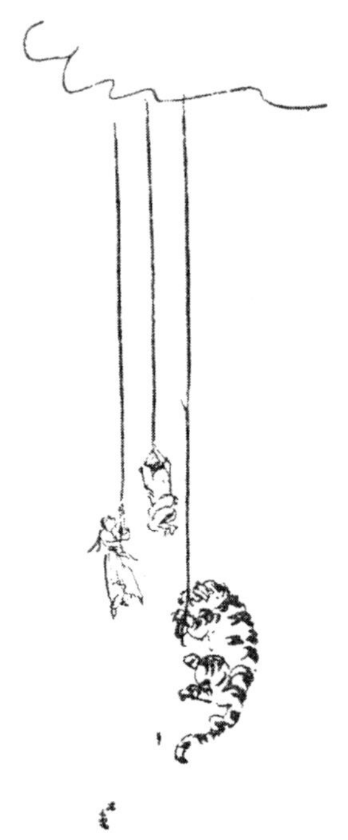

그렇게 말하면서 진심을 담아 빌었습니다. 작은 양손을 꼭 마주 대고 한마음으로 빌었습니다. 그러자 실로 신기하게도 지금까지 아무것도 보이지 않던 하늘에서 한 줄의 굵고 굵은 밧줄이 내려왔습니다. 둘은 이것은 우리들을 살려줄 밧줄이라고 생각하며 단단히 붙잡았습니다. 그러자 쭉쭉 하늘로 올라갔습니다.

그것을 본 호랑이는 모처럼 잡은 아이들이 하늘로 올라가 버렸기 때문에 참을 수가 없어서 아이들과 똑같이 빌었습니다. 기도가 끝나기도 전에 호랑이에게도 한 줄의 밧줄이 내려왔습니다. 이거다 이거라고 생각하면서 그것을 붙잡았습니다. 이번 밧줄은 낡고 낡은 밧줄이었습니다. 그러나 호랑이는 그런 것을 살펴 볼 여유 같은 것은 없었습니다. 기뻐하며 붙잡으니 역시 하늘로 올라갔습니다.

아이들도 호랑이도 쭉쭉 위로 위로 올라가는데, 호랑이의 밧줄은 낡았기 때문에 금세 뚝하고 끊어져 버렸습니다.

호랑이는 그곳에서부터 빙글빙글 돌면서 땅에 퍽하고 떨어져 보기에도 끔찍한 죽음을 맞이했습니다.

아이들은 호랑이가 떨어진 줄도 모르고 계속 쭉쭉 위로 올라가서 하늘 너머까지 올라가 버렸습니다. 그래서 오빠는 해님이, 여동생은 달님이 되어 항상 변함없이 방긋방긋 웃으며 아래 세상을 비추게 되었습니다.

그리고 호랑이가 떨어진 곳은 마침 수수와 옥수수 밭이었기 때문에 그 근처에서 자라고 있던 수수도 옥수수도 피에 물들어 빨갛게 되었습니다. 그렇게 물들어 버렸기 때문에 지금도 수수나 사탕수수, 옥수수의 밑동에는 조금씩 피가 배어 나오는 것이라고 합니다.

 두 형제와 도깨비집二人の兄弟と鬼屋敷

또 두 형제의 이야기를 하겠습니다.

어느 곳에 형과 아우가 있었습니다. 형은 대단한 게으름뱅이로 매일매일 아무것도 하지 않고 그저 빈둥빈둥 놀고 있었습니다.

그러나 동생은 그야말로 열심히 일했습니다. 산에 가거나 밭에 가면서 쉬지 않고 일했습니다.

어느 날 동생이 산에 나무를 하러 갔습니다. 그러자 우연히 한 그루의 개암나무를 발견하였습니다. 기뻐하며 주위를 둘러보며 개암나무 열매를 몇 개 주웠습니다. 크게 기뻐하며 이건 어머니께, 이건 형에게, 이건 부인에게 그런 말들을 하면서 줍고 있었더니 낙엽 아래에서 잔뜩 나와서 자기 몫까지 주워 챙기고 기뻐하고 있었습니다.

그런 일을 하고 있는 동안에 어느 샌가 날이 저물었습니다.

동생이 개의치 않고 언제까지나 언제까지나 줍고 있었더니 어디선가 이상한 소리가 들려왔습니다. 어쩐지 재미있을 것 같아 그 소리를 따라갔습니다.

그러자 이제 날이 완전히 저물어 버려서 어디로 가야 할지 전혀 알 수 없게 되어 버렸습니다. 손과 발로 더듬으면서 겨우 소리를 따라 갔더니 점점 계곡 쪽으로 나오게 되었습니다. 간신히 그 소리가 들리는 곳에 도착해 보자 실로 커다랗고 이상한 집이 있었습니다. 뭔가 계속 미친 듯이 춤을 추고 있었습니다. 살며시 가까이 가보니 깜짝 놀랐습니다. 많은 도깨비들이 모여서 춤을 추고 소란을 피우며 실로 떠들썩하게 놀고 있었습니다.

'이거 참 신기한 곳에 와 버렸구나. 어디 한 번 잘 봐둬야지.' 그렇게 생각하며 살짝 훔쳐보고 있었습니다. 그러나 이러고 있다가 도깨비들에게 들키면 큰일이라는 생각에 어떻게 보면 좋을까? 하면서 주위를 둘러보는데 그곳에 마침 사다리가 걸쳐져 있었습니다. 가만히 그것을 타고 올라가 지붕으로 올라갔습니다. 지붕을 타고 가서 굴뚝으로 들여다 보니 실로 재미있었기 때문에 그곳으로 들어가서 대들보 위로 올라갔습니다.

도깨비들은 전혀 눈치채지 못하고 한참 신나게 춤을 추고 있었습니다.

드디어 한숨 돌리는가 싶더니 이번에는 도깨비들 중에서 가장 눈에 뜨이는 놈이 어디에서 꺼냈는지 멋진 금 방망이를 하나 꺼내더니 그것을 들어올렸다가 마룻바닥 위를 쿵하고 내리쳤습니다. 그 순간 짤랑짤랑하는 소리가 나면서 금화가 잔뜩 쏟아져 나왔습니다. '이거 신기한데.'라고 생각하며 침을 삼키며 보고 있자 이번에는 다음 도깨비가 나왔습니다. 뭔가 입 속으로 중얼거리며 은 방망이를 들어올렸다가 마룻바닥 위를 쿵하고 내리치자 은화가 나오네 나와, 얼마든지 쏟아져 나왔습니다.

그리고 다음 도깨비가 나왔습니다. 역시 은 방망이를 들어올렸다가 무언가 중얼거리면서 마룻바닥 위를 내리치자 그곳에 많고 많은 보물이 나타났습니다.

동생은 너무 깜짝 놀라서 눈알을 데굴데굴 굴리며 눈도 깜박이지도 않고 쳐다보고 있었습니다. 그러자 이번에는 다른 도깨비가 또 나와서 앞의 도깨비와 같은 동작을 하자 여러 곡물이 잔뜩 나왔습니다.

차례차례 도깨비가 바뀔 때마다 그야말로 훌륭하고 훌륭한 보물이 마치 산처럼 쌓였습니다. 사방에서 비추는 등불에 반사되어 반짝반짝 환하게 빛나고 있었습니다. 눈이 부시고 눈이 부셔서 쳐다볼 수조차 없을 정도였습니다.

2

숨을 죽이고 보고 있던 동생은 어느 샌가 배가 고파져서 슬쩍 품에서 개암열매를 꺼내 딱딱하며 깨물기 시작했습니다. 아무 생각 없이 깨물기 시작했는데 그 소리가 너무 크게 울려 퍼져서 본인도 깜짝 놀라 대들보 그늘에 숨어 몸을 움츠리고 있었습니다. 그리고 딱딱 소리를 내며 입을 움직였습니다.

그 소리를 들은 도깨비들은 깜짝 놀라 위를 올려다봤습니다. 그러나 그곳에는 아무것도 없었기에 매우 이상하게 여겼습니다. "이것은 분명 대들보가 뒤틀려 쓰러지려는 거야." 한 명이 그렇게 말하자 이미 모두가 그렇게 믿어 버렸습니다.

"그거 큰일이다. 대들보가 무너진다."

"빨리 도망가."

큰 소동을 치며 모두 어디론가 도망가 버리고 작은 도깨비 그림자 하나도 보이지 않았기에 동생은 '이거 참 잘됐군. 한번 내려가 보자.' 그렇게 생각하고 내려가 보니 많은 보물도 그대로 있고 금은 방망이도 모두 그냥 버려져 있었습니다.

동생은 그것들을 모두 집으로 가져와서 큰 부자가 되었습니다.

형은 그 이야기를 듣자 너무 부럽고 욕심이 나서 참을 수가 없었습니다. 특히 게으름뱅이 형이었기 때문에 이런 일에는 한층 더 눈독을 들였습니다.

그래서 동생에게 이런저런 이야기를 듣고 나서, 다음날 아침에 누구보다도 빨리 일어나서 동생이 알려준 대로 찾아 갔습니다. 산에 오르자 그곳에서 빨리 개암나무를 찾아서 열매를 많이 주웠습니다. 먼저 자신의 것부터 품속에 넣고 나서 아내와 어머니 그리고 동생 몫까지도 주웠습니다. 다른 사람 몫보다도 도깨비가 있는 곳에 가서 딱딱 소리를 낼 것을 먼저 줍고 싶었던 것입니다.

그리고 계곡으로 내려가자 금방 도깨비의 집을 발견했습니다. 생각보다 작아서 조금 실망했습니다. 아직 어두워지지도 않았기 때문에 도깨비는 한 명도 없었습니다.

"이것 참 잘됐다. 누가 오기 전에 먼저 대들보에라도 올라가 있자." 그렇게 말하고 올라가 있었습니다. 그러는 동안 등불을 켤 시간이 되자 점점 찾아오기 시작했습니다. 왔구나 왔어. 실로 많이 찾아왔습니다. 그리고 어젯밤 동생이 봤던 것과 같은 행동을 시작했습니다.

도깨비들이 신나게 춤추기 시작했을 때 벌써 개암열매를 꺼내서 딱딱 소리를 내기 시작했습니다. 무엇보다 빨리 아무것이라도 보물이 가지고 싶어서 참을 수가 없었기 때문이었습니다.

그러자 도깨비들은 또 인가 싶어 위를 올려다 보았습니다. 어젯밤에 당했기 때문에 오늘은 그 소리의 정체를 찾기 시작했습니다. 제법 잘 숨어있기는 했지만 형은 결국 들켜 버렸습니다. 들켜 버리자 도깨비 하나가 스르륵 대들보로 올라오더니 끌어내려 버렸습니다.

"어젯밤 우리들을 속였겠다. 잘도 보물 방망이를 훔쳐갔겠다."

"이놈이 틀림없다. 따끔한 맛을 보여줘라."

각자 이러 저런 말을 하면서 때리고 발로 찼습니다. 형은 매우 심하게 맞았기 때문에 견딜 수가 없었습니다. 몸이 엿처럼 늘어져서 마치 얇고 긴 뱀처럼 되어 버렸습니다. 입은 뾰족해져서 매의 부리처럼 되고 눈알은 토끼처럼 돼서 완전히 괴상한 모습이 되어 버렸습니다.

형은 그런 모습이 되어서 맥없이 돌아갔습니다. 손에는 한 개의 보물도 없이, 몸에는 많은 상처를 입고 돌아갔기 때문에 마을 사람들은 깜짝 놀랐습니다. 그러나 위로의 말 하나 건네는 사람도 없이 그 모습을 보고 모두들 욕을 퍼부었습니다.

단지 한 사람, 동생만은 형의 초라한 모습이 참기 힘들어 쓸쓸한 표정으로 바라보고 있었습니다.

20. 곰에게 잡혀간 나무꾼熊にさらはれて行つた木樵

옛날 강원도江原道에 나무꾼 한 사람이 있었습니다. 나무꾼은 매일 산에 가서 일하고 있었습니다.

어느 날 언제나처럼 큰톱과 도끼를 가지고 산속 깊이 들어갔습니다. 드디어 일터에 도착해 열심히 일을 하고 있었더니 금세 점심때가 되었습니다. 그래서 가지고 간 도시락을 먹고 그대로 그루터기에 앉아 등을 기대고 있다가 어느 샌가 깊이 잠들어 버렸습니다.

그러자 어찌된 일인지 이상하게도 몸이 좁은 장소에 쑤셔 넣어지는 듯한 꿈을 꾸고 번쩍 눈을 떴습니다. 그런데 이것이 어찌된 일인지, 분명히 소나무 그루터기에 앉아 있었는데 주위가 기분 나쁘게 어둡고 축축하며 엉덩이 쪽에서 전해지는 냉기에 깜짝 놀랐습니다. 두려움에 떨며 주위를 둘러보니 어느 샌가 커다란 바위 구멍에 안에 들어가 있었습니다.

아침부터 쿵쿵 도끼소리로 산속을 울리면서 일하고 있자 그것을 안 큰곰이 살며시 나와, 잠든 틈을 타서 바위구멍 안에 넣어 버리고는 그 입구에 돌을 쌓아서 도저히 나갈 수 없게 만들어 버린 것이었습니다.

그렇게 완전히 갇혀 버린 나무꾼은 아무것도 할 수 없었습니다. 어떻게

해서든 바위를 치우고 나가려고도 생각해 보았지만 그 큰곰이 계속 밖에서 지키고 있기 때문에 아무것도 할 수 없었습니다. 그러나 곰은 기특하게도 나무꾼을 전혀 해치지 않고 오히려 여러 가지를 가지고 와서 그것을 먹으라는 것처럼 나무꾼 앞에 놓아두었습니다.

그러는 동안, 친구 곰들도 많이 찾아와 더 여러 가지 것들을 가지고 왔습니다. 그러나 나무꾼은 지금까지 그런 것들을 먹어본 적도 본 적도 없었기 때문에 그저 바라보고만 있었습니다. 그것보다도 어떻게 해서라도 구멍에서 나가려고 했지만 아무리 시간이 지나도 달리 방법이 없었습니다. 할 수 없이 그냥 가만히 있었는데 곤란하게도 이번에는 배가 고파서 몹시 난처해졌습니다. 그러는 동안에 배가 너무 고파서 도저히 참을 수 없었기 때문에 어쩔 수 없이 그 기분 나쁜 과일을 조심조심 주워서 먹어보았습니다. 그런데 그럭저럭 먹을만했기에 그것으로 배를 채우게 되었습니다. 곰은 그것을 보자 왠지 기쁜듯한 표정을 지으며 신나 했습니다.

그리고 계속 과일을 날라다 주는 것이었습니다. 그 행동을 보고 있으니 뭐라 표현하기 힘든 귀여움이 느껴졌습니다. 두꺼운 손으로 제법 능숙하게 여러 가지 일을 하는 것을 보니 참을 수 없이 귀여운 마음이 들었습니다. 그러던 사이에 어느 샌가 완전히 친해져서 둘은 서로 마음을 허락하게 되었습니다. 그리고 그 구멍 속에서 어느새 3년이라는 긴 시간을 보냈습니다.

나무꾼은 어차피 이렇게 된 이상, 평생 여기서 살 수밖에 없겠다고 생각했기 때문에 어떻게든 무리한 요구를 해 보고 싶어졌습니다.

"이봐, 곰아. 나는 지금까지 잠자코 있었지만 실은 구운 음식이나 찐 음식을 먹고 싶어 죽겠어. 뭔가 곡물이나 물고기 같은 것, 고기 종류나 야채 같은 것들로 요리한 것을 먹고 싶은데."

그렇게 말하며 부탁해 보았습니다. 그러자 곰은 그 말을 제대로 알아들은 것처럼, 그날부터 된장, 간장, 콩을 찐 것, 장아찌, 밥, 술까지도 가지고 왔습니다. 어디서 훔쳐오는지는 모르겠지만 다 먹을 수 없을 정도로 많았습니다. 게다가 옷가지와 부엌살림살이 같은 것까지 전부 모아가지고 왔습니다.

나무꾼은 이제 완전히 익숙해져서 여러 도구를 사용하며 편하게 마음대로 살고 있었습니다. 그러던 어느 날의 일이었습니다. 나무꾼은 곰에게

"이봐, 곰아. 나는 벌써 집을 떠나서 3년이나 되었는데, 아직 연락 한 번 하지 않고 지내고 있구나. 분명 집에서는 걱정하고 있을 터이니 하다못

해 잘 있다는 것만이라도 알려 주고 싶은데. 실은 우리 집은 저 앞의 춘천春川 옆의 모某라는 마을이라서 가보면 금방 찾을 수 있는 곳이다. 부디 그곳에 이 편지를 전해주지 않겠니? 어차피 나는 이곳에서 평생 살 거니까 잘 살고 있다는 것 만이라도 알려 주고 싶구나."

그렇게 작은 소리로 말하고 감쪽같이 속여 버렸습니다.

곰은 이미 완전히 믿고 있었기 때문에 그대로 흔쾌히 수락하고 편지를 가지고 어슬렁어슬렁 마을 쪽으로 걸어갔습니다. 나무꾼은 이때라고 생각했습니다. 미리 뺄 수 있을 것 같은 바위를 찾아두었기 때문에 순식간에 입구에 쌓여 있던 돌을 쓰러트리고 쏜살같이 도망가 버렸습니다. 나무꾼은 숨을 헐떡이며 겨우 집에 도착했습니다.

집에 돌아와 보니 처음에는 아무도 아버지가 돌아왔다고는 생각하지 못했습니다. 어쨌든 3년 동안 머리도 자르지 않고 목욕도 하지 않았기 때문에 마치 산사나이처럼 변해있었습니다.

아이들은 매우 무서워하며 곁에 다가오지 않았습니다. 그러나 목욕을 하고 머리를 잘라서 겨우 본래의 아버지의 모습이 되자 이번에는 모두 안심하고 다가왔습니다.

그리고 나서 이런저런 이야기를 하며 지난 3년간의 일을 자세히 설명했습니다. 모두 기뻐하며 듣고 있었는데 어머니는 기쁨의 눈물을 흘리기까지 했습니다.

나무꾼이 떠나가 버린 뒤에 돌아온 곰은 완벽하게 속았기 때문에 불같이 화를 냈습니다. 그렇게 친절하게 돌봐주고 정말 친해졌는데 결국 빈틈을 찾고 있었던 것이었다고 생각하니 너무 화가 나고 화가 나서 참을 수가 없었습니다.

근처 주변을 미친 듯이 헤매던 곰은 나무도 바위도 모두 때려눕히고 던져 버렸습니다.

마침내 마을근처까지 와서 날뛰며 이곳 저곳을 찾아 헤맸지만 결국 나무꾼을 찾아낼 수는 없었습니다.

3일낮 3일밤, 밤낮을 쉬지 않고 계속 찾아 헤매던 곰은 결국 굶어 죽어 버렸습니다.

그러나 집에 돌아온 나무꾼은 그런 곰의 심경은 조금도 생각하지 않고 실로 행복하게 살고 있었습니다.

21. 토끼와 거북이와 두꺼비兎と亀と蟾蜍

어느 해 봄이 찾아왔습니다.

바람도 없이 태양이 환하게 빛나는 맑은 날이었습니다.[1] 지금 잠에서 깬 것 같은 언덕의 남쪽, 가장 햇볕이 잘 드는 곳에는 아주 기쁜 듯이 시냇물이 졸졸 흐르고 있었습니다. 지금까지 단단히 묶여 있던 겨울이라는 무거운 쇠사슬에서 풀려난 것처럼 초록 잎도 어린 작은 풀들도 모두 기뻐하며 작은 꽃잎을 내밀고 멋지게 피어 있었습니다.

그때 거북이가 강 위쪽에서 엉금엉금 실로 거만하게 걸어왔습니다. 그러자 그곳으로 연못 쪽에서 어슬렁어슬렁 작은 풀들을 짓밟으며 두꺼비가 기어왔습니다. 정말 정직하게 손을 짚으며 아무것도 모르는 얼굴로 우연히 거북이를 만났습니다.

"아이고, 안녕하세요." "안녕하세요."

오랜만에 만난 두 사람은 즐겁게 이야기를 시작했습니다.

그러자 또 그곳으로 참으로 경쾌하게 깡충깡충 뒷발로 뛰면서 토끼 한

1 원문 "바람도 없이 태양이 환하게 빛나는 잔뜩 흐린 날이었습니다 (風もなく, 陽はうらうらと輝いて, どんよりとしていました)"를 문맥에 맞게 수정하였음.

마리가 달려왔습니다. 거북이와 두꺼비를 보고 기뻐하며 다가왔습니다. 그리고 당장 말을 걸었습니다.

어쨌든 오랫동안 겨울이라는 차디 찬 방에 갇혀 있었던 탓에 마치 고통으로부터 탈출한 것처럼 기쁨에 차서 이야기를 계속했습니다. 땅속 깊숙이 움츠리고 있던 두꺼비도, 바위 사이에서 단단히 틀어박혀 있던 거북이도, 눈 위를 이리저리 돌아다니며 숨어 있던 토끼도 모두 제각각 자기가 고생한 이야기를 하고 있었습니다.

그러자 가장 햇볕이 잘 들고 좋아 보이는 곳에 넉살 좋게 앉아 있던 거북이를 아까부터 쳐다보고 있던 토끼가 아무렇지 않게 큰 목소리로 말을 걸었습니다.

"거북아, 거북아! 내게 그 자리를 내 주지 않을래? 나는 지금 멀리서 달려 왔기 때문에 많이 지쳐있고 몸도 너희들보다 커서 힘들어 죽겠단다. 미안하지만 대신 거기에 앉게 해 주지 않겠어?"

"아냐 아냐. 나도 저 바위 안에서 꽤나 고생을 하며 웅크리고 있었기 때문에 조금은 여유롭게 볕을 쬐고 싶어."

거북이가 이렇게 말하며 비키려 하지 않는 것을 본 두꺼비는 차분히 말했습니다.

"그렇게 말하자면 나도 꽤 힘들게 땅 속 깊이 웅크리고 있었는데……."

라고 말끝을 흐렸습니다. 두꺼비는 딱히 그 자리에 앉고 싶지 않았지만, 거북이가 너무 뻔뻔하게 앉아 있는 것을 보자 자기도 모르게 토끼를 동정하는 마음이 생겨서 그런 말을 입 밖에 내고 말았습니다.

하지만 거북이는 절대로 비키지 않았기 때문에 토끼는 화가 나서 쏘아붙였습니다.

"뭐야. 거북이 너는 걷는 건지 아닌 건지 전혀 알 수 없게 움직이니까 항상 쉬고 있는 것과 마찬가지잖아. 자, 그 따뜻하고 편안해 보이는 곳에 앉게 해 줘."

그런 말을 해 봤지만 어떻게 해도 비키지 않았습니다.

"아니지 아니지. 지금이야 그런 큰소리를 치면서 토끼가 잘난 척하고 있지만 그 옛날에 내 조상과 경주했다 졌잖아. 그러니까 그 자손인 나는 너보다는 빠른 것이 분명하지. 그러니 그렇게 잘난 척 해 봐야 소용없어. 내가 여기에 있는 게 당연해."

토끼가 말하면 거북이가 되받아 치고 거북이가 말하면 토끼가 수긍하지 않으면서 꽤나 뜨거운 논쟁이 시작되었습니다.

그러자 아까부터 양손을 땅에 짚고 예의 바르게 듣고 있던 두꺼비도 참지 못하고 조용히 입을 열었습니다.

"아니지 아니지. 거북이가 아무리 잘난 척해도 내게는 당할 수 없지. 무엇보다 물에 들어가면 이미 끝난 거야. 내가 이 뒷다리를 두세 번 쑥쑥 뻗으면 거북이 같은 건 금방 따라잡아 버리지. 땅 위로 올라온들 한번 펄쩍 뛰면 그걸로 끝이지. 자 그렇게 고집 피우지들 말고 같이 순서대로 앉지 않겠어?"

한층 더 사려 깊은 표정으로 그렇게 말했습니다.

하지만 그래서는 도저히 이야기가 끝나지 않았습니다. 모두 그럴싸한 이유를 늘어놓아서 언제 끝날지 짐작도 할 수 없었습니다.

그때 토끼가 말을 꺼냈습니다.

"이렇게 제멋대로인 주장만 늘어놓고 있어도 소용 없어. 그보다도 이렇게 하지 않겠니? 일단 가장 행실이 바른 사람이 그곳에 앉는 걸로 하지 않을래?"

토끼는 대단한 일이라도 생각해낸 것처럼 입가를 실룩실룩거리고 사람 좋아 보이게 수염까지 움직이며 그렇게 이야기했습니다.

모두는 "그게 좋겠어." "그게 좋겠어."라며 찬성했습니다.

그러자 토끼는 말을 이어서

"그런데 행실을 알아보려면 일단 행실을 가장 나쁘게 만드는 것은 술이야. 그런 술을 좋아하는 자가 행실이 나쁘다는 것은 말하지 않아도 알 수 있어. 그런데 이 토끼는 술 싫어하는 것으로는 그야말로 최고라고. 내 코는 제법 민감해서 술집 같은 것이 있으면 바로 알 수 있어. 그래서 항상 멀리 피해서 지나가지. 이만큼 술을 싫어하는 사람은 아마 거의 없을 거야. 그러니까 행실이 바른 것은 분명하지. 누구에게 폐를 끼친 적은 한 번도 없어. 그러니 이 토끼가 그곳에 앉아야 된다는 말씀이야."

실룩실룩 주둥이를 움직이며 우쭐거리며 말하고 있었습니다.

그것을 잠자코 하나하나 듣고 있던 거북이는 묵직한 목소리를 낮게 울리며 불쑥 목만 위로 올리고 눈을 부릅뜨더니

"아니 아니, 안 돼. 그 정도로는 안 돼. 나는 더하다고. 술집을 멀리서도 알아차리는 그런 정도가 아니야. 그게 아직 술이 되기 전부터 그 쌀을 보면 벌써 참을 수가 없지. 도저히 근처에 있을 수도 없다고. 아니 아니, 그뿐만이 아니야. 그 쌀이 나는 논 옆을 지나는 것조차 너무 힘들다고. 이 정도로 술을 싫어하는 사람은 이 세상에 또 없을 거야."

말이 끝나기도 전에 어험 하고 크게 헛기침을 하고 대단히 거만하게 입을 다물었습니다. 토끼도 거북이도 똑같이 술을 싫어한다고 주장하고 있었지만, 옆에서 손을 바닥에 짚고 생각에 빠져 있던 두꺼비는 아무 말도 하지 않고 둘의 이야기를 듣고 있었습니다.

처음에는 귀를 세우고 어떤 이야기를 하는지 듣고 있었는데, 거북이가 이야기를 끝내려고 할 때쯤부터 이상한 자세를 취하는가 싶더니

"으음."이라고 말하며 지금까지 예의 바르게 땅에 대고 있던 양 손을 앞으로 쭉 뻗고 눈에 경련을 일으켰습니다.

이것을 눈치챈 토끼와 거북이는 깜짝 놀랐습니다. 곧바로 안아 일으켜서 여러모로 보살폈습니다. 조금 지나자 겨우 제정신을 차리고 다시 되살아났습니다.

"아, 다행이다."

토끼도 거북이도 그렇게 말하며 두꺼비가 제정신을 차린 것을 기뻐했지

만 왜 그렇게 기절했던 것인지 전혀 알 수가 없었기 때문에 잠시 뒤에 둘은 입을 모아 물어 보았습니다. 그러자 놀랍게도 토끼와 거북이가 술 이야기를 너무 많이 하는 바람에 도저히 참을 수 없어서 쓰러져 버린 것이라는 것을 알게 되었습니다.

그러자 제아무리 토끼와 거북이라도 이 정직하고 어른스럽고 사려 깊은, 참으로 착한 두꺼비에게 자리를 양보할 수밖에 없었습니다.

22. 복숭아 열매 ももの實

옛날 조선의 북쪽 끝, 함경북도의 깊은 산속에 효심이 지극한 아들이 있었습니다. 어머니를 일찍 여의고 오직 아버지와 단둘이 쓸쓸하게 살고 있었습니다.

그리고 아버지도 흘러가는 세월에 몸이 쇠약해져서 결국 일어나지도 못하고 자리에 드러눕게 되어 버렸습니다.

하지만 어떻게든 좋은 약을 쓰고 싶었습니다. 이웃 할머니의 이야기로는, 하늘나라에 살고 있는 천녀가 가지고 있는 선도仙桃라는 복숭아는 그야말로 영약靈藥이라서 어떤 병이라도 낫지 않는 병이 없다고 했습니다. 하지만 그 선도라는 복숭아를 가지고 있는 천녀가 어디에 있는지, 하늘나라에 산다는데 어떻게 만날 수 있는지, 그것조차 알 수 없는데 어떻게 선도를 손에 넣으면 좋을지, 그런 생각을 하며 어떻게 해서라도 구하고 싶다고 계속 생각하고 있었습니다.

어느 날 효자아들은 딱히 어디 갈 곳이 있는 것도 아니지만 그저 멍하게 집을 나섰습니다. 점점 가다 보니 어느 사이에 큰 강가에 이르렀습니다.

그곳까지 간 아이는 조용히 흐르고 있는 물을 마치 빨려 들어갈 것처럼 바라보고 있었습니다. 물은 맑디맑게 투명하여 주변의 산을 거꾸로 비추고 있어 말로 형용할 수 없는 장관이었습니다.

"약이 필요해. 좋은 약이 필요해."

그런 생각을 되풀이하며 멍하게 찾아왔지만, 지금은 자신이 무엇보다도 약이 필요하다는 생각에 찾고 있다는 사실도 잊어버리고 그저 가만히 서 있었습니다.

그러자 갑자기 한 방울 두 방울 작은 빗방울이 떨어지기 시작하더니 눈이 휘둥그래질 정도로 아름다운 무지개다리가 실로 선명하게 나타났습니다. 마치 오색 구슬을 뿌려놓은 것 같은 무지개가 구름 위에서 이쪽 강기슭으로 걸쳐졌습니다.

"아, 아름다운 무지개가."

혼잣말처럼 그렇게 중얼거리고 위를 올려다보자, 순식간에 작은 구름이 다가오더니 금세 그 구름 위에서 살짝 살짝 무지개다리를 건너서 내려오는 사람이 있었습니다.

아이는 놀라서 그대로 굳어 버린 것처럼 그것을 올려다보고 있었습니다.

둥실둥실 두둥실 겉옷을 바람에 펄럭이면서 조용히 내려오는 모습을 보니, 그야말로 참으로 아름다운 그림에서도 본 적 없는 신이었습니다.

신은 조용히 땅 위로 내려서더니 마침 봄의 따뜻한 햇살에 천천히 겉옷을 벗어 강기슭의 나무에 살짝 걸었습니다. 무엇을 하는가 싶어 마른침을 삼키며 보고 있자 조용히 물속으로 들어갔습니다.

신은 아이가 지켜보고 있다는 사실은 전혀 알지 못하는 것처럼 정말 기분 좋게 헤엄을 치고 있었습니다.

아무 생각 없이 바라보고 있다가 문득 아이의 머릿속에 생각이 떠올랐습니다. 어떤 병에도 잘 듣는 영약, 복숭아 열매를 생각해낸 것입니다.

'그래, 선도.'

선도는 천녀가 가지고 있다고 들었지만

"저 신도 분명히 가지고 계실게 틀림없어. 어떻게든 하나라도 좋으니까 받고 싶구나." 그렇게 소리를 내서 말했습니다.

그런 생각을 하면서 계속 신을 쳐다보고 있었는데, 바람도 거의 불지 않는데 방금 전 신이 나뭇가지에 걸어두었던 그 아름다운 겉옷이 둥실 날려서 금방이라도 강 속에 떨어질 것 같았습니다. 그것을 발견한 아이는 서둘러 주워들었습니다. 그리고 신이 강에서 나오시기를 조용히 기다리고 있었습니다.

2

얼마 지나자 신은 강에서 나왔습니다.

"이때다. 부탁을 드릴 때야. 어떻게 말해야 하지?"

그렇게 입 속으로 중얼거리며 아이는 두근대는 가슴을 안고 과감하게 부탁하겠다고 마음 먹었지만 도저히 입 밖으로 내지 못했습니다. 그대로 잠자코 겉옷을 신께 바쳤습니다.

신은 대단히 기뻐하며 싱글벙글 웃으면서 "이거 정말 고맙구나. 답례로 뭔가 바라는 게 있으면 뭐든지 주마. 말해 보아라."

그렇게 말하고 아름다운 눈을 빛내며 새하얀 양손을 내밀면서 다가왔습니다.

아이는 그 아름다운 눈빛에 빠져들어서 행복하고 꿈같은 기분이 들어서는 지금까지 부탁하려고 생각하고 있던 것을 술술 말해 버렸습니다.

“저는 소원이 있습니다. 저기 복숭아 열매를 갖고 싶어서 죽을 것 같습니다. 아버지가 병으로 누워 있는데 벌써 오랫동안 오랫동안 누워 있는데, 어떻게든 약을 사 드리고 싶지만 돈이 없습니다. 그래서 옆집 할머니가 선도가 좋다고 가르쳐 주셨지만 그것을 어떻게 구하면 좋을지 정말 모르겠습니다. 부디 하나만 내려 주십시오.”

그렇게 단숨에 말해 버리고 아이는 긴장이 풀려서 가만히 신의 얼굴을 올려다보고 있었습니다.

신은 분명히 아무것도 들고 있지 않았는데 어디선가 복숭아 열매를 꺼내며

“오오, 그것 참 안타깝구나. 어서 이것을 아버지께 드리거라.”

그렇게 말하고 복숭아 열매 세 개를 아이에게 건네자, 또 아까처럼 순식간에 무지개다리가 나타났습니다.

신은 아이에게 받은 겉옷을 입더니 무지개다리를 건너서 실로 가벼운 발걸음으로 하늘을 향해 올라가셨습니다. 보고 있는 사이에 구름 그늘에 가려 어디론가 사라져 버렸습니다.

하늘 저편을 바라보며 멍하게 서 있던 아이가 겨우 정신을 차리고 조용히 눈앞을 둘러보니, 여전히 물은 잔잔하고 잔잔하게 흐르고 있었습니다. 손에는 지금 받은 복숭아 열매를 꼭 쥐고 있었습니다.

아이는 갑자기 생각난 것처럼 집으로 뛰어갔습니다. 그리고 그 복숭아 열매를 아버지께 드렸습니다. 그리고 지금 신에게 받아온 자초지종을 이야기했습니다.

그것을 먹자 아버지의 병은 순식간에 나아서 실로 건강한 몸이 되었습니다. 남은 하나는 아이가 먹었습니다. 그러자 아들도 실로 건강해져서 둘은

언제까지고 언제까지고 장수하며 살았습니다.

아버지와 아들은 정말 불로장생의 몸이 되어서 그 뒤로 즐겁게 하루하루를 보내게 되었던 것이었습니다.

하나 남은 열매는 마당의 소나무 밑에 묻어 주었습니다. 그러자 그 소나무는 다른 나무들과는 전혀 다른 녹색을 띄며 한층 더 매끌매끌해졌습니다. 그리고 겨울이 와도 결코 시들지 않았습니다. 이런저런 나무란 나무는 모두 겨울이 되면 잎이 떨어지고 바짝 마른 것처럼 변해 버리지만, 한가지 소나무만은 그 복숭아 열매를 받았을 때부터 일년 내내 싱싱한 푸른 잎을 마당에 드리우게 되었습니다.

23. 까치가 놓은 다리鵲のかけ橋

옛날 옛날 아주 옛날, 어느 해 여름 7월 7일 밤의 일이었습니다. 그날 밤은 넓은 하늘의 여기저기 흩어진 별들이 유난히 환하게 빛나고 있었습니다. 언제나 희미하게만 보이던 은하수도 신기하게 그날 밤만은 선명하게 보이고 있었습니다.

별의 나라들에 무슨 이상한 일이라도 있는 것인가? 그런 생각이 들 정도로 어떤 특별한 광채가 하늘에 가득 차있었습니다. 그런가 싶더니 갑자기 하늘 전체가 어두워지고 비가 추적추적 내리기도 그리고 다시 맑아지기도 했습니다.

그런 하늘의 모습에 어느 샌가 매료되어 버린 지상 사람들은 하늘을 올려다보면서 그날 밤의 상태를 신경 쓰고 있었습니다. 그것도 그럴 것이, 하늘나라에는 제법 복잡하고 깊은 사정이 있었습니다.

그 깊은 사정이란 이러한 것이었습니다. 어떤 별 나라에 한 사람의 그야말로 아름다운 공주님이 있었습니다. 뭐든지 잘 했지만 특히 천을 짜는 솜씨가 훌륭해서 그 공주님이 짠 천은 그야말로 이 지상에서는 찾아볼 수 없을 정도로 아름다운 것이었습니다.

때문에 아버지인 왕께서는 이 공주님을 대단히 총애하셨습니다. 그래서 어느 별나라의 왕자를 사위로 맞이하게 되었습니다.

그 이후, 공주님은 모든 일을 신경을 쓰면서 왕자를 위해서 실로 부지런히 섬기고 있었지만, 왕자는 너무 활발한 나머지 때때로 좋지 않은 일만 하셨습니다.

참고 참으면서 인내하던 아버지는 결국 화가 나서 고민에 고민을 거듭한 끝에, 은하수 북쪽 강가에서 반 년이나 걸려야 도착할 수 있는 멀고 먼 곳으로 왕자를 유배 보내고 말았습니다. 그리고 공주님은 아무 죄가 없었지만 역시 은하수 남쪽 강가에서 왕자가 유배된 곳과 똑같은 거리에 있는 곳으로 유배를 가게 되었던 것입니다. 왕은 왕자와 공주님이 너무 미워서 그렇게 한 것이 아니었습니다. 더욱 더 화목하고 사이 좋게, 서로 도와가면서 살게 하고 싶은 마음에서 그렇게 한 것이었습니다. 하지만 오직 1년에 딱 한 번, 7월 7일 만은 둘 다 은하수 강가로 돌아올 수 있게 허락하셨습니다.

멀리 멀리 북쪽과 남쪽으로 유배를 간 공주님과 왕자는 1년 동안 슬프고 외로운 나날을 보냈지만, 드디어 긴 여행을 마치고 내일이면 만날 수 있는 날이 되자 마치 약속이라도 한 것처럼 둘은 은하수의 남쪽 강가와 북쪽 강가에 도착했습니다.

"내일은 7월 7일이다."

두 사람은 강의 이쪽과 저쪽에서 다른 말로 같은 이야기를 하고 있었습니다.

그러는 사이에 이제 날도 밝아 7월 7일이 되었습니다,

바람도 없이 잔잔히 흐르고 있는 은하수는 아침 햇살을 받아 눈부시게

밝게 빛나고 있었습니다. 아침 안개도 걷혀서 맑게 개인 강을 사이에 두고 맞은편 기슭에는 공주님, 이쪽 기슭에는 왕자. 이렇게 둘은 당장이라도 다가가서 쌓인 이야기를 하고 싶었지만 말을 하려고 해도 큰 강에 가로 막힌 상태로는 그것도 할 수 없었기에 빨리 이 강을 건너고 싶다. 어떻게든 건널 방법은 없을까? 하며 여기저기를 헤매고 있었습니다. 그러나 어쩌지도 못하고 둘은 허무하게 서로 하염없이 쳐다보고 있을 수밖에 없었습니다.

다른 방법이 없어서 서로 발돋움을 하며 맞은편 기슭을 보고 있자니, 갑자기 가슴이 먹먹해지고 마침내 슬픔에 가득 차서 두 사람의 눈에서는 눈물이 저도 모르는 사이에 흐르기 시작했습니다. 격앙된 감정에 참지 못하고 흘러 넘친 눈물은 좀처럼 멈추지 않았습니다.

2

하늘나라에서는 단지 두 사람의 눈물이었지만, 그것이 지상으로 내려오면 큰 일이었습니다. 마치 폭포 같은 큰 비가 되어서 쏟아져 내렸습니다.

방금 전까지 실로 쾌청하던 하늘이 갑자기 새까맣게 되더니 그야말로 엄청난 폭우로 변해 버렸습니다.

그렇게 되자 지상에서는 큰 소동이 벌어졌습니다. 집은 떠내려가고 나무는 쓰러지고 새와 짐승까지도 전부 다 떠내려갈 것 같은 상황이 되었습니다.

그래서 지상에서 모두 모여 상의를 한 끝에 까치가 먼저 사신으로 뽑혀서 하늘나라로 보내지게 되었습니다.

큰 임무를 맡은 까치는 비를 뚫고 하늘 높이 날아 올랐습니다. 그렇게 은하수 강가에 도착해 보니 왕자와 공주님은 쓸쓸해하고 힘들어하고 있어서 정말 보기에도 가여운 모습이었습니다.

멀리 멀리에서 찾아온 까치는 어떻게든 그 눈물을 멈추게 해서 저 지상의 고통과 슬픔도 없애 버리겠다고 다짐했습니다. 그리고 한편으로는 자기가 맡은 임무를 완수하기 위해 재빨리 방법을 생각해 내어서, 우선 다리를 놓아 건너게 해 드리겠다고 결심했습니다.

그래서 당장 동료 까치들을 불러 모았습니다. 이미 마음의 준비를 하고 있던 동료 까치들은 기다렸다는 듯이 모두 하늘로 날아올랐습니다.

제아무리 넓은 은하수 강물도 수많은 까치들로 뒤덮여 물색조차 보이지 않게 되어 버렸습니다.

드디어 동료 까치들이 빠짐없이 모이자, 남쪽 강가에서부터 북쪽 강가까지 머리를 나란히 하고 날개를 모아서 아름다운 까치 다리가 완성되었습니다.

왕자와 공주님은 갑자기 많고 많은 까치들이 날아와 모여들었기 때문에 무슨 일이 일어난 걸까? 라고 생각하고 있었는데, 순식간에 아름다운 다리가 만들어졌기에 둘은 그것을 보고 그야말로 너무나 기뻐했습니다.

드디어 다리가 훌륭하게 완성되자 왕자는 그 다리를 건넜습니다. 두 사람의 기쁨은 어디 비할 데가 없었습니다.

지상의 비도 그때부터 뚝 그쳐 버렸습니다.

몇 천 년이나 지난 지금도 조선에서는 7월 7일 아침에 내리는 비는 왕자와 공주님의 한탄의 눈물이고, 낮에 내리는 비는 다시 만난 기쁨에 흘리는 눈물이라고 전해져 내려오고 있습니다. 그리고 만약 밤이 돼서 비가 내리면 그 비는 헤어지는 슬픔의 눈물이라고 합니다.

그리고 지금도 7월 7일 날은 집 근처 같은 곳에서 놀고 있는 까치를 발견하면, 그 까치는 은하수 다리를 놓는 일에 결석한 게으름뱅이라고 해서 아이들까지 바보 취급을 하며 돌을 던지거나 쫓아 내며 심하게 구박을 받게 되었습니다.

24. 호랑이와 거북이虎と亀

어느 날 호랑이 한 마리가 너무 배가 고파서 산속에서 어슬렁어슬렁 기어 나왔습니다. 그리고 딱히 어떤 목적지도 없이 서성거리며 돌아다니고 있었습니다. 그러다 어느 강가에 도착했습니다.

"아아, 목이 마르다."

그렇게 말하면서 목을 길게 뻗어 강물을 마시고 그곳에서 쉬고 있었습니다.

때마침 따뜻한 햇살에 봄 향기 가득한 바람이 불어 왔습니다.

무심코 쳐다보니 바로 앞 바위 위에서 거북이 한 마리가 실로 느긋하게 햇볕을 쬐고 있었습니다. 그것을 발견한 호랑이는

"이봐 이봐, 거북이님. 왜 잠자코 있던 것입니까? 이 몸이 와 있는데."

그렇게 말을 걸었습니다.

거북이는 실로 태평하게 조용히 대답했습니다.

"대체 호랑이 님은 무엇을 하러 이런 곳에 온 것입니까? 이렇게 좋은 날씨에."

거북이가 너무나 태평하게 굴었기에 호랑이는 조금 거슬리기 시작했습

니다.

"어쨌든 배가 고파 죽겠는데 뭐라도 없습니까? ……미안하지만 그쪽이라도 먹게 해 주지 않겠습니까? 그렇게 작은 몸이라면 딱히 먹을 것도 없을지도 모르지만, 허기를 잠시 달랠 정도는 될 것 같으니……."

호랑이가 그렇게 말하면서 거북이가 햇볕을 쬐고 있는 바위 쪽으로 다가가자

"이런 잠깐 기다려 주세요. 이 거북이도 할 말이 있으니까요……. 대체 호랑이 님은 그런 말을 하고 정말 저를 잡아먹을 생각입니까? 그건 참으로 주제를 모르는 일입니다. 뻔뻔한 일입니다. 어떻게 이 몸이 호랑이 님 따위에게 잡아 먹히겠습니까?"

이상하게 자신만만해하는 거북이가 아직 이야기를 끝내기도 전에 이미 호랑이는 투덜투덜 화를 내기 시작했습니다.

하지만 거북이는 조용히 달래며

"자자, 잠깐 기다려 주세요. 잠깐, 잠깐만. 당신이 생각하는 것처럼 내 몸이 딱딱하니까 먹을 수 없다고 하는 것이 아닙니다. 그렇게 간단하게 생각하면 좀 곤란합니다. 자, 들어보세요. 무엇보다 나를 물어 뜯을 수 있을까요?"

거북이가 실로 침착하게 그렇게 말하자 호랑이는 이미 불같이 화를 내기 시작했습니다. 마치 한 입에 물어버릴 것 같은 기세였습니다.

하지만 거북이는 정말 아무렇지 않은 것처럼 싱글싱글 웃으면서, 화가 날 대로 나 있는 호랑이를 진정 시키려는 듯이

"그렇게 화낼 일이 아닙니다. 그래도 화를 낸다면 저의 신기한 재주를 하나 보여드리지요. 자아 자아, 화내지 말고 저를 믿고 이제 저를 한입에

물어 버리는 일은 하지 말아 주세요."

하지만 단단히 화가 난 호랑이는 그런 말 정도로는 말을 들을 리가 없었습니다.

그래서 거북이는 그럼 보여줘야겠다 싶어서

"제 재주라는 것은 이 강을 뛰어 넘는 것이랍니다. 보세요. 이 넓은 강을 말이에요. 이것은 당신이라도 제법 어려운 일이지만 저에게는 완전히 식은 죽 먹기 입니다. 게다가 빠르지요. 한번 해 보겠습니다. 자."

그렇게 말하자 호랑이는 이미 대단한 기세로 지지 않겠다는 각오로 뛸 준비를 하고 있었습니다.

이때, 거북이는 슬쩍 호랑이 뒤로 돌아가서 평소처럼 침착하게 팔짱을 끼고 있었습니다.

'거북이 따위한테 질 것 같으냐?'

마음속 어딘가에서 그렇게 생각하며 완전히 바보 취급을 하고 있던 호랑이는 이미 목표를 정하고 펄쩍 하고 하늘을 가르며 힘차게 뛰었습니다.

그리고 펄쩍 맞은편 기슭으로 건너간 호랑이는 곧바로 몸을 돌려 지금까지 있었던 강기슭의 바위 위를 돌아보았습니다.

물론 거북이는 아직 꾸물꾸물거리고 있을 게 틀림없다고 믿고 있었기 때문에 자세히 살펴보았지만 이미 그림자도 모습도 보이지 않았습니다.

이거 참 이상하다 싶어서 주변을 둘러보자 뒤쪽에서 엉금엉금 거북이가 다가왔습니다.

"이봐요, 호랑이 님. 뭐하고 있었어요? ……나는 이미 한참 전에 건너와 있었습니다. 기다리고 있었는데 말입니다. 아무리 기다려도 호랑이 님 보이지 않아서 기다리다 완전히 지쳐 버렸답니다. 호랑이 님은 참 느리네요."

그렇게 말하고 실로 태평하게 비웃음을 흘리고 있었습니다.

거북이는 몰래 하지만 확실하게 호랑이 꼬리에 붙어서 호랑이와 함께 건너왔지만, 호랑이는 너무나 열중하고 있었기 때문에 전혀 눈치를 채지 못했습니다.

"너는 대단하구나. 정말 신기한 재주를 알고 있어."

호랑이는 그렇게 말하고 결국 거북이를 먹지 못했습니다.

영리한 거북이가 두리번두리번거리며 무언가를 하고 있는 앞에서 호랑이는 그저 멍하게 있다가 커다란 몸을 눕히고 축 늘어져 있었습니다.

제비가 하늘을 노래하며 지나갔습니다.

25. 종 치는 까치鐘つき鵲

옛날 어느 곳에 무인武人의 아들이 있었습니다.

옛날에는 무인과 문인이 분명하게 구분되어 있었고, 그 양쪽의 신분을 가진 사람이 왕을 모시고 있었습니다. 그래서 그런 신분의 사람들을 양반兩班이라고 불러오고 있습니다.

양반의 아들은 열심히 공부하고 있었는데, 이미 충분히 자신감이 생겼기 때문에 슬슬 서울에 올라가서 과거시험을 치려고 하고 있었습니다. 그래서 훌륭한 사람이 되고자 마음을 정하고 고향을 떠났습니다.

어쨌거나 시골에서 멀리 서울을 향해 올라가는 일은 쉬운 일이 아니었습니다. 지금처럼 기차도 자동차도 없었기 때문에 터벅터벅 걸어갈 수밖에 없었던 것입니다.

양반은 집을 나와서 벌써 며칠 째 여행을 계속했습니다. 산을 넘고 계곡을 넘고 모르는 마을을 지나서 계속 여행을 하고 있던 어느 날 깊은 산길에 도착했습니다. 양반이 혼자 쓸쓸하게 그 언덕을 올라가는데 길가 나무 위에서 갑자기 까치 울음소리가 들리기 시작했습니다. 그 슬프고도 요란한 울음소리가 조용한 공기를 가르며 산에서 하늘로 울려 퍼졌습니다.

양반은 그 참을 수 없는 슬픈 소리에 마음이 움직여 불현듯 위를 올려다 보았습니다. 그러자 커다란 뱀이 나뭇가지에 까치를 단단히 휘감아 놓고는 지금이라도 삼켜 버릴 것 같았습니다. 양반은 깜짝 놀라서 완전히 반사적으로 등에 지고 있던 화살을 걸어 휙 쏘았습니다. 뱀은 제대로 맞았기 때문에 주르륵 떨어져 버렸습니다.

이제 끝이라는 생각에 슬프게 울고 있던 까치도 안도의 한숨을 내쉬면서 인사라도 하는 것처럼 깍깍 하고 두세 번 울더니 어디론가 날아가 버렸습니다.

양반도 그것을 보자 마음 깊숙한 곳에서 형용할 수 없는 기쁨이 느껴져서

"아 다행이다."라고 혼잣말을 하면서 고개를 넘어 갔습니다.

그러는 동안 벌써 해는 저물어 점점 어두워졌습니다. 그래도 태평스럽게 걸어가는데 아무리 가도 가도 묵을 만한 집도 없고 점점 산만 깊어질 뿐이었습니다. 주변은 깜깜하고 그저 걷고 있는 길만이 어렴풋이 보이고 있었습니다.

'곧 집이 있을 거야. 마을이 있을 거야.' 그렇게 생각하며 부질없는 희망을 가지고 발이 움직이는 한 걸었습니다.

밤이 점점 깊어오자 발걸음도 무거워져서 이제 한 걸음도 걸을 수 없게 되어 버렸습니다. 하지만 양반은 이런 일로 맥없이 쓰러져서는 안 된다는 생각에 힘을 내서 계속 걸었습니다. 그러자 앞 쪽에 희미한 불빛이 보이기 시작했습니다. 양반은 저도 모르게 잰걸음으로 뛰기 시작했습니다.

이미 완전히 기운을 찾아서 그 불빛으로 빨려 들어가는 것처럼 찾아갔습니다.

2

완전히 정신 없이 뛰어가 보니 낡고 낡은 큰 절이었고 그중 방 하나에서 불빛이 새어 나오고 있었습니다. 양반은 당장 그 온돌방 옆으로 다가가서

"여보시오. 저는 여행객입니다만, 모르는 길을 가던 중에 해가 저물어 곤란해하고 있는 사람입니다. 부디 내일 아침까지……. 어디라도 좋으니 잠시 쉬어가게 해 주십시오."

라고 정중하게 부탁했습니다. 그러자 이상하게도 안에서 나온 사람은 한 사람의 여인이었습니다. 어째서 이런 오래된 절에 게다가 여자 혼자 살고 있는 것일까? 하고 생각했지만 어쨌든 너무나 지쳐 있었기 때문에 안내해 주는 대로 어떤 방에 들어가 쉬었습니다.

방에 들어갔을 때부터 뭐라 표현할 수 없는 이상한 기분이 들었습니다. 마치 등에 물이라도 끼얹은 듯한 기분이었습니다. 하지만 피곤했기 때문에 그런 생각을 하면서도 쿨쿨 잠이 들어 버렸습니다.

여행의 피로로 푹 잠들어 버린 양반은 잠이 든 순간부터 이상하게 가슴 주변에 갑갑한 느낌이 들기 시작했습니다. 처음에는 그것을 꿈이라고 생각했지만 이윽고 심해지는 가슴의 통증을 참지 못하고 결국 번쩍 눈을 뜨고 말았습니다. 확실히 잠이 깨고 살펴보니 실로 깜짝 놀랐습니다. 크디 큰 뱀이 양반을 휘감아 몇 번이나 몇 번이나 둘둘 감고는 지금 당장이라도 조여서 죽이려고 하는 참이었습니다. 양반은 그것을 깨닫자 당장 있는 힘을 짜내서 떨쳐 버리려고 발버둥을 쳤습니다. 그러나 좀처럼 큰 뱀이 휘감고 있는 것을 풀 수가 없었습니다. 아니 무슨 짓을 하더라도 벌써 이렇게 휘감고 있는 상황에서 벗어나는 것은 바랄 수 없는 일이었습니다.

되지 않는 노력이지만 양반이 심하게 발버둥을 치고 있자, 뱀은 저주하

는 듯한 괴이하게 빛나는 눈동자를 한층 더 번뜩이며 말했습니다.

"나는 아까 네가 활로 쏴 죽인 뱀의 부인이다. 남편의 복수를 하려고 힘들게 간신히 너를 속였다. 이렇게 되면 이제 내 먹이다. 아무리 발버둥 쳐도 소용 없으니 조용히 내게 목숨을 내놓는 게 좋을 것이다."

이것을 들은 양반은 당했구나 싶었습니다. 그러면서 크게 당황하고 있었지만 가능한 침착하게 말했습니다.

"당신이 원망하는 것도 복수를 하려는 것도 당연한 일이지만, 저기 내 입장도 좀 생각해 주지 않겠소? 나도 사람인데 그 불쌍한 까치의 신음소리를 듣고 못 들은 척하고 지나 갈 수는 없었소. 그 까치가 애처로웠기 때문이오. 버려두고 갈 수는 없었기 때문이오. 나는 당신 남편을 미워한 적이 조금도 없소. 그것만은 부디 알아주시오. 꼭 죽이려고 미워서 한 일이 아니라는 말이오. 하지만 나는 그렇게 죽여 버린 것을 결코 좋게 생각하지는 않소. 그저 어쩔 수 없이 그렇게 해 버린 것이오. 부디 이런 내 마음을 알아 주시오. 게다가 지금 나는 내 일생에서 참으로 중요한 시기라오. 지금까지 오랫동안 힘들게 쌓은 형설지공螢雪之功[1]을 시험해 보려고 하는 참이라오. 과거 시험을 보려고 멀리멀리 서울을 향해 가고 있는 중이오. 부디 내 마음을 헤아려 이번 한 번만 풀어 주시게나. 앞으로 다시 당신들을 괴롭히는 일을 하면 그때는 마음대로 하시오."

양반은 실로 솔직한 심정을 전했습니다. 그러자 뱀도 어쩔 수 없이 인정할 수밖에 없었습니다. 스르르 똬리를 풀고 말했습니다.

"그렇구나. 그건 분명 맞는 말이다. 네게 그런 마음이 있는 것처럼 내게도 참을 수 없는 마음이 있는 것이다. 하지만 이제와 그런 말을 하지 않겠다. 그러니 일단 잠시 기다리겠다. 그리고 날이 밝을 때까지 이 절의 경내에 있는 종루의 종을 세 번 울리게 할 수 있다면 그걸로 용서해 주마. 이 절은 믿음의 계율이 있어서 종이 세 번 울리면 모든 것을 용서받게 되어 있다. 그리고 그에 따르지 않으면 그야말로 어떤 노여움을 살지 모른다. 알겠느냐? 그때까지 기다려 주겠다. 혹시 너의 힘으로, 너의 신앙심으로 저 종을 울릴 수 있다면 나는 네 목숨을 받아가지 못할 운명이라 여기고 포기하겠다."

그 말을 끝내자마자 스르르 소리를 내며 어디론가 모습을 감추어 버렸습

1 반딧불과 눈빛으로 이룬 공이라는 뜻으로, 가난을 이겨내며 반딧불과 눈빛으로 글을 읽어 가며 고생 속에서 공부하여 이룬 공을 일컫는 말.

니다.

양반의 마음고생은 이만저만한 것이 아니었습니다. 어쩌지? 어떻게 하면 좋을까? 하지만 아무 방법도 없어 걱정하고 있었습니다. 이미 피곤한 것도 잊어버리고 바람 앞의 등불 같은 자신의 목숨을 그저 덧없다고 생각하고 있었습니다.

대체 어떤 탑이 있고 어떤 종이 있는지, 조심조심 마당에 내려가서 캄캄한 하늘 너머를 올려다보았습니다.

높게 높게 어떤 것보다도 높게 분명하게 하늘을 찌르며 서 있었습니다. 그 대단함은 달리 표현할 수가 없었습니다. '어떻게 울리면 좋을까? 딱 세 번만.' 마음속으로 그런 생각을 해보니, 너무 기가 막혀서 어떻게 할 방법도 없이 어둠 속에 서 있었습니다.

밤은 점점 깊어 갔습니다. 이제 슬슬 약속한 시간이 지나려고 하고 있었습니다.

그러자 그때 바람도 없이 천지가 모두 적막한 넓은 하늘에 '땡…….' 하고 실로 숭엄하게 울려 퍼졌습니다. 이 세상을 구하는 소리란 이때의 소리였을 것입니다. 이어서 '땡 땡' 하고 합쳐서 세 번, 마음 깊은 곳까지 퍼져나가는 듯한 종소리가 울려 퍼졌습니다.

양반은 어찌 된 일인가 하며 그저 기뻐하며 즐거워하고 있었습니다.

사납게 굴던 뱀도 이 소리를 듣자 어디론가 숨어 버렸는지 조용히 모습을 감추고 이제 더 이상 그 오래된 절에 나타날 수 없게 되어 버렸습니다.

이윽고 양반은 정신을 차리고 그 종소리의 주인공을 궁금해했습니다.

'어떻게 된 거지? 누구인 거지?'

의아해하고 있는 사이에 날이 밝아 버렸습니다. 도저히 궁금해서 견딜 수 없었기 때문에 종루 아래까지 가보니 종루는 어젯밤보다도 훨씬 더 하늘 높이 솟아 있었습니다.

문득 보니 발치에 두 마리의 까치가 죽어 있었습니다. 한 마리는 부리를 세게 부딪쳤고 한 마리는 머리가 심하게 부서져 있었습니다.

양반은 이것을 보고 자석에라도 붙은 것처럼 멈춰 섰습니다. 어제의 일을 마음속에 떠올리며 그제서야 이 까치들이 마음을 이해할 수 있었습니다.

두 시체, 까치들의 불쌍한 죽음 앞에 양반은 엎드려 절하는 마음이 되어, 눈 앞에 펼쳐진 먼 여행길도 잊어 버리고 그저 망연자실하게 서 있었습니다.

26. 장님과 요마盲者と妖魔

1

옛날 조선에서는 장님은 대부분 점을 치며 돌아다녔습니다. 가느다란 지팡이를 있는 힘껏 흔들면서 무언가를 큰소리로 외치며 걷는 것은 안마를 하려는 것이 아니라, 어떤 걱정거리, 잃어버린 물건, 운세, 해몽, 관상, 풍수, 심지어 여행, 사업시작까지 대개 점을 보고 싶어 하는 일이라면 뭐든지 점을 쳐 주겠다는 의미인 것입니다.

그렇기 때문에 장님으로 태어나도 그 점치는 기술을 갈고 닦아서 점술의 달인으로 불리는 정도가 되면 대단한 사람으로 거듭나고, 생활도 부족할 것이 없어 금세 큰 부자가 되는 사람도 드물지 않았습니다.

오래 전의 일이니까 그런 평판이 왕이 계신 곳까지 들리게 되면 이것은 대단한 일이었습니다. 당장 부름을 받아 왕의 곁에서 모시면서 이것저것 점을 치며 왕의 기분만 살피고 있으면 되는 것입니다. 그리고 그 점이 조금 맞기라도 하면 어설픈 벼슬아치보다도 훨씬 더 좋은 대우를 받으며 평생 안락하게 살 수 있는 것입니다. 그것은 자신뿐만이 아니라 가족들에게도 영향을 미쳐서, 그 자손은 생각지도 못한 행복을 평생 누리는 일도 드문 일이 아니었습니다.

2

한때 경성京城에 대단히 점을 잘 치는 장님이 있었습니다. 실로 점술이 높은 경지에 올라 어떤 일이라도 못하는 일이 없었습니다. 그야말로 영감靈感이 날카로워서 어떤 귀신이나 요마도 반드시 쫓아 내는 묘술을 익히고 있었습니다.

어느 날의 일이었습니다. 그 장님이 그저 정처 없이 마을을 어슬렁어슬렁 걷고 있다가 맞은편에서 걸어오는 과자가게 지배인과 마주쳤습니다. 점원은 항아리 안에 과자를 가득 넣고 바쁜 듯이 축하할 일이 있는 집이나 장례를 치르는 집에 가는 것처럼, 여하튼 손님을 맞이하는 곳에 가져가는 것처럼 서둘러 걸어 왔는데 지나치는 순간 이상한 것을 느꼈습니다. 그 과자의 색에 섞여 녹색 옷, 붉은색과 보라색 옷을 입은 요마가 잔뜩 들어 있어서 불행한 집에 달라붙어서 맘껏 나쁜 짓을 하려고 하는 것이었습니다.

그것을 간파해 버린 장님은 모르는 사람 집의 일이라고는 해도 어떻게든 도와주고 싶었습니다. 뻔히 요마에게 장난질을 당하고 있는 것을 알고 있으면서 그대로 버려둘 수는 없었기 때문에

“일단 가 보자.” 혼잣말처럼 그렇게 말하고 장님은 그 점원 뒤를 따라갔습니다. 어느 새 눈치를 챈 과자 가게 점원은 이상하게 생각했지만 늦지 않도록 아무 말도 않고 지배인을 따라 갔습니다.

그러자 어느 양반 집의 대문 앞에 이르렀습니다. 장님은 문 앞까지 가더니 거기에 딱 멈춰 서서 이 집의 누구에게 그 요마가 들러붙는지 가만히 보고 있었습니다. 그러자 집 안에서 큰 소리가 들려왔습니다. 손 안의 구슬

처럼 사랑 받던 아가씨가 갑자기 죽어 버려서 윗사람부터 아랫사람까지 큰 소동을 피우고 있었던 것입니다.

그래 그래 알겠다 싶은 표정을 짓자마자 장님은 불쑥 문 안으로 들어갔습니다. 그리고 주인을 만나게 해달라고 하면서

"나는 바로 이 앞에 살고 있는 점쟁이 장님입니다. 아가씨의 불행한 소식을 듣고 꼭 제가 다시 살리고 싶어서 대단히 주제넘은 짓이지만 굳이 나서게 된 사람이옵니다."

그리고 계속 말을 이어서 방금 본 것부터 이것저것 느낀 것들을 자세하게 그리고 진심을 담아 고했습니다. 주인도 만약 딸이 되살아나지 못한다고 해도 이미 죽어 버린 몸이니 달라질 것이 없다는 생각에 한번 점을 쳐 보기로 했습니다.

그렇게 되자 이제 아가씨의 생명을 책임지고 구해드리기 위해서 공손하게 마음을 담아서 술법을 시작했습니다.

먼저 아가씨를 작은 방으로 옮겨 놓고 사방을 단단히 막아서, 창문이고 장지문이고 가릴 것 없이 작은 틈도 없게 전부 종이를 발라 막아 바늘구멍도 없도록 했습니다. 장님은 그 안에 들어가서 모든 준비가 끝나자 묘법경妙法經을 외우기 시작하며 진심을 담아 요마를 물리치려고 했습니다.

그러자 요마가 고통스러운 나머지 일어서려는 것을 장님은 경의 힘을 가지고 눌러 버리려 했습니다. 그 소리가 바깥까지 들려서 그야말로 정말 큰 소동이 일어났습니다. 마치 그 작은 방 안에서 씨름이라도 벌이고 있는 것 같았습니다. 쿵쿵 발을 구르는 소리와 신음소리, 여러 소리가 들려와서 그야말로 정말 큰 싸움이라도 벌어진 것처럼 느껴졌습니다. 하지만 실제로는 장님이 조용히 죽은 사람의 몸 위에 살짝 손을 올리고 조용하지만 힘이

실린 목소리로 경을 읽으면서 가만히 눈을 감고 있을 뿐 싸움 같은 건 조금도 없었습니다.

하지만 바깥에서 듣고 있으면 그 소리와 울림 때문에 이게 무슨 소동인가 싶을 정도였기에 시종들은 그 방 근처까지 와서 그곳을 떠날 수가 없었습니다. 무엇보다 그 괴로워하며 신음하는 소리와 발버둥치며 힘들어하는 소리를 들으면 도저히 그대로 내버려두고 떠날 수가 없었습니다.

이제 도저히 참기 힘들어진 시종들은 살며시 그 방 장지문에 다가가 귀를 기울이고 있었습니다. 그러다 도저히 걱정이 돼서 참을 수가 없어서 몰래 새끼손가락 끝에 침을 발라 작은 구멍을 뚫고 들여다보았습니다.

그것을 알아차린 요마는 빠져나갈 구멍이 생겼기에 그곳으로 재빠르게 도망쳐 버렸습니다.

장님이 염력으로 제압해 왔지만 조금만 더 하면 끝나는 순간에 틈을 보였기 때문에 그곳으로 도망가 버렸습니다.

아무리 안타까워해도 이제는 방법이 없어 원통한 마음을 참고 있을 수밖에 없었습니다.

그동안에 아가씨는 마치 깊은 잠에서 깨어난 것처럼, 긴 꿈이라도 계속 꾸고 있었던 것처럼 벌떡 일어났습니다. 그리고 잠자코 주변을 둘러보고 있었습니다.

그리고 그저 멍하게 어리둥절해하고 있을 뿐이었습니다.

장님은 큰소리를 내서 주인을 불렀습니다. 그리고 되살아난 아가씨를 보여 주었습니다. 주인은 그 신비로운 힘에 놀라 되살아난 아가씨의 손을 잡고 기뻐했습니다.

하지만 장님은 한숨을 쉬며

"아아, 나는 이제 이 세상에 오래 있을 수 없습니다. 오늘 결국 요마를 놓쳐 버렸으니 요마는 분명 가까운 시일 내에 내게 복수를 하려고 찾아올 게 틀림없으니까요. 실로 안타까운 일을 하셨습니다. 하지만 방법이 없습니다."

그렇게 말하고 그치지 않는 한숨을 쏟아놓으려는 것처럼 길게 한숨을 내쉬고는 이윽고 훌쩍 떠나가 버렸습니다.

주인의 감사 인사도 듣지 않고 많은 사례도 받으려 하지 않고 조용히 떠나 버린 것이었습니다.

신기하게도 시종이 창호지에 작은 구멍을 뚫고 엿보려 했던 순간에 요마가 튀어 나와서 그 한쪽 눈을 멀게 하고 그대로 도망가 버렸습니다.

3

장님은 염력이 뛰어나다고 해서 온 서울에 소문이 났습니다. 누구랄 것도 없이 다들 이야기했기 때문에 결국 왕의 귀에도 들어가게 되었습니다. 하지만 당시의 왕은 대단히 현명한 왕이었기 때문에 세간의 소문은 좀처럼 믿지 않았습니다. 종종 세간에서는 여우와 너구리에게 속기도 한다는 것도 들어서 알고 있었기 때문에 세상 사람들을 혼란스럽게 하는 장난이겠지 싶어 그다지 마음에 두지 않았습니다. 그러나 어느 양반의 딸을 되살렸다는 소문까지 듣게 되자 왕은 조금 두려움을 느끼기 시작했습니다. 그리고 한편으로는 그런 일을 하는 사람을 그대로 내버려 둘 수도 없었습니다. 그래서 몰래 쥐 한 마리를 잡아 와서 장님 앞에 놓고

"네 앞에 있는 것이 무엇이냐? 어디 말해 보거라."

그렇게 말하며 왕은 거드름을 피우며 물어봤습니다.

장님은 그 목소리를 듣자마자

"그것은 쥐입니다."

라고 바로 대답했습니다.

왕은 계속해서

"쥐가 몇 마리인지 맞춰 보거라."

장님은 그 질문에 답하기를

"세 마리입니다."

그러자 왕은 껄껄 웃으며

"역시 너는 듣던 것과 달리 거짓말쟁이로구나. 지금 쥐를 한 마리 그곳에 두었는데 세 마리라니 무슨 소리냐. 내가 짐작했던 대로 네 녀석은 역시 장님의 어림짐작이었구나."

그렇게 말하며 꾸짖었지만 장님은 조금도 당황하는 기색 없이 참으로 대단히 자신 있게 끝까지 세 마리라고 주장했습니다.

"아뢰옵기 황송하오나 제 염력으로는 도저히 세 마리로 밖에 보이지 않으니 그것을 바꿔 말할 수는 없습니다."

그렇게 말하고 실로 차분하게 있었습니다.

왕은 대단히 화가 나서

"이런 장님을 살려두면 세상의 어지럽힐 것이 분명하다. 살려 둘 수가 없구나. 사형을 선고할 테니 당장 동소문東小門[1] 밖 형장으로 데려가 목을 잘라 버려라."

1 서울의 여덟 성문 중의 하나인 혜화문惠化門의 속칭.

그렇게 말하며 엄명을 내리셨습니다.

마침내 신하들이 와서 장님을 끌고 동소문 형장 쪽으로 가 버렸습니다. 그리고 나서 혹시나 싶어 그 쥐의 배를 만져서 살펴보니 정말 새끼 쥐가 제법 자라서 쥐의 형태를 하고 있었기에, 명령을 내려 해부해 보니 실로 뜻밖에도 두 마리의 새끼 쥐가 나왔습니다. 왕을 비롯해 그곳에 늘어선 신하들까지도 이제서야 장님의 염력이 정확했다는 것을 알고 그저 놀랄 수밖에 없었습니다.

마침내 장님의 염력을 확인한 이상, 왕도 그대로 내버려 둘 수는 없었습니다. 당장 형장에서 불러들이려고 했습니다. 그러나 이미 전령이 달려가도 도저히 제때에 도착할 수 없었기 때문에 그럴 때 사용하는 신호를 보내서 특별히 사면해 주기로 했습니다.

그 신호라는 것은 왕성 동쪽 모퉁이의 전망대 위에 서서 동소문 쪽을 향해 흰 깃발을 흔드는 것이었습니다. 오른쪽으로 흔들면 사면의 통지, 왼쪽으로 흔들면 그대로 형을 진행해 버리게 되어 있었습니다.

그래서 왕은 빨리 전망대에 올라가 흰 깃발을 오른쪽으로 흔들어서 사면의 통지를 하려고 했습니다. 그런데 깃발을 들어 올리자 요사스러운 바람이 오른쪽에서 강하게 불어와서 깃발은 왼쪽으로 날려 버렸습니다. 힘을 주고 아무리 오른쪽으로 흔들려고 해도 어느 샌가 왼쪽으로 휘날려 버려서, 멀리서 보면 왼쪽으로 흔드는 것으로 밖에는 보이지 않았습니다.

그래서 결국 그대로 사형을 집행해 버리고 말았습니다.

동소문 형장에서 장님이 불쌍하게도 이 세상을 떠나 버리자, 그때부터는 바람이 완전히 멈춰서 요사스러운 기운조차 느껴지지 않으며 해님은 반짝반짝 빛나는 완전히 정반대의 날씨가 되어 버렸습니다.

그리고 어디선가 요마가 비웃고 있었습니다.

“잘 해치웠다. 꼴 좋구나, 장님 녀석. 이제 아무 말도 못하겠지.”

그렇게 말하면서 요마는 비웃고 있었습니다.

 잉어 입에서 나온 구슬鯉の口から出た玉

1

옛날 어느 시골에 두 명의 형제가 있었습니다. 형과 동생은 두 살 터울의 형제로 아버지와 단 세 명이서 쓸쓸하게 살고 있었습니다.

어머니께서는 둘이 아주 어렸을 적에 돌아가셨습니다. 그 이후로는 집도 점점 가난해지고 게다가 아버지의 연세는 이미 칠십 고개를 넘겨 더위와 추위에 좀처럼 견디지 못하게 되어 버렸습니다.

그저 두 형제의 힘만으로 하루하루 생계를 꾸리고 있었습니다.

둘은 매일매일 지게(짊어지는 도구(負道具))를 메고 산으로 갔습니다. 겨울은 땔나무를 하고 여름은 풀을 베러, 더운 날도 추운 날도 어떤 날에도 찾아갔습니다. 하루라도 쉬는 일은 없었습니다.

어느 해 여름이 되었습니다. 두 형제는 언제나처럼 매일 산에 가서는 풀을 베어 왔습니다.

"형, 이제 일어나자."

참새가 울기 시작할 때부터 동생은 이미 눈을 번쩍 뜨고 형을 깨우고 있었습니다. 아까부터 뒤척이기만 하고 있던 아버지는 조금 더 조금 더

하면서 가만히 내버려 두었지만, 언제나 일을 신경 쓰고 있는 동생은 빨리도 일어나 있었습니다.

"어, 그래……. 어서 가자."

형도 그렇게 말하면서 자리에서 일어났습니다.

차가운 아침식사를 서둘러 해치우고 둘은 산으로 부랴부랴 갔습니다. 아버지께 드릴 것은 따로 준비해 두고 나가는 것이 매일 아침의 일과였습니다.

항상 둘은 열심히 풀을 베고 그날의 분량이 다 차면 도중에 놀지도 않고 서둘러 집으로 돌아왔습니다. 집에 돌아오면 형은 곧바로 자기 풀을 동생에게 주고 그대로 산에서 돌아온 차림으로 강으로 갔습니다. 강에 가서 이런저런 물고기를 낚아와서는 아버지의 저녁상 반찬으로 올렸습니다.

동생은 집에 돌아가면 형의 풀까지 받아서 자신의 몫과 함께 언제나 가지고 가는 집으로 짊어지고 가서 건네주고 돌아왔습니다. 하지만 동생은 형의 풀과 자신의 풀을 한꺼번에 그 집에 가져다 주고 싶었기 때문에 어떻게 하면 좋을지 궁리를 했습니다.

'좋아. 순서대로 가지고 가자.'

그렇게 생각하고 동생은 먼저 형의 풀을 짊어지고 1정丁[1] 정도 옮기자 그 지게를 그대로 길가에 내려두고 이번에는 다시 한 번 집으로 돌아가서 자기 지게를 메고 출발했습니다. 형의 지게가 있는 곳까지 가서는 자기 지게를 내려놓고 형의 지게를 멨습니다. 그렇게 순서대로 들고 날랐습니다. 1리里[2]나 되는 집까지 손쉽게 두 지게를 함께 옮기고 있었습니다.

1 거리의 단위. 1정은 20간間(약 36.36m). 일반적으로 정町으로 표기.
2 거리의 단위. 1리는 약 3.9km.

동생은, 남들보다 경쟁심이 강하고 형을 위하는 동생은 자신의 지게를 먼저 옮기는 것도 형 것을 먼저 가지고 가는 것도 내키지 않았습니다. 거의 동시에 배달하고 싶다는 마음에 매일 그런 식으로 옮겼습니다.

어차피 두 지게를 동시에 옮기는 일은 할 수 없었지만 적어도 순서대로라도 큰 시간 차 없이 형의 풀과 자신의 풀을 함께 배달하고 싶다고 생각하고 있었습니다. 영차 하고 두 지게를 그 집에 내려놓고 그날의 돈을 받고 싱글벙글 웃으며 돌아왔습니다. 돌아오는 길에는 언제나처럼 술집에 들러 약간의 술과 그리고 쌀집에서는 쌀을 사서 씩씩하게 돌아왔습니다.

이미 그때는 해도 서쪽으로 지기 시작하고 형도 펄떡펄떡 뛰는 물고기를 낚아서 돌아와 있었습니다.

아버지의 싱글벙글한 얼굴을 보면서 둘은 그날의 일이 잘 끝났다는 기쁨에 젖어 있었습니다.

완전히 기진맥진해 버린 두 형제는 해가 지자 금세 푹 잠이 들었습니다. 램프도 없는 오래 전의 조선이었기 때문에 이상한 기름이 타닥타닥하고 타는 등불을 아버지를 위해서 켜 두고 둘은 즐거운 꿈나라로 빠져들었습니다.

2

그러던 어느 날의 일이었습니다.

산에서 돌아오자 형은 무거운 지게를 동생에게 건네고 서둘러 강가로 갔습니다. 그리고 물고기를 낚으려 했지만 낚시 줄이 뒤엉키거나 미끼를 끼려고 해도 제대로 바늘에 껴지지 않거나 해서 도무지 잘 되지 않았습니다. 바람도 없는 조용한 날이었지만 전혀 낚을 수 있을 것 같지 않았습니다.

이상하다고 생각하면서 아무리 미끼를 바꾸고 위치를 바꾸어 던져 봤지만 조금도 낚이지 않았습니다.

형은 해가 서쪽으로 기울어가는 것을 보고

"어떻게 된 거지?"

그런 혼잣말을 하면서 아무리 조급하게 굴어도, 아무리 위치를 바꾸어 낚싯대를 드리워 봐도, 낚시바늘 옆으로 다가오는 모습조차 볼 수 없었습니다. 이제 형은 손을 들고 말았습니다. 하지만 기운을 내서 제발 한 마리라도 낚아서 돌아가고 싶다고 생각했습니다. 해가 질 때 물고기들이 가장 먹이를 찾아 다니는 때를 노려서 다시 낚싯대를 드리우고 살펴 보고, 다시 낚싯대를 드리우고 살펴 봤지만 아무리 해도 낚을 수 없었습니다.

다시 한 번, 다시 한 번 하면서 낚싯대를 드리우고 있었는데, 바람도 없는데 수면에 울렁울렁하고 물결이 이는가 싶더니 그 순간 철썩하고 물소리를 내면서 한 마리의 큰 잉어가 수면으로 뛰어올랐습니다. 그리고 뭔가가 부딪혀 날아오는 것처럼 수면을 데굴데굴 굴러왔습니다. 형이 깜짝 놀라 일어서자 마치 수은처럼, 토란 잎에 물이 굴러가는 것처럼 실로 곱디고운 구슬이 굴러왔습니다.

형은 발치의 그 구슬을 주워 올려 살펴보고는 다시 한 번 놀랐습니다. 기뻐하며 그것을 가지고 이제 돌아가려 하고 있었습니다. 서둘러 도구를 챙겨서 달리듯이 돌아왔습니다. 이미 집과 가까워졌을 때 형은 우뚝 멈춰 섰습니다. 그것은 바구니 안에 한 마리의 생선도 없었기 때문이었습니다. 매우 기뻐하며 왔지만 점점 집이 가까워지고 오늘 저녁 아버지의 반찬을 생각하면 그 보물 구슬로는 만족할 수 없었습니다. 하지만 형은 어떻게 할 수도 없어 지금까지의 발걸음도 어느 샌가 느려지고 풀이 죽어서 돌아왔습니다.

3

동생은 이미 술을 사고 쌀을 사서 돌아왔습니다. 그리고 이미 훌륭하게 저녁식사 준비도 되어 있었습니다.

"형은 어떻게 된 걸까?"

"좀 있으면 돌아오겠지."

그런 이야기를 주고받으며 아버지와 동생은 목을 길게 빼고 기다리고 있었습니다. 하지만 좀처럼 돌아오지 않았습니다.

드디어 마당에서 발소리가 난 것 같아 나가보니, 형이 그곳에 힘없이 서 있었습니다.

마당에 선채로 형의 이야기를 다 듣기도 전에

"자, 괜찮으니 그 구슬을 이쪽으로 가지고 와서 보여 주렴. 또 내일 다시 가면 되지. ……그 구슬은 분명 어떤 좋은 일이 일어날 징조일지도 모른다. 자 소중하게 여기자꾸나."

아버지는 오히려 기뻐하면서 그렇게 말했습니다.

동생도 그저 기뻐할 뿐이었습니다.

초라한 그날 밤의 저녁 식사를 마치자, 질리지도 않고 바라보던 구슬을 어디에 보관해둬야 좋을지 걱정이 되기 시작했습니다.

"그래, 쌀을 넣는 그 상자가 좋겠어. 쌀통 안이 좋겠어."

동생이 그렇게 말했기 때문에 쌀통 안에 넣어 두게 되었습니다.

원래는 잔뜩 쌀이 들어 있었지만 지금은 완전히 텅 비어 있었기에 생각난 보관 장소였던 것입니다. 다음 날 아침 형제는 일찍 일어났습니다. 아침의 할 일을 끝내고 산으로 가려 하고 있는데 동생이 크게 수선을 피우기 시작했습니다.

"형 형. 빨리 와 봐. 빨리빨리."

형도 아버지도 가서 보니 어젯밤 구슬을 넣어 두었던 쌀통 안에 쌀이 가득 차 있었습니다. 그리고 그 위에 데굴데굴 구슬이 올라가 있었습니다.

셋은 서로 얼굴을 마주보며 기뻐했습니다. 신기해했습니다.

그리고 상자 안은 쌀이 너무 가득 차 있었기 때문에 그것을 꺼내고 구슬을 가지런히 소중하게 넣어 두었습니다.

그날 저녁에 산에서 돌아와서도 열어 보았습니다. 그러자 놀랍게도 다시 아침에 봤을 때처럼 쌀이 가득 차 있었습니다.

그 뒤로는 언제 열어보아도 항상 쌀이 가득 차 있었습니다.

4

처음에는 재미있는 기분도 들어서 상자를 열어보았지만, 점점 쌀이 많이 나오자 둘은 왠지 무서운 생각이 들기 시작했습니다. 그리고 왠지 미안한 마음도 들어서 한층 더 겸손하게 행동하게 되었습니다. 둘은 더욱 열심히 일했습니다.

그 뒤로 몇 년이 흘렀습니다. 그 사이에 아버지도 돌아가시고 형은 부인을 얻어 벌써 아이까지 태어나게 되었습니다.

그렇게 되자 둘은 언제까지나 그대로 살아갈 수 없었기 때문에 동생은 분가를 하게 되었습니다.

재산이라는 재산은 전부 둘로 나누고 집도 지어 주었습니다. 부엌살림 같은 것부터 농사도구까지 하나부터 열까지 둘로 나누기로 했지만, 곤란하게도 그 구슬을 둘로 나눌 수는 없었습니다.

형은 당장 생각했습니다.

"이 구슬은 네가 가지고 가 주렴. 일을 많이 해 줘서 지금은 이제 무엇 하나 부족한 것이 없으니까……."

그렇게 말하며 형이 동생에게 주려고 하자 동생은

"아냐 아냐. 그건 형의 보물이 아니면 안 돼요. 나는, 나는 절대로 받아가지 않겠어요."

그렇게 말하며 받으려 하지 않았습니다.

형이 아무리 말해도 동생이 듣지 않았기 때문에 완전히 손을 들어버리고 말았습니다.

그렇게 며칠이 지났습니다. 어느 날 형은 생각했습니다.

"좋아 좋아. 그렇다면 어쩔 수 없어. 나도 이런 보물을 혼자 가지고 있으면 너무 조심스러워질 테니까, 이것은 차라리 원래 가지고 있던 잉어에게 돌려 주고 오는 것밖에는 길이 없겠어. 그래, 그렇게 하자. 내일 주고 와야지."

그렇게 말하며 둘은 결국 보물 구슬을 가지고 처음에 주웠던 강가로 가서 놓아 두고 오기로 했습니다. 그렇게 결정하자 둘은 마음이 편해졌습니다. 몇 날 며칠을 둘의 마음을 흐리게 만들었던 구름은 어디론가 사라지고 활짝 갠 기분이 되었습니다.

5

다음 날, 드디어 잉어에게 돌려 주고 오자고 한 그날이 찾아왔습니다.

둘은 이별을 아쉬워하며 그 구슬을 들고 집을 나섰습니다. 강가에 가서 그곳에 두고 오려고 하는데, 그때 마침 강 깊은 곳에서 잉어가 철썩하고 뛰어올랐습니다.

"아, 잉어가 뛰어올랐어." 깜짝 놀란 동생은 그렇게 말하며 주변을 둘러보았습니다. 그러자 놀랍게도 큰 물결을 일으킨 잉어는 물속으로 들어가 버려서 모습도 보이지 않았지만, 점점 퍼져나가는 물결을 따라 데굴데굴 구슬이 굴러왔습니다.

"구슬이야."

"아, 구슬이다. 구슬."

둘은 한참을 쳐다보며 소리쳤습니다. 그러는 동안 벌써 발 밑으로 굴러 왔습니다.

둘은 놀라고 기뻐하며 주워 들었습니다. 잉어에게 돌려 주겠다고 마음 먹었던 구슬이 두 개가 되었기 때문에 둘은 사이 좋게 그것을 가지고 돌아 갔습니다.

 28. 어느 농사꾼과 그 부인 あるお百姓さんとその妻

1

옛날 경상북도의 어느 시골마을에 농사꾼이 한 명 살고 있었습니다.

농사꾼은 마음씨가 곱고 참을성이 강하며 인정이 많기로는 따라올 사람이 없었습니다. 사람들에게 부탁 받은 일은 어떤 일이라도 기뻐하며 나서서 해 주었습니다.

하지만 농사꾼은 어렸을 때 여러 가지 일로 꽤나 힘들었습니다.

우선 가장 곤란했던 일은 자기 아내를 어떻게 대하면 좋을지 하는 것이었습니다.

지금도 그렇지만 이 부근에서는 일반적으로 남편보다도 아내가 연상이었습니다. 굉장히 옛날이었기 때문에 더욱 더 그런 습관에 깊이 물들어 있었습니다. 게다가 상당한 조혼으로 아주 어렸을 적에 결혼을 했기 때문에 농사꾼은 마치 어머니처럼 느껴지는 자기 아내에게 항상 대등하게 맞설 수 없었습니다.

무엇을 하고 무엇을 말해 보아도 항상 아내에게는 지고 말았습니다. 실은 지기 싫어하고 당찬 아내는 남편이 하는 일은 하나부터 열까지 부족하

다고 생각하고 있었습니다. 게다가 아내의 친정이 남편 집안보다 신분이 높아서 결국 아내 쪽이 여러 지혜로운 지식도 가지고 있었습니다. 그렇기 때문에 순종적으로 남편을 섬긴다는 것은 도저히 불가능했습니다.

언제나 항상 남편이 하는 일에 불만을 가지고 있던 아내는 어느 날 결국 남편을 때리고 말았습니다. 그 뒤로 말하자면, 아무렇지 않게 남편을 때리게 되었습니다. 일하는 방법이 나쁘다고 잔소리를 하고, 논에서 돌아오는 것이 늦다고 호통을 쳤습니다. 그리고 그 말이 끝나면 반드시 때리는 것이었습니다. 회를 거듭할수록 그 빈도가 잦아지고 점점 심해졌습니다.

농사꾼은 안 되겠다고 생각했습니다. 하지만 상냥한 농사꾼은 조금도 반항하지 않았습니다. 자기가 맞는 아픔이나 기분 나쁜 것보다도 그렇게

늘 아내를 화나게 만들고 있다는 생각에 더 이상 견딜 수가 없었습니다. 또 한편으로는

"아무리 그래도 나는 남편이지 않은가……."

그런 생각을 했습니다. 한편으로는 불만을 가지면서 또 한편으로는 아내가 불쌍해서 견딜 수가 없었습니다.

어떻게든 하고 싶다고 계속 생각했습니다.

그러는 동안, 자신이 부족하다는 생각보다 아내에 대한 불만이 강해졌습니다. 그러나 아무것도 변하지 않았습니다.

그렇게 불만의 마음을 가지면 가질수록 아내의 행동은 심해져 갔습니다.

농사꾼은 결국 더 이상 참을 수가 없었습니다. 아침부터 밤까지 계속 지독한 일을 당해왔으니까요.

원래 마음씨가 고운 농사꾼은 생각했습니다. 산에 가서도 생각하고, 일하다가 손을 멈추고 쉬면서도 생각했습니다.

아무리 생각해도 좋은 생각은 떠오르지 않았습니다. 결국

"이제 조금은 고분고분하게 따라 줬으면 좋겠어."

그렇게 아내에게 요구하고 싶다, 그렇게 하는 것밖에는 방법이 없다고 생각하게 되었습니다.

2

하지만 한편으로 생각해 보면 그런 것은 들어 주지 않을 것을 충분히 잘 알고 있었습니다.

농사꾼은 곤란했습니다. 몹시 곤란해 하고 있는데 문득 좋은 생각이 머릿속에 떠올랐습니다.

‘이퇴계李退溪 선생님! 그래. 그 선생님에게 내 마음을 이야기하고 좋은 가르침을 받자.’

그런 생각이 들자 더 이상 우물쭈물하고 있을 수는 없었습니다. 어느 날 산에 가는 척하고 슬쩍 선생님이 있는 곳으로 찾아갔습니다. 매우 씩씩하게 찾아갔지만 선생님의 집 근처까지 가니 벌써부터 왠지 내키지 않았습니다. 하지만 힘을 내서 선생님 집의 문으로 들어갔습니다. 그리고 기분 좋게 선생님을 만날 수 있었습니다. 처음에는 어쩐지 말을 꺼내는 것이 어색하고 대하기 어려워 힘들었지만, 그러는 동안 기운을 내서 자신의 마음이나 아내에 대한 생각 같은 여러 가지 것들을 이야기하고 가르침을 구했습니다.

이퇴계 선생님은 가만히 눈을 감고 듣고 있었는데 선생님은 아무것도 물어보지 않고 말도 하지 않았습니다.

농사꾼이 말하다 지칠 정도로 이야기를 한 뒤에 선생님은 조용히 입을 열었습니다.

“그것으로 된 것이오. 그리고 더 부인을 정중하게 대해 주시면 더 좋고. 그것으로 된 것이오.”

그리고 마지막으로 덧붙이기를

“먼저 무엇보다도, 어떠한 경우에도 정중하게 인사하는 것을 절대 잊지 마시오. 무슨 일이라도 좋게 인사를 하십시오. 그것이 모든 일의 시작입니다. 그렇게 하면 부인도 좋아질 것입니다.”

농사꾼은 단지 그것만 들었는데 매우 기쁜 마음이 되고, 머리가 묘하게 가벼워진 것 같은 기분이 되어서 돌아왔습니다.

돌아오면서도 생각했습니다. 그리고 부끄러운 기분이 들었습니다.

'앞으로는 더 순수하게 아내를 위해서 최선을 다하자.' 그렇게 결심하자 더 이상 아내의 행동이 신경 쓰이지 않게 되었습니다.

집으로 돌아오자 바로 그날부터 정중하게 인사를 시작했습니다.

아침에 일어나서도, 일하러 나갈 때도, 일을 마치고 돌아와서도, 항상 정중하고 정중하게 진심에서 우러나오는 인사를 했습니다.

아내는 돌변한 남편의 태도를 이상하게 여겼습니다. 어떻게 된 일인지 이상해서 견딜 수가 없었습니다.

날이 지날수록 남편의 친절은 점점 더해 갔습니다. 그리고 아무리 아내가 심한 말을 해도 전혀 불만스러워 보이지도 않고 진심으로 친절하게 대해 주었습니다. 그것을 보자 아내는 이제 그 이상은 무엇도 주장할 마음이 생기지 않았습니다. 그뿐만이 아니라 드디어 아내는 조용히 자신이 하고 있는 행동을 되돌아보게 되었습니다. 남편에게 제멋대로 군 것을 부끄럽게 생각하게 되었습니다. 그럼에도 불구하고 그렇게 정중하고 정중하게 대해준 것을 생각하면 이제부터 어떻게 해야 좋을지 알 수 없게 되어 버렸습니다.

아내는 어느 날 남편의 앞에 앉아 지금까지의 못된 행동을 사과했습니다. 한 마디, 두 마디 사과를 하기 시작하더니 갑자기 울음을 터트렸습니다. 계속 울고 울면서 결국 울음을 그치지 못했습니다.

그리고 조용히 아내는 물러갔습니다. 그때부터 그 농사꾼의 집에서는 항상 즐거운 웃음소리가 흘러 나왔습니다.

집안도 점점 번성하여 마을 사람들에게 칭찬을 받게 되었습니다.

29. 거짓말 대결嘘くらべ

1

옛날 서울에 높은 권력을 가진 양반이 있었습니다.

양반은 고위고관의 자리에 올라 뭐든지 자기 뜻대로 하지 않는 것이 없었습니다. 그래서 어떻게든 원하는 것을 이루고 서울에서 세력을 펼치고자 하는 사람들은 모두 그 양반의 집으로 모여드는 것이었습니다. 그리고 있는 일 없는 일을 아무렇게나 되는 대로 고하며

좋은 지위를 얻고 싶다, 잘 환심을 사고 싶다고 단지 그것만을 바라면서 새빨간 거짓말을 늘어놓으며 되는 대로 지껄였습니다.

어쨌든 옛날이었기 때문에 거짓말을 하는 것은 마치 당연한 일이었습니다. 어떤 관리라도 어떤 지위의 사람이라도 거짓말을 하거나 또는 거짓말로 일관해서, 어떻게든 속여서 빠져나가지 않는 사람은 거의 한 명도 없을 정도였습니다.

그 양반도 상당히 많은 일들을 해서 고관에 오른 것이었습니다. 보기에 따라서는 그 방면의 달인이라고도 할 수 있을 정도였습니다.

어느 날 양반은 혼자 묘안을 떠올리고 무릎을 치며 기뻐했습니다. "좋아,

매일 밤마다 너무 여러 가지 이야기를 하며 찾아 오니까 이제부터는 말해야겠어. 솜씨 좋게 나를 속인 자에게는 힘을 한번 빌려줘야지. 일단 그것이 불가능한 녀석은 이제 거절이야."

그런 혼잣말을 하고 있는데 그곳에도 역시 줄을 지어 찾아왔습니다. 정말 문전성시를 이룬다는 바로 그 상황으로, 소란스럽고 시끄러워 어쩔 수가 없을 정도였습니다.

그래서 양반은 아까 생각한 것을 그대로 종이에 적어서 내다 붙였습니다.

그것을 본 하급관리들은 오히려 손뼉을 치며 기뻐했습니다. 나도 나도 하며 거짓말을 잘 해서 속여 버리겠다고 밤낮으로 생각하고 있었습니다. 어쨌든 스스로 "거짓말과 쌀밥은 우리들에게는 당연한 것이다."라고 말하며 자신을 가지고 살고 있었기 때문에 어지간한 정도가 아니었습니다.

그런 무리들이 저마다 나서서 머리를 짜낸 거짓말을 가지고 찾아왔습니다. 하지만 양반은 그 방면의 대가였기 때문에 모두가 실패해 버려서, 누구 하나 감쪽같이 속였다는 사람은 없었습니다. 정말 일언지하에 간파 당해서 완전히 실패하고는 맥없이 물러갔습니다.

2

연말에 가까운 음력 11월의 어느 날의 일이었습니다. 늙은 양반에게 만남을 청하는, 제대로 속여 보이겠다고 기세 등등하게 찾아온 젊은이가 있었습니다.

젊은이는 나이에 어울리지 않게 지혜로운 자였습니다. 어떻게든 반드시 속여 버리겠다며 일을 꾸미고 있었습니다.

젊은이는 갑자기 늙은 양반에게 이야기를 시작했습니다.

"저는 바로 얼마 전에 친구네 집에 초대를 받아 갔습니다만, 실로 부잣집이라 그야말로 온갖 것들이 갖추어져 있고 또 그 진수성찬으로 말하자면 말이 필요 없었습니다. 산해진미는 이루 말할 수 없었고 이 세상에 있는 온갖 진귀한 것들뿐이었습니다. 돈으로는 도저히 손에 넣을 수 없는 것들뿐이라서 아무리 저라고 해도 그저 놀라서, 상대가 두려워서 멀리 피한다는 것은 이런 일인가 하며 하나하나에 그저 감탄했습니다. 지금 말씀 드리는 진수성찬 중의 하나는 그야말로 크디 큰 마치 종로鐘路의 거대한 종만한 앵두열매였습니다. 정말 대단히 큰 앵두가 아닙니까?"

거기까지 말을 하자 양반은 완전히 넘어가 버렸습니다.

"이봐 이봐. 그렇게 말도 안 되게 큰 앵두가 있겠는가?"

"하하, 이거 참 실례했습니다. 아니 실은 영도사永導寺의 종만한 앵두였는데 쟁반 한 가득 담아 내와서."

그렇게 말하고 태연하게 있으니

"거짓말. 어디를 찾아봐도 절의 종 같은 앵두가 있겠는가?"

"그러니까 말입니다. 저 대각선 방향에 있는 술집의 술병 정도였을까요?"

시치미를 떼고 계속 말했습니다.

"이제 적당히 해 두게. 그런 거짓말로는 아무도 속지 않을 테니까."

"흠. 그렇다면."

슬슬 아무렇게 않게

"가난한 사람의 술병 정도?"

"설마. 이제 네 녀석의 거짓말은 다 알고 있다."

"아니 밥그릇 정도입니다."

"이제 됐다. 그런 어설픈 거짓말은 듣고 있는 것도 지겹다."

"하지만 저는 진심으로 말씀 드리고 있는 것입니다. 좀 들어주십시오."

"실은 밤 정도였을까요?"

"이제 그쪽의 지혜를 알겠다."

"아니, 대추 정도였나요?"

"이제 됐다. 앵두의 크기를 생각해 보거라."

"그렇습니까? 그럼 작은 대추 정도라고 말씀 드릴까요?"

"그래."

다소 납득했다는 듯한 표정으로

"그 정도라면 있겠지. 그 쪽은 결국 거짓말은 하지 못했구나. 뭐 얌전히 물러나면 좋지."

"종로의 종만한 앵두라니 터무니없군."

늙은 양반이 콧방울을 실룩거리며 큰소리치고 있자, 젊은이는 그러는 사이에 물러나 의기양양하게 작별을 고하고 자리를 떠났습니다.

젊은이는 대단히 뽐내면서 만나는 사람마다

"보기 좋게 그 양반을 속여 버렸지. 감쪽같이 속였어."

라고 말하며 기뻐하고 자랑하며 돌아다녔습니다.

그러자 젊은이가 너무나 기뻐하고 의기양양하게 있었기에 혹시나 하는 마음에 많은 동료들이 모여들어서 물어보았습니다.

그러자 젊은이는 실로 거만한 표정으로 하나하나 늙은 양반과 문답을 반복하더니, 그 양반에게 결국 대추 만한 앵두를 친구네 집에서 대접받았다는 것을 인정받고 돌아왔다는 부분에서 이야기를 뚝 끊었습니다.

"지금도 늙은 양반은 내가 이 추운 겨울에 앵두를 대접받고 왔다는 것을 믿고 있으니 통쾌하다오."

그렇게 덧붙이고 젊은이는 몹시 즐거워 했습니다.

동료들도 저마다

"그거 잘했군."

"그러게 잘했어."

그렇게 말하며 감탄했습니다.

이윽고 늙은 양반은 그것을 전해 듣자

"이런, 이건 두손 들었어. 졌군, 졌어."

그렇게 말하며 결국 그 젊은이를 상당히 높은 벼슬로 올려 주었다고 합니다.

30. 검은 구슬과 노란 구슬黒い玉と黄色い玉

1

이번에는 검은 구슬과 노란 구슬의 이야기를 하겠습니다.

옛날 어느 곳에 두 형제가 살았습니다. 형은 대단한 부자였으며 게다가 욕심 많은 것으로는 따라올 사람이 없었습니다.

반면 동생은 정말 정직하고 인정 많은 사람이었지만 몹시 가난해서 그날 먹을 음식조차 없었습니다. 매일매일 열심히 일해서 간신히 생활하고 있었습니다. 그렇게 가난한 생활을 하면서도 힘들다고 찾아오는 사람을 한 번이라도 빈 손으로 돌려보낸 적은 없었습니다.

어느 날 동생은 결국 쌀이 떨어져 버려서 꽤나 곤란해졌습니다. 결국 형의 집으로 쌀을 빌리러 갔습니다. 아무리 힘들어도 지금까지는 한 번도 어디로 빌리러 가거나 얻으러 간 적이 없었지만, 이번만큼은 정말로 곤란했던 것이었습니다.

"형님, 얼마 동안 쌀을 좀 빌려주세요."

그렇게 말하고 부탁을 해 보았지만 형은 완전히 모르는 척하며 매정하게 거절해 버렸습니다.

“너에게 빌려줄 쌀 같은 건 없다. 다른 데 찾아가서 빌리거라. 내 집에 그런 것은 없다.”

결국에는 떠밀듯이 집 밖으로 내쫓아 버렸습니다.

동생은 무정한 형이라고 생각했지만 그러나 자신의 한심스러움을 한탄하며 그저 풀이 죽어 돌아왔습니다. 배는 고프고 마음도 매우 상했기 때문에 완전히 비틀비틀 걸어왔습니다.

그렇게 눈을 내리깔고 걸어오는데 조 이삭 한 톨이 눈앞에 보였습니다. “아, 이거 아깝구나.” 혼잣말을 하면서 동생은 그것을 주워 들었습니다. 그리고 소중하게 가지고 집으로 돌아왔습니다.

단지 조 이삭 하나를 가지고 집으로 돌아와보니, 배는 점점 고파오고 어찌할 도리가 없었습니다. 그래서 일단 이 조 이삭 한 톨을 빻아서 먹으려 했습니다. 절구로 정성껏 빻아서 그것으로 좁쌀떡을 만들었습니다. 자 이것을 한 번 먹어보자. 그렇게 생각하고 그 맛있어 보이는 좁쌀떡을 바라보자 문득 어떤 생각이 떠올랐습니다. 잠깐 있어봐, 이것을 이대로 먹어 버리면 소용이 없잖아. 그것보다 이것을 팔아야지. 이것을 팔면 꽤 돈이 될 거야. 그 돈으로 조를 더 사서 떡을 만들어야지. 그렇게 하면 배불리 먹을 수도 있고 또, 더 팔 수도 있을 거야.

그런 생각이 들자 당장 그 좁쌀떡 하나를 가지고 팔러 나갔습니다. 큰 목소리로 “좁쌀떡이요. 좁쌀떡.”이라고 소리칠 기운도 없었기에, 입안에서 조그맣게 “좁쌀떡.”, “좁쌀떡.”이라고 말하며 걸어갔습니다.

그렇게 걸어가는데

“여보게, 동생.”

갑자기 모르는 할머니가 부르자 동생은 정말 깜짝 놀랐습니다.

살펴보니 실로 형편없을 정도로 초라한 할머니가 마치 사정하는 것처럼, 조금의 기운도 없이 간신히 목소리를 짜내는 것처럼

“여보시게, 나는 배가 고파 너무 굶주리고 굶주려서 견딜 수가 없다네. 부디 아무거나 주시게나.”

그런 말을 들은 동생은 자신의 굶주림을 증명이라도 하려는 듯이 갑자기 배가 고파왔습니다. 하지만 지금 자기 손에 좁쌀떡 한 개를 가지고 있다는 생각이 들자 그것을 저 할머니에게 주고 싶어졌습니다. 자신의 굶주림 따위는 잊어버리고 그 불쌍한 할머니가 걱정되었습니다. 결국 줘 버렸습니다.

“할머니, 이런 변변치 않은 것이 단 하나뿐이지만 드세요.”

그렇게 말하고 손을 내밀자 할머니는 마치 목숨이라도 건진 것처럼 기뻐하고 기뻐하면서 몇 번이나 감사 인사를 반복했습니다. 마치 땅에 손이 닿을 것처럼 정중하게 감사 인사를 하고 있었습니다.

동생은 팔려고 가지고 간 떡을 할머니에게 드리고 나니, 판 것보다도 자신이 먹는 것보다도 훨씬 기분이 좋아져서 굶주렸던 자신의 배고픔 따위는 잊고 즐겁게 돌아가려고 했습니다. 그런데

"저기요. 저는 당신께 감사의 표시로 좋은 것을 알려 드리겠습니다. 저기요." 그렇게 말하며 할머니는 손가락으로 가리키며 건너편 산을 알려 주고 있었습니다.

"저 산의 남쪽에 있는 계곡, 그 계곡으로 들어가면 그곳에 큰 바위가 있습니다. 그 바위 옆에 가보면 그 위에 아름답고 동그란 구슬이 두 개 굴러다니고 있을 것이니, 그중에 검은 쪽을 가지고 오고 다른 노란 것은 그대로 두십시오."

그렇게 말하자마자 할머니는 어디론가 사라져 버렸습니다.

동생은 기뻐서 마치 뛰어가듯 그 계곡으로 들어갔습니다. 가보니 그곳에 큰 바위가 보이기 시작했습니다. 가까이 가서 보니 할머니가 가르쳐준 대로 바위 위에 틀림없이 두 개의 구슬이 놓여 있었습니다. 동생은 그 중에서 검은 쪽을 살짝 챙겨서 부리나케 돌아왔습니다.

왠지 기쁜 마음으로 부랴부랴 집으로 돌아와서 보니, 그 검은 구슬에서 어느 샌가 검은 송아지가 태어나서 아장아장 마당을 뛰어 다니고 있었습니다. 신기하게 여기며 바라보고 있자 그 구슬에서 계속 태어나고 태어나는 것이었습니다 10마리도 30마리도 100마리도 200마리까지도 태어났습니다. 그뿐만이 아니었습니다. 원하기만 하면 한없이 생겨났습니다. 동생은 몹시

기뻐하며 그 구술을 소중하고 소중하게 넣어 두었습니다.

지금까지 매우 가난했던 동생은 순식간에 큰 부자가 되어 버렸습니다.

동생의 기쁨은 이루 말할 수 없었습니다.

2

그러자 그 일을 전해들은 형은 부럽고 화가 치밀고 치밀어서 어쩔 줄을 몰랐습니다.

당장 동생의 집으로 찾아갔습니다. 지금까지 동생의 집에 간 적이 없었던 주제에 그 구슬의 일을 듣자 더 이상 가만히 있을 수가 없었습니다.

"안녕, 잘 있었느냐?"

"네, 네."

"얼마 전 네가 아주 신기한 구슬을 주웠다고 그러던데, 어떻게 주웠느냐? 어떻게 된 것이냐? 도대체 그건 어디서……."

여러 가지를 묻고 나서 지체 없이 밖으로 나가 버렸습니다.

마치 그것을 원하는 것처럼 하나하나 캐묻고 가 버렸습니다.

동생의 집을 나오자 형은 이미 뛰기 시작했습니다. 자기 집안으로 굴러 들어가 듯이 뛰어들어가면서

"빨리빨리 준비하시오. 준비하시오."

무엇을 준비하라는 것인지도 말하지 않고, 집안으로 뛰어들어가기가 무섭게 벌써 부인에게 그렇게 말하며 재촉했습니다.

"무슨 일입니까? 무슨 일입니까?"

부인도 부인대로 뭔가 좋은 일이 생겼다는 것을 알아차리고는 남편과 함께 탐욕스러운 마음을 드러내며 큰 소란을 피우기 시작했습니다.

그리고 좁쌀떡을 만들면 대단히 좋은 일이 생긴다는 것을 알았기 때문에 바쁘게 그것을 만들기 시작했습니다.

매우 서둘러서 만들고 나서, 형은 그것을 가지고 동생이 알려준 대로 동생이 걸었던 길을 따라 갔습니다. 그러자 역시 전처럼 갑자기 할머니가 나타나서

"여보게, 여보게."

그렇게 말하며 부르자 마자 형은 그 떡을 줘 버렸습니다. 그리고 할머니가 가르쳐주기를 기다리고 있었습니다. 몸을 앞으로 내밀고 할머니의 얼굴을 보고 있었더니, 전처럼 구슬이 있는 곳을 알려 주었습니다.

"저 산의 말이야, 북쪽 계곡에……."

할머니의 말을 잠깐 듣고 형은 이미 뛰기 시작했습니다. 그리고 그 산의 계곡으로 들어가자 정말 말 그대로 검은 구슬과 노란 구슬이 있었습니다. "검은색 구슬을 가지고 오게."라고 들었지만, 본래 욕심 많은 형이었기에 남은 하나의 노란 구슬을 그대로 그곳에 두고 올 리가 없었습니다. "검은 것에서 그렇게 소가 나온다면 이 노란 것에서는 분명 황금이 나올 것이 틀림없어. 자, 이것까지 같이 가져가자. 아까워라. 어떻게 검은 구슬만 가지고 갈 수 있겠어."

그런 혼잣말을 하면서 허겁지겁 두 구슬을 가지고 부리나케 돌아왔습니다.

몹시 기뻐서 정말 정신 없이 달려왔더니 집에서는 부인이 기다리고 있었습니다.

부인이 목을 빼고 기다리고 있는데 그때 숨을 헐떡거리며 돌아왔습니다. 살펴보니 양손에 하나씩 검은 구슬과 노란 구슬을 두 개 가지고 있었습

니다.

두 사람의 기쁨은 이루 말할 수가 없었습니다. 번갈아 들어올려 보면서 기뻐했습니다.

"검은 쪽은 소가 나오는 것이 분명한데, 이 노란 구슬에서는 무엇이 나올까? 분명 많은 황금이 나올 것이 틀림없어."

그런 말을 하면서 둘이 그 구슬을 만지고 있는데, 그때 순식간에 노란 구슬이 사라지는가 싶더니 커다란 호랑이 수백 마리가 주위를 아랑곳 않고 날뛰기 시작했습니다. 아이고 아이고 소리칠 틈도 없이, 순식간에 그 호랑이들의 뱃속으로 들어가 버려서 두 부부는 그림자도 남지 않았습니다.

 31. 과거에 급제한 두 노인科擧に及第した二人の老人

1

조선에서는 벼슬을 하기 위해서는 과거라고 하는 시험을 치르고 이에 합격해야만 했습니다. 그 시험이 또 꽤나 어려운 것이라서 그것에 얽힌 수많은 이야기가 남아 있습니다.

어느 해의 일이었습니다. 어느 날 밤, 임금님께서 슬그머니 궁전 밖으로 나오셔서 경성京城 성내를 돌아보셨습니다. 이곳 저곳을 걸어서 돌아다니다 남산 아래 쪽으로 갔더니, 이미 밤이 제법 깊었는데 길가의 허름한 집에서 누군가 큰 소리로 책을 읽고 있는 소리가 들려왔습니다. 그것을 들으신 임금님께서는 대단히 의아하게 여기셨습니다. 대체 어째서 이런 시간까지 공부를 하고 있는 것일까? 누구일까? 라고 생각하고 문을 두드리며 주인을 찾으셨습니다.

그러자 지금까지 열심히 공부하고 있던 책을 내려놓고 서둘러 문을 열면서 "대체 이 시간에 찾아오신 분은 누구십니까? 무슨 용건이라도 있습니까?"

그렇게 말하며 맞이했습니다.

임금님은 매우 온화하게

"뭐 수상하게 여기는 것도 무리가 아니지요. 제가 오늘밤 생각지도 못하게 이곳을 지나고 있었습니다만, 이런 깊은 밤에도 전혀 피곤한 기색 없이 오히려 낭랑하게 책을 읽고 계시기에, 요즘 보기 힘든 훌륭한 분이라는 생각이 들어 만나 뵙고 성함이라도 듣고자 하는 마음에 이렇게 문을 두드린 것이오."

그렇게 말하며 안내해 주는 대로 서재로 들어갔습니다.

드디어 대면해서 그 사람을 보니, 오십 고개를 넘긴 것처럼 보이는 반백의 노인이었습니다. 그냥 보기만 해도 대단히 덕망이 높은 학자라는 것을 알 수 있었습니다.

임금님께서 이 사람은 세상에서도 보기 드문 학자라고 생각하며

"어떤 책을 읽고 계셨습니까?"

라고 물어보시자

노인은 실로 공손하게

"주역을 조금 살펴보고 있었습니다."

라고 실로 겸손하게 대답했습니다.

그러자 임금님께서는 다시 말을 거시며

"저도 오랫동안 이 책을 꾸준히 공부하고는 있지만 아무래도 배움이 부족하여 난해한 구절들이 있었는데, 오늘 밤 다행히 물어볼 수 있겠구려."

그렇게 말하며 임금님께서는 몇 가지 질문을 하셨습니다.

그랬더니 노인은 하나하나 술술 대답했습니다. 청산유수처럼 말을 잘한다는 것은 바로 이런 것이었습니다. 술술 조금의 막힘도 없이 실로 적절하게 대답을 했습니다.

그 태도는 물론이고 해석의 방법에 있어서도 실로 대학자의 풍모 그 자체였습니다.

임금님은 오랫동안 가지고 있었던 의문을 간단하게 풀어 주었기 때문에 노선생의 높은 학문에 계속 감탄하고 있었습니다.

너무나 학식이 대단해서 뭔가 저서가 있을 거라 생각하고 물어보자, 노학자는 십여 편의 구고舊稿와 미정고未定稿를 꺼내 놓았습니다.

임금님께서 하나하나 읽어보니 전부 다 실로 훌륭한 것들로, 저마다 빛을 내며 밝게 빛나고 있었습니다.

임금님께서는 끊임없이 무릎을 치며 계속해서 감탄하는 소리를 내셨습니다.

그리고 노인을 향해서

"당신처럼 학문에 열정적인 사람은 당대에는 거의 보기 힘듭니다. 그런데 당신이 어째서 과거에 붙지 못하는 걸까요?"

라고 별생각 없이 질문을 하자

"그렇습니다. 저는 실은 스무 살이 되던 봄부터 몇 번이고 과거시험을 치고 있습니다만, 부끄럽게도 아직 한 번도 급제의 영광을 얻지 못했습니다. 이제 이대로 결국 급제하는 일 없이 불귀不歸의 객이 될지도 모르겠지만, 지금까지도 이 순간까지도 책을 읽고 연구하는 것만은 버릴 수가 없어서 진척은 없지만 있는 힘을 다해 심심풀이로나마 공부하고 있는 것입니다."

라고 실로 겸손하게 그러나 늠름한 기개를 보이며 대답했습니다.

임금님은 그 이야기를 듣고 조금 부끄러운 마음이 들었습니다. 왕위에 오르고 나서 과거를 벌써 스무 번이나 시행하고 있으면서도 어째서 이렇게 학문에 열의를 가진 사람을 뽑지 못했는지, 마음속으로 불만스럽게 생각하

고 계시다가 갑자기 어떤 생각을 떠올리시고는

"조만간 과거가 있다는데, 알고 계시오?"

라고 물으셨습니다.

그러나 노인은 그런 일은 전혀 모르고 있었기 때문에 아무 생각이 없었지만

"혹시 그렇다면 저도 꼭 과거를 칠 생각입니다."

라고 다시금 기운을 내고 있었습니다.

그러자 임금님은 노인이 쓴 글들 중에서 특히 눈에 띄는 것을 주의 싶게 읽으시고, 이윽고 정중하게 인사를 남기고 왕성으로 돌아가셨습니다.

떠날 때 임금님께서는 아랫사람에게 명하시어 흰쌀 한 되와 소고기 한 근을 뒷문으로 몰래 전해 주었습니다. 최소한 노인의 기력을 보존하고자 마음을 쓰셨습니다.

2

다음날이 되자 임금님은 갑자기 임시 과거를 시행한다는 내용의 방을 붙이게 했습니다. 원래 그런 일도 드물지 않았기 때문에 언제나 응모하려는 사람들은 잔뜩 있었습니다. 드디어 시험도 끝나고 임금님께서는 하나하나 답안을 직접 살펴보셨습니다. 그러자 어젯밤의 명문名文이 나왔기에 심사 숙고하여 수석으로 가장 먼저 합격 통지를 보내셨습니다.

그리고 곧바로 그 답안의 주인을 불러들이셨는데 그곳에 온 것은 완전히 젊디 젊은, 노인과는 전혀 닮지 않은 소년이었습니다.

"이것은 그대가 적은 답안인가?"

라고 그 답안을 보여주시며 물으시자

"아니요. 그것은 제가 지은 글이 아니옵니다. 제 스승님을 대신해 스승님의 글 중에서 골라 적은 것이옵니다."

그렇게 노인이 출석하지 않았다는 것을 알게 되자, 이제는

"대체 노학자는 어째서 출석하지 않은 겐가?"

라고 다시 물으셨습니다.

"사실은 어젯밤에 생각지도 못하던 대단한 진수성찬이 생겼습니다. 실로 오랜만에 맛보는 맛있는 고기와 맛있는 쌀밥이라, 자기도 모르게 과식을 하고 배탈이 나서서 참으로 유감스럽게도 제가 대신 시험에 임한 것이옵니다."

임금님께서는 그것을 듣자 대단히 기가 막힌 듯 잠시 조용히 서 계시다 일단 소년을 돌려보냈습니다. 그리고 한편으로 전령을 보내서 노인을 불러들였는데 불쌍하게도 노인은 심한 설사병에 걸려서 결국 그날로 세상을 떠나고 말았습니다.

그러나 그 노인은 마지막 순간에 과거에 급제했다는 것을 듣고 얼굴 가득 기쁜 표정을 지으며 숨을 거두었다고 합니다.

3

그 뒤에 일어난 일입니다. 임금님께서는 어느 날 밤 몰래 거리를 미행微行하셨는데, 어느 길 모퉁이에 다다르니 어느 집 마당의 나무 위에 두 사람이 올라가서는 마치 까치 같은 울음소리를 흉내 내며 열심히 무엇인가를 하고 있었습니다.

너무나 이상했기에 임금님이 문 안으로 들어가서 물어보자 그중 한 명이 허둥대며 내려왔습니다. 겉모습은 분명 그 집의 안주인이었는데 매우 부끄

러운 듯이 집 안으로 숨어 버렸습니다. 뒤이어 내려온 것은 틀림없이 남편인 것 같았는데, 임금님 옆으로 가까이 다가와서 조용히 대답했습니다.

"실은 저는 소년시절부터 매년 과거에 응시하고 있지만 이 나이가 되어 벌써 오십 고개를 넘기려고 하는데 아직 한 번도 급제를 하지 못하고 있습니다. 하다못해 꼴찌로라도 급제하고 싶다는 생각에 항상 공부는 하고 있지만, 아무리 해도 좋은 결과가 나오지 않아서 어떻게든 급제하고 싶어서 초조해하고 있는 사람입니다. 듣자 하니 속설에 까치가 집 남쪽에 있는 나무에 둥지를 틀면 반드시 좋은 일이 있다고 해서 지금부터 십여 년 전에 이를 생각해서 나무 한 그루를 심어 두었습니다. 이미 나무는 충분히 자랐지만 지금까지 한번도 까치가 둥지를 틀지 않아서 어떻게든 둥지를 틀게 하려고 마음먹고 있었습니다만 어떻게 해도 둥지를 틀지 않았습니다. 그래서 오늘 밤 늙은 아내를 데리고 나와 하다못해 까치 흉내라도 내보려고 몰래 사람들이 다니지 않는 시간을 노려서 이제 막 둥지를 만들기 시작하던 참이었습니다. 정말 부끄럽습니다만 그런 이유로."

노인은 실로 부끄러워하면서 그렇게 머리를 긁적거리며 이야기하고 있었습니다.

그리고 노인은 말을 이어서

"정말 부끄러운 일이니 아무쪼록 저희들만의 비밀로 삼고 절대 다른 사람들에게는 새어나가지 않도록, 실례되는 외람된 부탁이지만 부디 이것만은 들어주시길 부탁드립니다."

그렇게 말하며 난처해하고 있었습니다.

"아니 아니, 그것은 절대 걱정할 필요 없습니다. 정말 사람의 운명은 한 순간에 바뀌는 것이로군요. 언제 어떻게 변할지, 오늘은 불행에 둘러 쌓여 있어도 내일은 돌변해서 행복해지지 않는다고도 할 수 없지요. 무엇보다 인간이라는 것은 솔직함이 제일입니다. 그저 성실하게만 살아간다면 반드시 하늘의 은혜는 찾아 올 것입니다. 자 그러니 당신도 게으름 피우지 말고 면학을 계속하는 것이 좋을 것이오."

어쩐지 의미심장한 말씀을 남기고 자리를 떠나셨습니다.

그리고 그 다음날 또 다시 임시 과거의 명을 내리셨습니다. 그리고 그 출제된 주제를 보니 '까치사람(人鵲)'이라는 좀처럼 보기 힘든 주제였습니다. 물론 어젯밤 까치 흉내를 내던 노인도 과거에 응시하고 있었는데, 그 주제의 의미를 확실하게 알 수 있었습니다. 게다가 궁으로 돌아갈 때 남기신 말씀의 의미도 알게 되어서, 그 모든 것들에 격려를 받으며 실로 술술 써내려 갔습니다.

다른 많은 사람을 둘러보니 전혀 예상치도 못한 주제에 그저 어리둥절해 하며 말도 없이 완전히 얼이 빠진 것 같았습니다.

임금님께서 마음속에 정하신 바가 있는 듯한 표정으로 많은 답안을 하나하나 살펴보니 어제 만난 노인의 것이 확연하게 빛나며 눈에 들어왔습니다.

"이것이다. 이것이야."

라고 기뻐하시며 곧바로 수석 급제의 소식을 알렸습니다. 물론 노인의 기쁨은 이만저만한 것이 아니었습니다. 오랜 소원이 하루아침에 이루어 져서 그 뒤로는 행복한 나날을 보내게 되었습니다.

32. 한겨울의 딸기寒中のいちご

옛날 어느 시골 마을에 그다지 좋지 못한 군수郡守가 있었습니다. 군수라는 것은 일본의 군장郡長과 같은 것입니다.

이 군수는 실로 변덕스러운 자로 언제나 항상 아랫사람들에게 무리한 일만 시켜서 아랫사람들을 상당히 힘들게 했습니다. 지금이야 아무리 깊은 산속에 들어가도 그런 일은 없습니다만, 어쨌든 옛날 옛적의 일이었기 때문에 지위가 높은 사람일수록 자기 마음대로 행동하는 것이 실로 아무렇지 않았던 것입니다.

어느 해 겨울의 일이었습니다. 군수는 그 군에서 제일가는 좌수座首[1]에게

"여봐라. 그대는 내일 딸기를 따서 등청登廳하거라. 만약 이 명을 어긴다면 가만 두지 않겠다."

그렇게 말하고 피할 수 없는 명령을 내렸습니다.

원래 상관의 명령은 도저히 어길 수 있는 것이 아니었지만 특히 그 좌수는 각별히 온순한, 정말 솔직하고 착실한 사람이었기 때문에 그저 그 명을

1 조선 시대 지방의 자치 기구인 향청鄕廳의 우두머리.

받들어 물러날 수밖에 없었습니다. 하지만 추운 겨울에 딸기 같은 것이 있을 리가 없어 그저 망연자실하며 집으로 돌아왔습니다.

아무리 생각해 봐도 어찌 할 방도가 없어 그저 기운 없이 있었습니다.

좌수의 집은 갑자기 어둠에 뒤덮인 것처럼 완전히 침울해졌습니다. 좌수는 집에 돌아와서 누구에게도 아무것도 말하지 않고 그저 생각에 잠겨 있었습니다. 그러자 이를 눈치챈 가족들은 아무래도 뭔가 걱정거리가 있는 것이냐며 다같이 물어봤습니다. 그러나 좌수는 입을 다물고 그저 파랗게 질린 얼굴을 하고 있었습니다. 결국 그날 밤은 밥도 먹지 않고 조용히 누워 있었습니다.

좌수에게는 열 살이 되는 아이가 있었습니다. 한층 민감한 아이는 아버지의 심상치 않은 모습을 이미 알아차리고 있었습니다.

"아버지, 왜 그래요? 왜 잠자코 있는 거예요? 재미있는 옛날이야기를 해 줘요."

아이는 그런 말을 하면서 졸랐습니다. 무엇인가 불안한 걱정거리에 쌓여 있는 것은 눈치채고 있었지만 그것을 어떻게 물어보면 좋을지 몰라서

"아버지, 왜 그래요? 왜 그러는 거예요?"

그저 그 말만을 되풀이하며 아버지의 근심거리를 함께 대단히 걱정하고 있었습니다.

너무나 기특하게 마음을 쓰고 있었기 때문에 아버지는 결국 아이에게 털어놓고 말았습니다.

"딸기란다. 아버지는 딸기를 내일 가지고 가지 않으면 군수님에게 혼나게 된단다. 아버지는 큰일났단다. 군수님이 반드시 딸기를 따오라고 분부를 내리셨으니."

천천히 듣고 있던 아이는 잠시 놀라 눈을 크게 뜨고 있다가

“아버지 아버지. 그런 건 별일 아니에요. ……제가 군수님께 다녀 올게요. 내일, 내일 아침에.”

실로 자신만만하게 말했기에 좌수는 조금 안심이 되었지만 좀처럼 불안감은 사라지지 않았습니다.

그러나 자기 자식의 말에 왠지 마음이 움직인 아버지는 다짐하는 것처럼 그래도 뭔가 좋은 생각이 있지 않을까 하고 생각하며, 어떻게든 아버지를 믿어 주기를 바라고 조금이라도 도움이 되는 구원의 손길에 매달리고 싶은 기분으로

“별 일 아니라니! 너는 어떻게 그것을 찾아낼 것이냐? 어디 있는 곳이라도 알고 있는 것이냐?”

전혀 방법이 없지만 그래도 희망을 가지고 이런저런 상상을 하면서 아이에게 묻고 있는 것이었습니다.

“아니요. 아무것도 아니에요. 제가 아버지 대신 군수님에게 다녀 오겠습니다. 아버지, 안심하고 있어요. 정말로.”

“안심하라고 해도 나는 도저히 안심할 수 없구나. 어떻게 한다는 것이냐? 어디 있는 곳을 알고 있는 것이냐?”

완전히 다른 계절인 한겨울에, 아무리 생각해도 생각의 여지가 없는 불합리한 일이었습니다. 하지만 아버지는 어딘가에 딸기가 열려 있어서 아이가 어딘가에서 그것을 보고 알고 있는 것인가 하며, 마치 아이 같은 상상을 펼치며 그것을 이상하게 여기지도 않았습니다.

다음날 아침이 되었습니다. 어찌되었든 다녀오겠다고 하니 우선 아이를 군수에게 보내기로 했습니다.

아버지는 어린 아이가 서둘러 나갔기 때문에 그 기특한 모습에 저절로 기운이 났습니다.

아이는 군수에게 가서는

“군수님. 저는 아버지 대신 왔습니다. 아버지는 말이에요, 어제 딸기를 따러 갔지만…….”

거기까지 말하자 군수는 너무나 기특한 아이의 이야기에 감탄하며

“음, 그렇구나. 그래서?”

“저희 아버지는요. 딸기를 따러 가서요. 독사에게 물려서 죽을 거 같아요. 계속 누워 있어서 어떻게 할 수가 없어서 내가 온 거예요.”

흥미롭게 듣기 시작했던 군수의 이마에는 점점 두꺼운 주름이 생기기 시작했습니다. 그리고 대단히 어두워진 얼굴에 분노가 맴돌기 시작하더니 마침내 화를 내고야 말았습니다.

"바보 같은 녀석. ……이런 한겨울에 어디에 뱀이 있다는 것이냐? 잘도 거짓말을 했구나. 무례한 녀석. 무례한 놈."

머리카락까지 곤두세우며 화내고 있었지만 아이는 실로 태평한 얼굴로, 조용히 이거다 싶은 표정으로

"그러니까 어딜 가도 딸기 같은 것도 없어요."

라고 딱 잘라 말하고는 재빨리 돌아왔습니다.

아버지는 그 이야기를 듣고 아이의 꾸밈없는 지혜에 감탄했습니다. 그리고 안심했습니다. 군수는 그 뒤로는 더 이상 무리한 명령은 절대 하지 않게 되었다고 합니다.

33. 풍수선생의 세 아들風水先生の三人兄弟

1

경성京城에 묏자리를 잘 보는 할아버지가 한 명 있었습니다. 할아버지는 점점 나이가 들면서 그 실력이 점점 좋아졌습니다. 이 사람 저 사람 가릴 것 없이 할아버지를 풍수선생風水先生이라 부르며 묘지를 정할 때 봐달라며 찾아왔습니다.

풍수선생이라는 것은 묘의 위치가 좋은지 나쁜지를 점쳐서 아무 탈이 없는 곳을 정해 주는 사람을 말하는 것입니다.

만약 나쁜 위치에 묘를 만들면 병자가 생기거나 자손에게 불행이 계속되며 그 밖에도 여러 불길한 일들이 일어난다고 합니다. 그래서 이 지방에서는 불행한 일이 생기면 가장 먼저 묘의 위치를 정하는 것이 무엇보다 큰 일이었습니다. 모든 집이 예의를 잘 갖춰서 풍수선생에게 묏자리를 봐 달라고 부탁했습니다.

묏자리 보는 할아버지는 벌써 일흔 고개를 넘기어 남은 날이 얼마 없는 나이가 되었습니다.

할아버지에게는 세 명의 자식이 있었습니다. 그런데 이 자식들에게는 묏자리 보는 기술은 전수하지 않고, 집이 제법 부유했기 때문에 그저 학문을 닦게 하고 있었습니다.

세 자식들은 점점 성장하면서 아버지의 앞날이 걱정되기 시작했습니다. 이제 곧 아버지의 묘도 정하지 않으면 안 된다는 생각에, 아버지가 살아있는 동안 아버지의 마음에 드는 곳을 골라두게 해야겠다고 생각했습니다.

그래서 세 형제는 함께 의논하여 어느 날 아버지에게 물어보았습니다.

"아버지도 이제 제법 연세를 드셔서 저희들도 정말 걱정하고 있습니다. 아버지가 가장 마음에 드는 곳을 저희들에게 말씀해 주시면 좋겠습니다. 만약 가르쳐 주신다면 어떤 산 꼭대기라도 깊은 계곡이라도 결코 저희는 싫어하지 않겠습니다. 반드시 그대로 하겠다고 마음먹고 있습니다."

그렇게 말하며 세 형제가 이구동성으로 물어보았지만

"기다려, 기다려라. 내 마음속에는 확실히 정해져 있으니 자 조용히 하거라. 아직 너희들에게 이야기해 둘 때가 아니란다."

그렇게 말하며 아버지는 좀처럼 말을 하지 않았습니다.

한 해 두 해가 지나는 동안, 아버지의 나이는 점점 많아지고 이제 그 끝이 보이게 되었습니다.

그래서 자식들은 가끔씩 물어보았지만 언제나 언제나

"기다려, 기다려라."

라고 말할 뿐, 결코 가르쳐 주지 않았습니다.

그리고 어느 해의 가을이 되었습니다. 이제 곧 겨울도 얼마 남지 않아서, 내려앉은 서리도 두텁고 지상의 모든 것들이 말라버리는 계절이 되었습니다. 자식들은 아버지의 모습을 보고 이제 이번 겨울을 넘길 수 없겠다고 생각했습니다. 그래서 이번에는 억지로라도 들어야겠다는 마음으로 한 목

소리로 물어보았습니다. 그러자 아버지는

"내 묘는 내 입으로는 말하지 않겠지만 내가 죽은 뒤에, 내 가장 친한 친구에게 말해 놓을 테니까 그 친구에게 가서 물어보거라. 그러면 금방 알 수 있을 게다."

그렇게 말하고 결코 말해 주지 않았습니다.

그러는 동안 얼마 지나지 않아 아버지가 돌아가시게 되었습니다. 세 형제는 대단히 슬픈 날들을 보냈지만 그보다도 더 중요한 것은 아버지의 시신을 묻을 장소였습니다. 당장 아버지가 살아생전에 알려준 친구의 집을 찾아갔습니다. 그리고 잘 알 수 있게 설명을 하면서 물어보았습니다.

"아버지께서 유언으로 이렇게 말하고 돌아가셨습니다만 아버지의 묏자리는 어디로 하면 좋겠습니까? 제발 가르쳐 주십시오."

"그것은 제가 잘 기억하고 있습니다만, 꽤나 어려운 일이라서 제가 말씀드려도 그곳으로 결정하는 것은 아무래도 어려울 것 같습니다만."

"아닙니다. 아버지의 말씀이라면 저희들은 어떤 일이라도 꼭 따르고야 말겠다고 생각하고 있습니다. 설령 호랑이가 사는 동굴이라도, 이무기가 숨어있는 깊은 연못이라도, 세 사람의 힘을 합친다면 이룰 수 없는 것은 없으니 부디 가르쳐 주십시오. 말씀만 해 주신다면 반드시 반드시 그대로 아버지의 뜻대로 하고 싶습니다."

그렇게 말하며 포기하지 않았습니다.

그러자 그 분은 조용히 말했습니다.

"아니 다름이 아니라 제가 들은 곳에 묘를 만들면 세 형제 분들이 모두 불행에 빠지게 된다는 이야기입니다. 말씀드릴 것은 이것입니다."

그 사람은 다시 이야기를 정리하면서

"만약 제가 말씀 드리는 곳에 묘를 쓰게 된다면 큰형님께서는 아버님의 장례식 다음 날에 돌아가십니다. 그리고 이에 이어서 둘째 동생분께서는 아버지가 돌아가시고 100일째 되는 날에 갑자기 이 세상을 떠나시게 될 것입니다. 그리고 딱 1년째가 되면 셋째 동생분께서 돌아가실 것입니다. 그래도 조금도 마음에 걸리는 것이 없으시다면."

하고 다짐하듯이 말했습니다.

아버지의 친구분도 그 정도로 분명히 딱 잘라 말할 정도로, 묏자리를 보는 능력이 대단히 뛰어난 분이었습니다.

그것을 들은 세 형제는

"그렇게 심한 불행이 계속해서 일어나는 건 어찌된 영문입니까? 전혀 행복해지지 않는 겁니까? 그것은 또 어찌된 영문입니까? 그렇게 불행해진다면 어르신을 번거롭게 할 필요는 없다고 생각합니다만."

장남이 그렇게 말하며 물어보자

"그것에는 깊은 사연이 있습니다. 제가 말씀 드린 대로 하신다면 세 형제분 모두 그렇게 빨리 이 세상을 떠나게 되지만, 그 대신 여러분의 가문에서 세 명의 유명한 인물이 나와 대신大臣의 자리에까지 오를 것입니다."

그렇게 묘하게 자신만만한 어조로 대답했습니다.

2

그 이야기를 들은 세 형제는 이것은 분명 자신들의 진심을 확인하려는 장난에 지나지 않는다고 생각하고 자신 있게 대답했습니다.

"저희들이 죽은 뒤에 어떻게 그런 대신이 태어나겠습니까? 그것은 아무래도 상관없지만 저희들은 꼭 아버지의 뜻을 이루어드리고자 하니, 지금 말씀하신 곳으로 정하고 싶습니다. 부디 그렇게 하게 해 주십시오."

그렇게 말하며 확신을 가지고 다짐했습니다. 특히 막냇동생의 눈빛은 두려울 정도로 번쩍거렸으며 그 장소를 물었습니다.

결국 그 분이 가르쳐준 대로 장례를 치르고 모든 일을 마쳤습니다.

다음 날이 되자 실로 신기하게도 맏형이 어떤 병인지도 모르는데 한동안 괴로워하더니 그대로 죽어 버렸습니다. 어머니의 놀라움과 부인의 슬픔은 이만저만한 것이 아니었습니다. 그러나 그보다도 더 마음이 불안한 것은 남겨진 두 형제였습니다. 이렇게 틀림없이 마지막까지 그분의 예언대로 이루어 질지도 모른다고 생각하니 더 이상 견딜 수가 없었습니다. 자신이 죽는 날이 확실히 정해져 있는데 그날까지 살아있지 않으면 안 된다는 것은 당사자들에게는 뭐라 말할 수 없는 기분이었습니다.

어쨌든 또 다른 장례를 치르고 쓸쓸한 하루하루를 보냈습니다.

세월은 실로 빠르게 지나가 아버지께서 돌아가시고 백 일째가 되었습니다. 이어서 맏형이 죽은 백 일째도 오기 때문에 집안 분위기는 한층 더 가라앉아 있었습니다. 불단에 향을 피우고 불경을 읽다 보니 돌아가신 아버지와 형에 대한 기억이 선명하게 되살아났습니다. 어머니와 맏형 부인의 슬픔은 보는 사람의 마음을 아프게 할 정도였습니다.

그러나 둘째 형의 남모르는 고민도 이만저만한 것이 아니었습니다. 그런데 갑자기 이번에도 뭔지 모를 병에 걸려 기절해 버렸습니다. 아무리 손을 써도 조금도 듣지 않더니 그대로 숨이 끊어져 버렸습니다.

너무나 기이한 일에 어머니도 맏형의 부인도 둘째 형의 부인도 그저 기가 막히고 놀랄 뿐 아무 말도 할 수 없었습니다. 이 일을 마음속 깊이 숨기고 있던 것은 막내뿐이었기 때문에, 이런저런 일들을 생각하며 이제 도저히 참을 수가 없었습니다. 이미 맏형도 둘째 형도 죽어 버린 이상, 이번에는 자신의 차례라는 것을 분명하게 알고 있었습니다. 그렇지 않아도 마음이 불안한데 1년 뒤에는 자기도 두 형들처럼 되어 버린다고 생각하니 도저히 그 불안감을 견뎌낼 수 없었습니다.

그래서 결국 어머니와 형들의 부인에게 모든 자초지종을 이야기했습니다.

그것을 들은 남겨진 사람들은 그저 슬픔에 목메어 울 수밖에 없었습니다. 그러나 그렇게 있을 수만은 없었기 때문에 남은 의례를 모두 마치고 무덤에 묻는 일까지 끝냈습니다. 그리고 남은 목숨이 아홉 달로 정해진 막냇동생도 3명의 과부와 함께 매일매일 헤아릴 수 없는 슬픔을 맛보며 하루하루를 보낼 수밖에 없었습니다.

3

50년, 60년을 살아도 하루를 더 살고자 바라는 것이 이 세상의 이치인데, 수명이 단지 200여 일로 정해져 있는 막냇동생의 모습을 보면 그 어머니도 어쩔 수 없이 막내와 같은 심정이 되어 버렸습니다. 무엇을 봐도 동생을 둘러싼 모든 것들은 쓸쓸한 그림자에 몇 겹이나 둘러 쌓여 있었습니다. 그러나 그것을 어떻게 구해 줄 방법도 없어서 그저 그대로 내버려둘 수밖에 없었습니다.

그러던 어느 날 막내가 이런저런 궁리 끝에

"어머니, 저는 이미 앞날이 정해져 있어서 이렇게 있어도 어찌할 바를 모르겠습니다. 게다가 저 혼자라면 아무렇지 않지만, 이렇게 언제나 걱정해 주시는 어머니를 눈 앞에서 보고 있자니 저도 도저히 견딜 수가 없습니다. 그리고 어머니께도 송구스런 마음뿐이니 조금이라도 저를 잊어 주셨으면 하는 마음에 아버지의 기일까지 얼마간 여행을 다녀 오고자 합니다. 혹시 살아있다면 돌아올 것이고, 그대로 돌아오지 않는다면 그날을 저의 기일로 생각해 주십시오. 무엇보다 지금은 이렇게 그날이 다가 오는 것을 세면서 스스로 괴로워하는 것뿐만 아니라 어머니께도 걱정을 끼쳐드리는 것을 참을 수 없으니 부디 여행을 보내 주세요."

그렇게 말하며 진심을 담아 어머니에게 부탁했습니다.

어머니도 그 말을 듣자 슬픔에 가슴이 찢어지는 듯 했지만, 그렇다고 해서 어쩔 방도도 없었기 때문에 눈물을 삼키며 그 부탁을 들어주었습니다.

그렇게 되자 막내는 단단히 각오를 다지며 여행 준비를 했습니다. 드디어 날을 정해 목적지도 없는 저승을 향한 여행길에 올랐습니다.

하루하루 여행을 계속해 가는 동안에 점점 낯선 마을로 들어갔습니다. 그리고 벌써 며칠이나 여행을 계속했습니다.

그러던 어느 날, 길이 고개를 향해 뻗어 있었습니다. 그 산을 척척 올라가자 이미 해가 지기 시작했는데 아무리 가도 사람 사는 집이 나오지 않았습니다. 그렇지만 달리 방법도 없었기 때문에 만약 끝까지 마을이 나오지 않으면 노숙이라도 해야겠다고 생각하며 빨리빨리 걸어갔습니다. 그러는 사이에 해가 져서 걸어가는 길조차 보이지 않고 터벅터벅 내딛는 발 밑도 불안해져서 자칫 발이 걸려서 넘어질 뻔한 적이 몇 번이나 있었습니다.

큰일났다고 생각하면서 계속 터벅터벅 길을 따라가는데 길 끝쪽에 희미하게 불빛이 반짝인 것 같아서 자세히 쳐다보니 그것은 분명히 창문으로 새어 나오는 불빛이었습니다. 막내가 그것에 기운을 내서 간신히 가까이 가서 문을 두드리자 나이 쉰을 넘긴 듯한 할머니가 나와서는 기쁘게 맞아

주었습니다.

“저는 여행 중인 나그네입니다만 산길을 가다 해가 지는 바람에 곤경에 처해서 지금 불빛을 보고 찾아왔습니다. 부디 어떤 곳이라도 괜찮으니 제발 하룻밤 묵게 해 주십시오.”

막내는 정말로 예의 바르게 부탁했습니다.

그 이야기를 들은 노파는 정말로 선량한, 모든 주름마다 사랑을 가득 채우고 있는 듯한 자애 넘치는 표정으로 기꺼이 받아주 었습니다.

들어가 보니 단 한 명. 할머니만 있을 뿐, 그 외에는 누구도 보이지 않았습니다.

당장 이런저런 것들을 준비해서 정말 기분 좋게 다소곳하게 대접해 주는 모습에 오랜만에 고향집의 어머니를 만난 것 같은 기분이 들었습니다. 왠지 마음이 평온해져서 여행에 지친 마음도 풀어놓고 자연스럽게 깊이 잠들어 버렸습니다.

그도 그럴 것이 할머니는 그 주변에서 남 챙겨주기를 좋아하는 걸로 유명한 사람으로, 언제나 언제나 친한 사람들의 아이를 데려와서 잘 챙겨주고 있었습니다.

마침 그날도 오랫동안 돌봐주던 아랫마을 아가씨가 드디어 내일 시집을 가기 때문에 할머니는 지금부터 그 아가씨의 집에 다녀오려던 참이었습니다. 배를 채우는 일이 끝나자

“나는 잠깐 아랫마을에 다녀올 테니까 분명 피곤할 테니 거기 있는 이불이나 베게나 뭐든 필요한 것을 마음대로 꺼내서 푹 쉬시구려.”

그렇게 말하고 나가 버렸던 것입니다.

4

아랫마을 아가씨의 집에서는 내일의 준비를 하느라 야단법석이었습니다.

아가씨는 자신의 일생에서 다시는 오지 않을 빛나는 날에 대해 이것저것 생각하며 여러 가지 마음의 준비를 했습니다. 최소한 미련이 남지 않도록 고개에 사는 할머니와 마지막 인사를 나누고 오고 싶다는 그것만이 마음에 걸렸습니다. 어린 시절의 즐거운 추억, 그리운 날들을 보낸 추억에 다시 한 번 어리광을 부리고 매달리고 싶다는 그 생각만이 마음을 떠나지 않고 있었습니다.

그래서 해가 어둑어둑하게 지기 시작했을 무렵에 집을 출발해서 할머니에게 작별인사를 하고 오려고 생각하고 있었지만 도저히 나갈 수가 없었기에 결국 꽤 늦은 시간이 되어서야 용기를 내서 찾아갔습니다. 이미 그때는 할머니도 작별인사를 하려고 집을 나와 내려가고 있었지만 어디에서 엇갈린 것인지 운 나쁘게도 길이 어긋나 버렸습니다. 숨을 헐떡이며 할머니의 집에 도착했습니다.

침침한 호롱불에 의지해서 온돌방 앞에 도착하자, 밤길을 더듬어 온 긴장된 마음도 한 순간에 풀리고 기쁨에 가득 차서 문을 열자마자 동시에 아무 말도 하지 않고 방 안으로 들어갔습니다.

결국 그 곳에 할머니가 없는 것을 알게 된 것은 꽤 시간이 지난 뒤였습니다.

막내가 무슨 일인가 싶어 눈을 뜨고 살펴보자, 그것은 할머니가 아니라 아름답고 아름다운 아가씨였던 것입니다.

신기하게 만나게 된 둘은 마치 지금까지 기다려온 것처럼 피할 수 없는

운명의 손에 이끌려 조신하게 이야기를 나누며 밤을 새웠습니다.

막내가 하는 이야기를 듣자 그 이야기에 깊고 깊이 빠져들어서, 아가씨는 아무 도움도 줄 수 없지만 그저 조금이라도 힘을 보태고 싶다고 마음속으로 단단히 결심을 하고 있었습니다.

높은 신분의 집에 태어나서 실로 고결한 가풍 속에서 자란 아가씨는 신의 계시로 말을 주고받게 된 막내를 버리고 설령 누가 정해 두었다 하더라도 내일 다시 화려한 결혼식을 올리겠다는 생각은 하지 않았습니다. 이렇게 된 바에는 정말 순수하게 그저 괴로움으로 인해 여행을 계속하며 헤매고 돌아다니는 막내를 위해 힘을 보태주고 싶다고, 만족스럽지 못하다는 것은 잘 알고 있지만 이렇게 만나게 된 막내를 버리고 멀리 화려한 정원을 찾아가겠다는 마음은 없었습니다.

더할 나위 없는 지상의 아름다운 하룻밤을 보내자, 막내는 그대로 눈을 뜨지 못하는 몸이 되어 있었습니다. 그리고 점점 차가워질 뿐이었습니다.

손꼽아 세어 보니 마침 그날 아침이 아버지가 돌아가신 지 100일째 되던 날이라는 것은 실로 또 한 번 신기한 일이었습니다.

5

아가씨는 그 사정은 잘 알고 있었지만 아무 말 없이 이 세상을 떠나 버린 막내의 시신을 보자 참을 수 없는 슬픔은 어쩔 수가 없어 그저 하염없이 울고 있을 뿐이었습니다. 한편 그것을 알게 된 아가씨 아버지의 분노는 이만저만한 것이 아니었습니다.

그러나 아가씨는 계속 잘못을 빌며

"제발, 아버지, 이렇게 된 이상 세상을 떠난 이 불쌍한 사람을 위해서 일생을 바칠 수 있게 해 주세요."

그렇게 말하며 진심을 담아 빌고 있었습니다.

아버지는 처음에는 대단히 화를 냈지만 딸의 갸륵한 마음을 생각하자 어느 샌가 용서하고 결국 어쩔 수 없다고 포기해 버렸습니다.

그래서 아가씨는 이제 시신이 되어 버린 막내의 몸을 수습하여 멀리 경성으로 길을 떠났습니다.

많은 산과 강을 넘어 찾아갔더니 어머니의 놀라움은 이만저만한 것이 아니었습니다.

날을 세어보니 아버지의 1주기는 이미 지나 버렸는데 어찌된 일인가 하면서, 아침저녁으로 바람이 불 때마다 비가 올 때마다 걱정을 하고 있었던 것입니다. 혹시나 살아 돌아오지는 않을까, 틈만 나면 멀리부터 이어지는 집으로 오는 길에 자신도 모르게 마음을 빼앗겨 어느 샌가 바라보고 있는 날이 며칠이나 계속됐습니다.

그날도 평소처럼 멀리서부터 이어지는 길을 바라보고 있었는데, 특이한 상여와 일행들과 가마가 오기에 이게 무슨 일인가 싶어 의아해하며 눈을 떼지 않고 있었습니다. 그런데 과연 우리 집 문으로 들어오기에 혹시 막내가 아닌가 생각했던 것입니다. 마침내 아가씨에게 온정 넘치는 이야기를 듣고 보니 어머니는 한편으론 기쁜 마음이 들어서 그저 행복해했습니다. 아직 어른이 되지 못한 막내의 죽음을 이렇게 불쌍히 여겨 주었기에, 이런저런 이야기를 들으면서 그 아가씨의 정이 넘치는 마음씨에 어느 샌가 마음을 빼앗겨 자기가 낳은 자식처럼 구애될 것 없이 함께 이야기를 주고받고 있었습니다.

두 형들의 부인도 그 아가씨의 상냥함에 감탄하여 네 과부는 세상에서 보기 드물게 사이 좋게 지냈습니다. 그리고 이제는 세상에 없는 남편의 영혼을 애도하기 위해 정성을 다하고 있었습니다.

그러는 사이에 신의 가호로 아가씨는 어느 샌가 임신을 하게 되었습니다. 드디어 달이 차자 어느 날 밤, 뭐라고 표현할 수 없는 반짝이는 구름이 둘러싸는가 싶더니 옥처럼 아름다운 사내아이가 태어났습니다. 곁을 지키고 있던 사람들이 기뻐하며 들어 올리자, 이어서 또 한 명, 또 한 명, 결국 세 명의 사내아이가 한꺼번에 태어났습니다.

여자들만 있던 집에 사내아이가 한꺼번에 세 명이나 태어난 것이 얼마나 경사스러운 일인지, 온 집안은 그저 기쁨으로 가득 차 있었습니다.

어머니는 막내에게 들은 이야기를 가만히 떠올렸습니다. 이것이야 말로 위대한 힘을 가진 아이들이 틀림 없다고 생각하며 정성을 다해 길렀습니다.

그러자 점점 성장하면서 이 세상에서 찾아보기 힘든 뛰어난 면모들을 보이기 시작했습니다. 하나를 들으면 열을 안다는 것은 이 세 명의 아이들의 이야기였습니다.

마침내 어른이 되자 아닌 게 아니라 세 명 모두 연달아 나라의 대신이 되었습니다.

34. 세 개의 구슬三つの珠

1

옛날 어느 시골마을에 몹시 가난한 남자가 있었습니다. 그 남자는 그 무엇보다도 돈이 가지고 싶어서 밤이나 낮이나 돈만 생각하고 있었습니다.

"아, 부자가 되고 싶구나. 아아, 부자가 되고 싶어."

그런 말을 입버릇처럼 하고 있었습니다. 어디에서 누군가를 만나도, 사람을 만나기만 하면

"어때? 돈벌이가 될 만한 일은 없어?"

그런 말만 하고 한시라도 돈을 생각하지 않는 때는 없었습니다. 그러던 어느 날 밤의 일이었습니다. 그 남자가 낮의 피로로 푹 잠이 들어서 완전히 기분 좋은 상태가 되었는데, 그때 어디선가 백발의 신령님이 나타나서 말하기를

"너는 항상 돈이 가지고 싶다, 돈이 가지고 싶다고만 떠들고 있는데, 대체 너는 그렇게 돈을 가지고 무엇을 할 셈이냐?"

"그게 저는 딱히 제가 사치를 부릴 생각은 없습니다. 그저 가난한 사람에게 마음껏 자비를 베풀고 싶을 뿐, 그것만이 제 작은 소원이옵니다."

라고 정말로 천연덕스럽게 말했기 때문에 신령님도 그것이 정말이라고 생각하셨습니다. 사람을 의심하는 일은 한 번도 해 본적이 없는 신령님이었기에 간단히 믿어 버렸습니다.

"그렇다면 네 소원을 이루어 줄 테니, 가능한 만큼 지금 네가 말한 것처럼 무엇보다 어려운 사람들에게 자비를 베풀도록 하여라."

"네, 절대 거짓말 같은 건 하지 않습니다. 혹시라도 거짓이라면 어떤 벌이라도 받겠습니다."

남자는 그런 말을 하며 단단히 약속했습니다.

그러자 신령님은 세 개의 구슬을 꺼내시더니 그것을 하나하나 집어 들며 말했습니다.

먼저 금색 구슬을 들더니 그것을 보여주시며

"이것은 '전생주錢生珠'다. 이것을 쥐고 흔들면 금화든 은화든 네가 원하는 만큼 나올 것이다. 그러니 원할 때 꺼내도록 하여라. 그러나 너의 마음가짐 하나로 어떻게 변할지도 모른다. 조심하도록 하여라."

이번에는 녹색 구슬을 꺼내시고는

"이것은 '곡생주穀生珠'다. 이것을 흔들기만 하면 얼마든지 곡물이 나올 것이다. 쌀이든 채소든 무엇이든 원하는 만큼 나올 것이다. 그러나 이것도 주의하지 않으면 변덕을 부릴지도 모른다."

그렇게 다 말하고 이번에는 거무스름한 보라색 구슬을 꺼내

"그리고 이것은 '여사주汝死珠'다. 이것을 손에 들고 누구든 손가락으로 가리키며 '너 죽어라.'라고 말하면 그 사람은 그 자리에서 죽는다는 실로 무서운 구슬이다. 그러니 이것은 더더욱 함부로 다루지 않도록 깊이 주의하지 않으면 안 되느니라."

그렇게 말하고 세 개의 구슬을 꺼내 건네준 순간, 펑하고 사라지더니 어디론가 사라지고 말았습니다.

남자는 하나하나 받으면서 매우 기쁘게 생각했지만 한편으로 무서운 마음도 들었습니다. 특히 마지막에 자수정처럼 반들반들한 구슬을 손에 들었을 때는 이상하게 오싹했던 것이었습니다. 그러나 어찌되었든 자신의 생각대로 돈이나 여러 가지 것들을 얻을 수 있었기에 덩실덩실 춤을 추며 기뻐하고 있었습니다.

너무 기쁜 나머지 흥분해 버리는 바람에 잠에서 깨 버렸습니다. 눈을 떠보니 지금 있었던 일은 전부 꿈 같은 기분이 들어서 참을 수가 없었습니다. 그러나 베갯머리를 보자 분명히 세 개의 구슬이 있었기에 역시 그것은 사실이었습니다.

남자는 그대로 아침까지 자 버렸습니다. 아침에 일어나보니 역시 아무래도 꿈인 것 같은 기분이 들었지만 구슬은 그곳에 잘 있었기에 그것은 거짓이 아니었습니다.

2

남자는 그 구슬을 볼 때마다 즐거워했습니다. 그리고 그날부터 여러 가지 물건을 나오게 해 보았습니다. 돈도 쌀도 채소나 여러 가지 곡물까지 원하는 것은 전부 나왔습니다. 그래서 순식간에 부자가 되어 버렸습니다.

그런데 그렇게 되자 처음에 신령님께 빌었던 당시의 마음은 어디론가 사라지고, 그저 자기만 생각하고 가난한 사람이나 어려움에 처한 사람 같은 건 전혀 생각하지 않게 되었습니다. 그렇게 되자 금색 구슬에서도 녹색 구슬에서도 전처럼 많은 양은 나오지 않게 되었습니다.

게다가 마을 사람들에게도 점점 미움을 받게 되었습니다. 돈이 없던 시절에는 이런저런 이야기를 하면서 이웃집이 듣기 좋은 말들을 했었는데, 자신이 부자가 되자 이제는 돌아보지도 않게 되었습니다.

그러던 어느 날의 일이었습니다. 심하게 바람이 부는 날, 남자의 집에 갑자기 불이 나서 집이고 뭐고 할 것도 없이 전부 타 버렸습니다. 그러나 누구 하나 달려와 주는 사람이 없었습니다.

하지만 정말 몽땅 타 버렸기 때문에 이웃사람들은 불쌍히 여기며 이런저런 위로의 말을 건넸습니다. 그러나 남자는 고맙게 여기지도 않고 어처구니 없이 빈정거리며 하며 대꾸하기까지 했습니다. 그리고 타지 않고 남은 세 개의 구슬을 꺼내 보이며

"괜찮아, 나는 이것만 있으면 다시 순식간에 원래대로 만들 수 있으니까."

그런 밉살스러운 말투로 말하고 있었습니다.

그로부터 며칠이 지났습니다. 그러나 그 구슬에서는 아무것도 나오지 않았습니다. 남자는 이미 잔뜩 골이 나서 열심히 흔들어 보기도 하고 손에 쥐어보기도 했습니다. 그러나 역시 아무것도 나오지 않았습니다.

그때 마을 사람들이 찾아왔습니다. 그 아름다운 구슬을 보자 이런저런 것들을 물어 보았습니다. 그러자 남자는 하나하나에 대해서 대단히 거드름을 피우며, 이미 돈도 쌀도 나오지 않게 되었지만 잔뜩 나온다면서 이야기하고 있었습니다.

그렇게 이야기하고 있는 중간에 마을 사람이 검은 구슬을 집어 들고

"이것에서는 무엇이 나오는 겁니까?"

그렇게 물어보자

"아아, 이거? 이것은 매우 무서운 구슬이지. 이것을 쥐고 누구든 가리키며 '너 죽어라.'라고 말하면 즉시 죽게 되는 거야. 그야말로 무서운 구슬이지."

그렇게 말하며 잘난 척 설명했습니다. 잠자코 듣고 있던 마을 사람들은 또 허풍을 친다고 생각해서

"어디어디 잠깐 줘보게. 과연 무겁기는 무거운데. ……또 놀리려는 것은 아니겠지?"

"놀리기는, 정말이야. 그거 진짜라고."

이제 남자는 반쯤 화가 난 상태였습니다.

"너희들은 뭘 몰라서 탈이란 말이야."

아주 잘난 듯이 으스대고 있었습니다.

그러자 마을 사람들은 그럼 정말인가 하는 마음에 그 검은 구슬을 들어 올리면서

"그럼 해 볼까?"

남자를 향해 그렇게 말했는데, 화가 나 있던 남자는

"그래 해 봐. 거짓말 같은 건 하지 않으니까."

그렇게 말하며 끝까지 버티고 있었기 때문에 농담 반으로 그 구슬을 들어 갑자기 남자에게 들이대며

"너 죽어라."

그렇게 말하고 손가락으로 가르친 순간, 남자는 그대로 털썩 그 자리에 쓰러져 버렸습니다.

모처럼 최고의 보물을 가지고 있으면서도 그것을 제대로 쓰지 못하고 죽어 버렸습니다.

35. 가난한 남자의 행운貧しい男の幸福

어느 시골 마을에 서른 몇 살이나 되었지만 아직 아내를 얻지 못한 남자가 있었습니다.

매일매일 일해서 간신히 어머니 한 분과 살고 있었지만 아내를 얻을 수 있을 정도의 돈은 결코 모이지 않았습니다. 그래서 마을 사람들에게도 총각 총각하고 반말로 이름을 불리며 무시당하고 있었습니다.

그러다 나이 많은 어머니가 갑자기 돌아가셔서 어찌할 바를 몰라 힘들어하고 있었습니다. 장례식을 하려 해도 그 비용이 없었고, 묏자리를 알아보려 해도 그러려면 돈이 필요했기 때문에 근심에 잠겨 비틀비틀 집밖으로 나왔습니다. 친척에게라도 가서 부탁해 보려는 생각에 찾아 나섰더니 이미 해가 저물어 버렸습니다. 다리도 아프고 배도 고파서 그 근처의 술집에 들러 한잔 하자마자 그대로 그곳에 쓰러져 쿨쿨 잠이 들었습니다.

그리고 자면서도 어머니의 장례가 걱정되는 듯 잠꼬대를 하기 시작했습니다.

"아아, 나는 이 얼마나 불행한 남자인가. 서른이 넘었는데도 총각, 총각이라고 바보 취급을 당하고, 그건 그렇다 치더라도 어머니의 장례는 어쩐

단 말인가?"

큰 소리로 잠꼬대를 하고 있는데 그 소리를 바로 옆방에서 듣고 있던 할아버지가 있었습니다. 할아버지는 그것을 듣자 불쌍한 마음이 들어서 그 남자가 깨기를 기다렸다가 찾아가 보았습니다.

"어젯밤 당신은 꽤 잠꼬대를 하던데, 그것은 지금 당신에게 일어난 이야기요?"

계속해서 너무 노골적으로 물어봤기에 무심코 머리를 긁으며 머뭇머뭇하면서 이번에는 꿈이나 잠꼬대가 아니라 정말로 불운을 푸념했습니다.

할아버지는 그것을 듣자 그만 가여워져서 이런저런 것들을 가르쳐 줘야겠다고 생각했습니다. 할아버지는 실은 묏자리를 보는 풍수선생이었기에 큰 행운을 찾아오는 곳에 무덤을 만들도록 알려 주었습니다.

"만약 지금 알려준 곳에 묘를 써서 어머니를 묻는다면 반드시 굉장한 일이 생길 것이 틀림없소. 내일 열 시쯤에 장례식을 마치면 분명 열두 시에는 벌써 틀림없이 행운이 찾아올 것이오. 내가 한 말은 정말 틀림없으니 굳게 믿고 그대로 장례식을 하시오."

그렇게 말하며 친절하게 알려 주었습니다.

남자는 할아버지가 자세하게 알려 주었기 때문에 마치 꿈에서 깬 듯한 기분으로 삼배구배三拜九拜[1]하며 감사인사를 하고 그 길로 친척을 찾아갔습니다. 그리고 계속해서 돌아다니며 얼마씩 돈을 받아 간신히 장례를 치를 수 있게 되었습니다. 그래서 오전 열 시까지는 관을 잘 묻고 터벅터벅 돌아왔습니다.

1 삼배의 예와 구배의 예라는 뜻으로 몇 번이고 되풀이해서 경의를 표하는 것.

'열두 시에는 행운이 찾아올 거라고 했는데 어떻게 될까?'라는 생각을 하며 집 근처까지 오니, 맞은편에서 실로 아름다운 한 여인이 훌륭한 비단 보따리를 겨드랑이에 끼고 숨을 헐떡이며 달려왔습니다. 자세히 보니 큰 걱정거리라도 있는지 안색이 완전히 창백했습니다. 남자 앞에 오더니 갑자기 멈춰 서서는

"제발 저를 구해 주세요. 지금 바로 뒤에서 저를 쫓아오고 있으니 부디 도와주세요."

그렇게 말하며 느닷없이 매달렸습니다. 남자는 바로 좋은 생각이 떠올랐습니다. 지금 어머니를 보내드리고 온 상여 안에 몰래 숨겨 주었습니다. 그 여자를 숨겨 주자마자 뒤를 쫓아온 것은 그 여자의 주인이었습니다. 훌륭한 준마에 걸터앉아 손에는 물이 흐르는 것 같은 물결무늬가 있는 시퍼런 칼을 쥐고 있었습니다. 그리고 완전히 새파란 얼굴로 매우 화가 난 듯한 모습으로

"조금 전 이곳으로 부인 하나가 바삐 달려오지 않았습니까?"

그렇게 물어봤습니다. 처음부터 시치미를 뗄 작정이었기에 말도 안 되는 방향을 가리키며

"네, 방금 왔었는데 저쪽으로 쏜살같이 달려가 버렸습니다."

그렇게 말하며 감쪽같이 속여 버렸습니다.

주인은

"고맙소."

그저 그렇게 말하고 채찍을 한 번 휘두르고 기세 좋게 달려가더니 순식간에 어딘가로 사라져 버렸습니다.

부인은 그 주인이 더 이상 보이지 않게 되었을 때를 기다렸다가 상여

안에서 나왔습니다. 그리고 목숨을 구해 준 것에 대해 깊은 감사 인사를 하며

"저는 원래 그 주인을 모시고 있던 몸이었지만 너무나 힘들어서 결국 결심을 하고 여기까지 도망쳐 온 것이옵니다. 그대로 그곳에 있었다면 분명 험한 꼴을 당했을 것이 틀림없습니다. 언제나 언제나 범의 입에서 벗어나고자 했습니다만 어떻게 해도 자유의 몸이 될 수 없었는데, 이번에야말로 마침내 도망칠 수 있었습니다. 이렇게 된 것은 전부 당신의 은혜입니다. 저는, 저는 전혀 의지할 곳이 없는 몸이니 부디 오래도록 거두어 주십시오. 이 큰 은혜에 보답하기 위해서 저도 있는 힘껏 최선을 다해서 뭐든 도움이 되고 싶습니다."

그렇게 말하며 열심히 부탁하고 있었습니다. 남자는 어제 풍수선생이 가르쳐준 행운이 정말 찾아온 것이라 생각하고 매우 겸손하게 그 청을 받아들였습니다.

그러자 부인은 더욱 성의를 다해

"여기 가지고 온 것은 정말 보잘것없는 물건입니다만, 그래도 어느 하나 보물이 아닌 것이 없으니 꽤 값어치가 있을 것입니다. 그리고 얼마간의 돈, 이것도 그리 많지는 않습니다만 당신을 평생 부양하기에는 그리 부족하지는 않을 것입니다. 부디 이것들을 받아 주십시오."

그렇게 말하며 건네 주었습니다.

남자는 생각지도 못한 행운을 잡고는 그 뒤로 아무런 부족함 없이 아름다운 신부와 함께 안락하게 살았다는 이야기입니다.

36. 은혜 갚은 두꺼비 蟾蜍の御恩返し

1

옛날 어느 시골에 장님이 한 사람 있었습니다. 매우 가난해서 그날그날 생활하는 것도 힘들었습니다. 그러나 딸이 하나 있어서 그 딸이 일을 해서 어떻게든 살아갔습니다. 일을 한다고 해도 딸은 아직 나이도 차지 않은 어린 아이였기 때문에 정해진 일을 하고 그 보수를 받는 것은 아니었습니다. 그저 사람들의 정으로 두 부녀의 목숨을 이어가고 있었던 것입니다.

어머니를 일찍 여의고 아버지는 갑자기 장님이 되어 버렸기 때문에 그 딸은 어렸을 때부터 상당히 많은 고생을 겪고 있었습니다. 그렇지만 조금도 삐뚤어지지 않고 아주 바르게 자랐습니다.

아버지가 하는 말은 어떤 말이라도 듣지 않은 적이 단 한 번도 없었습니다. 언제라도 얌전히 따르고 있었습니다.

그러던 어느 날, 아버지와 둘이서 변변치 않은 밥상을 둘러싸고 그래도 즐겁게 밥을 먹고 있는데, 어디서 왔는지 방 안에 펄쩍펄쩍 하고 두 손으로 땅을 짚으며 뛰어온 것이 있었습니다. 뭔가 하고 보니 누런 몸의 두꺼비였는데 뭐라 형용할 수 없는 쓸쓸한 표정으로 꽤 굶주린 것 같은 모습이었습

니다. 이것은 분명 배가 고픈 것이라는 생각에

"자, 두꺼비님. 이것을 드세요."

그렇게 말하고 젓가락으로 밥을 조금 떠서 그것을 두꺼비의 코앞에 놓아주었습니다. 그러자 두꺼비는 양손을 모으고 마치 절이라도 하는 듯한 자세로 기쁘게 감사 인사라도 하나 싶더니, 실로 행복해하며 먹어 치웠습니다.

그때부터 항상 식사 때가 되면 찾아왔습니다. 그때마다 밥을 조금씩 나누어 주었습니다. 그러는 사이에 밥 때를 확실하게 기억하고는 자주 찾아왔습니다.

딸은 어느 샌가 두꺼비가 오는 것을 기다리게 되었습니다. 그리고 어느 샌가 귀여워하고 있었습니다. 그래서 혹시 두꺼비가 보이지 않는 날이면 어쩐지 허전하고 쓸쓸해서 도저히 마음이 안정되지 않았습니다. 펄쩍펄쩍 찾아오는 두꺼비의 모습을 확인할 때까지는 도저히 식사를 시작할 수 없었습니다. 두꺼비도 그 마음을 알고 반드시 식사 때에는 반드시 찾아왔습니다. 언제나 식사 시간을 틀린 적이 없었습니다.

그렇게 딸은 아버지를 부양하며 한편으로는 두꺼비에게 힘을 얻으며 살아갔습니다.

그러는 사이 딸은 이제 열세 살이 되었습니다. 그때쯤 되니 두꺼비도 제법 커졌습니다. 그리고 밥도 상당히 많이 먹게 되었습니다.

그러던 어느 해의 일이었습니다. 날씨가 대단히 안 좋아서 백성들이 농사지은 것을 거의 수확하지 못했습니다. 그래서 세상 사람들은 매우 힘들었습니다. 그중에서도 특히 장님의 딸은 더욱 힘들었습니다. 모든 집들이 살기 힘들었기에, 아이 한 명과 몸이 불편한 한 사람이 사는 집이 힘든 것은 당연한 일이었던 것입니다. 그렇게 되자 딸은 쌀을 얻어올 수도 없게 되었습니다. 그러나 아버지는 집에만 틀어박혀있고 보는 것도 듣는 것도 할 수 없었기 때문에 그런 줄도 모르고 전처럼 지내고 있었습니다. 딸은 무척 힘들어하는데도 불구하고 실로 아무렇지 않게 여러 가지를 가지고 싶어 했습니다. 그러나 아버지가 말하는 것이라 그것을 적당히 흘려 들을 수는 없었습니다. 어떻게 해서든 언제나 들어드렸습니다. 그리고 힘들다는 내색은 조금도 하지 않았습니다.

그렇게 자신은 몹시 굶주리면서 벌써 내일 일을 생각하고 있었습니다.

"내일은 어쩌지?"

그렇게 생각하며 시종일관 신경을 써서 절대로 아버지가 알아차리지 못하도록 열심히 노력했습니다.

그리고 두꺼비에게도 한 번도 식사를 빠트린 적이 없었습니다. 언제나 항상 충분히 주고 있었습니다.

2

그해의 일이었습니다. 어떻게 해도 날씨가 좋아지지 않았기 때문에 결국 정말 흉년이 되어 버렸습니다. 그리고 그렇게 되자 마을 사람들의 마음도 크게 변하게 되었습니다. 이상한 살기를 띄우며 먹는가 먹히는가의 경계에 서게 되었습니다.

그러자 마을 수호신의 화를 달래자는 이야기가 나와서 날을 정해 제사를 지내기로 했습니다.

그것은 종종 행하는 관습으로 무엇이든 변고가 있으면 먼저 신께 제물을 바치고 제사를 지냈습니다. 제물이라고 해도 백성들이 쉽게 구할 수 있는 물건 정도가 아니었습니다. 반드시 소녀 하나를 바쳐야만 했던 것이었습니다.

그러니 대단히 큰 일이었으며 이번에도 누구로 할 것이며 어떻게 그 소녀를 찾아낼 것인지, 수시로 머리를 모으고 의논하고 있었습니다. 누구도 그것만은 바라지 않았기 때문에 좀처럼 빨리 정할 수 있는 것이 아니었습니다.

그러자 그때 마을 면장面長님(촌장님) 댁을 방문해 "부디 저를 이번 제물로 써 주세요."라고 말하며 수호신의 제물이 되겠다고 스스로 자원하여 나선 이가 있었습니다.

그것은 누구겠습니까? 이미 말하지 않아도 알고 있겠지요. 장님의 외동딸이었습니다.

딸은 누군가 한 사람을 신에게 바치지 않으면 안 된다는 말을 듣고 곰곰이 생각했습니다. 그리고 이런저런 생각을 한 끝에 마침내 결심했습니다. 자신의 몸을 신에게 바쳐서 아버지의 생활을 조금이라도 만족스럽게 만들어드리고 싶다고 생각한 것이었습니다. 만약 딸이 제물이 되면 마을 사람들은 그 대가로 많은 돈과 여러 가지 것들을 해 주게 되어있었기 때문에, 그렇게 해서 아버지의 목숨만이라도 살리고 싶다고 바랬던 것이었습니다.

아버지에게는 그 일을 말하지 않고 마음속으로 준비를 하고 있었습니다.

그러자 그 제삿날이 다가왔습니다. 마침내 그날이 되자 딸은 이상한 기분이 들었습니다. 생각할 수 있는 모든 것을 생각해서 아버지의 뒷일 등의 마무리를 지었습니다. 마을에서 받은 돈과 갖가지 물건들은 8할 정도 면장님께 맡겼습니다. 그리고 아버지를 잘 부탁했습니다. 그 뒤에 먼저 아버지의 주변을 정리했습니다. 지금까지 너무 심하게 초라했기 때문에 조금은 기분 좋고 약간은 변변한 것을 마련해서 만족스러운 생활을 하게 해드리고 싶다고 언제나 생각하고 있었기 때문입니다.

그리고 드실 것까지도 준비해서 당분간은 남의 손을 빌리지 않아도 괜찮도록, 모든 것들을 놓을 장소까지 정해서 전부 손으로 더듬어 찾을 수 있도록 했습니다. 지저분한 것들의 처리까지도 마쳐서 보기 흉하지 않도록 신중하게 준비해 두었습니다. 그러나 딸은 그것만으로는 안심이 되지 않았습니다. 그래서 거듭 이웃사람에게 부탁을 하며 어떻게든 돌봐달라고 잘 부탁했습니다.

이제 모든 일이 끝나자 이번에는 자신의 준비를 했습니다.

3

드디어 그날이 왔습니다. 딸은 이미 몸을 정갈히 하고 깨끗한 옷으로 갈아입고 기다리고 있었습니다. 그러자 안내할 사람들이 찾아왔습니다. 면장과 신관들의 안내를 받으며 수호신에게 갔습니다.

산길을 따라 점점 산속 깊숙이 올라갔습니다.

딸은 걸으면서도 생각했습니다. 아버지를 생각하고, 이웃의 아주머니들을 생각하고, 매일매일 힘을 주던 두꺼비를 생각하다 보니 여차하면 걷고 있는 다리가 후들거릴 것 같았습니다. '그렇게 결심하고 왔는데'라고 기운을 내며 올라갔습니다. 그러나 그 두꺼비가 오늘 아침에 준 밥도 먹지 않고 몹시 풀이 죽어서 대단히 기운이 없었던 모습을 떠올리자 도저히 참을 수 없는 기분에 휩싸였습니다.

그래도 힘을 내서 걸어갔습니다.

사당(お宮)에 도착해 보니 뭐라 형용할 수 없는 쓸쓸한 기운으로 가득

찼습니다. 하루 종일 햇빛이 닿지 않는 것 같은, 깊은 숲 속의 어두컴컴하고 축축한, 끔찍한 곳이었습니다.

배전拜殿에 올라가 하아 하고 한숨을 쉬었습니다. 여기다. 여기가 바로 내 몸을 바칠 곳이라고 생각하자 절로 눈물이 흘러나왔습니다. 하지만 씩씩하게 있었습니다.

"이런 일로 겁을 낼 순 없지."

마음속으로 용기를 내며 때가 오기를 기다리고 있었습니다.

제사의식이 전부 끝나자 모두 돌아가 버렸습니다.

혼자 남겨졌을 때의 기분, 그것은 정말 견디기 힘든 것이었습니다. 땅거미가 지기 시작하자 비할 데 없는 외로움은 정말 끔찍했습니다. 그러나 드디어 혼자가 되자 왠지 여유가 생기고 머릿속도 또렷해지고 마음도 차분해졌습니다. 둥지를 찾는 작은 새들 소리까지 정겨워서 너무나 따뜻한 느낌을 받으며 헤아릴 수 없는 위안을 느끼고 있었습니다.

어두워지는 것을 기다리고 있었습니다.

그렇게 점점 밤이 깊어 주변의 소리조차 조용해졌을 무렵, 이상한 소리가 나기 시작하더니 주변에 크게 울려 퍼지며 그야말로 무시무시한 빨간 기둥 같은 괴물이 천장 쪽에서 흔들흔들 거리며 내려왔습니다. 그 괴물의 마수가 거의 딸의 몸에 닿으려고 한 찰나, 딸의 바로 앞으로 커다란 검은 그림자가 나타나서 시퍼렇고 무시무시한 화염을 토해냈습니다.

그러자 괴물은 두려워하며 물러나더니 너무너무 고통스러워 보이는 머리를 천장 쪽으로 되돌리고 있었습니다.

그 자리에서 기절해 버렸던 딸이 겨우 정신을 차리고 주위를 둘러 봤지만, 오싹오싹하게 다가오는 어둠에 어떻게 된 일이지 전혀 알 수가 없었습니다. 단단히 손을 움켜쥐고 있는데 다시 천장에서 내려왔습니다. 이번에야말로 라고 말하는 것처럼 괴물은 무시무시한 힘을 드러내며 다가왔습니다. 그러자 다시 커다란 검은 그림자가 온 힘을 다해서 독기를 내뿜었습니다. 그러자 그 순간, 쿵하고 큰 소리를 내고 땅을 울리면서 천장에서 떨어졌습니다. 괴물은 아무 소리도 없이 아주 조용해졌습니다. 그와 동시에 검은 그림자도 완전히 힘을 다 써서 괴물 위로 쓰러져 버렸습니다.

얼마 지나지 않아 날이 밝자 실로 깜짝 놀랐습니다. 천장의 괴물은 크디 큰 지네였고, 목숨을 걸고 싸워준 것은 항상 찾아 오던 두꺼비였던 것이었습니다.

4

날이 밝기를 기다렸다가 마을 사람들은 이제 뭔가에 잡혀 갔겠거니 하면서 찾아 왔습니다. 그런데 딸이 멀쩡하게 앉아 있었기 때문에 깜짝 놀랐습니다.

그리고 그 옆에 덧없이 죽어 있는 두꺼비를 보고는 누구 하나 감동하지 않은 이가 없었습니다.

마지막까지 최선을 다하고 쓰러진 두꺼비의 모습은 실로 비장했습니다. 누구라도 절로 고개가 숙여졌습니다.

마을 사람들은 그 두꺼비를 정중하게 장사 지내 주었습니다.

그 뒤로는 장님부녀도 오래도록 행복한 세월을 보낼 수 있었습니다.

37. 쌍둥이를 열 번双子を十度

1

옛날 한 마을에 그렇게 부자는 아니지만 신분이 천하지 않은 양반의 아들이 있었습니다.

어느 날 그 아들이 어슬렁어슬렁 걸어가고 있는데 처음 보는 떠돌이 스님을 만나게 되었습니다. 그런데 그 스님은 무슨 생각이 들었는지 몸을 기울여 아들의 얼굴을 들여다보더니

“이거 참으로 자식 복이 많은 분이시군요. 하지만 아무리 자식 복이 넘친다 해도, 쌍둥이를 열 번이나 낳으면 아무래도 집안 살림도 힘들어 지겠네요.”

그렇게 혼잣말을 남기고 지나가 버렸습니다.

아들은 그것을 무심코 듣고 ‘참 별난 스님도 다 있군.’이라고 생각했을 뿐, 마음에도 두지 않고 몇 해인가를 보냈습니다.

얼마 지나지 않아 젊은이는 나이가 차서 부인을 맞이하게 되었습니다. 그리고 사이 좋게 지내는 사이에 이윽고 임신을 해서 아이를 낳게 되었습니다. 드디어 태어난 것을 보니 옥구슬 같이 아름다운 사내아이가 그것도

쌍둥이가 턱 하니 태어나 있었습니다. 어쨌든 초산이었고 사내아이였기 때문에 애지중지하면서 소중하게 키웠습니다.

그러는 동안 또 다시 임신을 하게 되었습니다. 그리고 낳고 보니 쌍둥이 사내아이였습니다.

놀라고 기뻐하고 있는 사이에 곧 다시 임신을 하게 되어 역시 쌍둥이 게다가 사내아이가 태어났습니다.

그렇다면 언젠가 스님이 말한 대로 이렇게 계속해서 쌍둥이가 태어나는 것인가 하고 생각하고 있었는데, 네 번째 다섯 번째 계속해서 쌍둥이가 태어나는 것이 아니겠습니까? 그리고 출산 때마다 확실한 안산安産으로 병 없이 건강하게 자랐습니다.

어쨌든 쌍둥이를 다섯 번 낳았으니 10명의 아들이 태어난 셈입니다. 그 아이들이 쑥쑥 컸기 때문에 집안 살림에도 영향을 주었습니다. 대단한 부자도 아니었던 집이라 슬슬 힘들어지기 시작했습니다.

그러던 어느 날, 젊은이는 자신의 상황을 곰곰이 생각해 보았습니다. 이대로 집에 있으면 언젠가 스님이 말한 대로 열 번까지 쌍둥이를 낳을 것이 틀림없으니 지금 해결책을 생각해 내면 그렇게까지 궁지에 빠지지 않고 끝날 것이라고 생각하고, 부인과 상의해서 여행이라도 떠나보려고 마음을 먹었습니다. 그리고 마침내 결심해서 목적지도 없는 여행길에 올랐습니다.

애당초 내세울 정도의 재주가 없는 사람이라, 재주를 부려서 여행을 계속할 수도 없었기 때문에 방방곡곡으로 떠돌아다녀도 그저 식객이 되어 어슬렁어슬렁 거릴 뿐이었습니다.

동쪽으로 서쪽으로 바람 부는 대로 떠돌아다니는 사이에 어느덧 3년이라는 세월이 흘렀습니다. 어느 날 한 마을에 도착해서 대단히 마음씨 좋은 양반 집에 묵게 되었는데, 그 집 주인은 정말 착한 사람으로 조금도 싫어하는 기색 없이 대접해 주었습니다.

조선에서는 지금도 예전과 다름 없이, 그 지방의 양반 집에는 일년 내내 매일 밤 식객이 없는 날이 없었습니다. 그리고 어떤 사람이 찾아와도, 어떤 것을 요구해도, 무엇이든 그 집에서는 할 수 있는 만큼 최선을 다해 대접해 주는 관습이 있습니다. 그리고 그 대접이 좋은 집일수록 평판도 좋으며 주위로부터는 양반이라고 존경 받게 되어 있습니다.

젊은이가 양반의 집에 신세를 지게 된지도 벌써 수개월이 지나고 있었습니다. 세월이 지나면서 주인은 더욱 더 마음을 열게 되어서, 실로 마음 편히 이야기를 하게 되었습니다.

“어째서 좀 더 빨리 알지 못했을까?”라는 말까지 하면서 친하게 지내게 되었습니다.

그러는 사이 어느 샌가 봄이 찾아왔습니다. 봄비가 촉촉히 내리던 어느 날의 일이었습니다. 어느 샌가 이야기가 진지해져서 젊은이의 처지에 대해 이야기하게 되었습니다. 젊은이는 차근차근 이 세상의 불행을 한탄하듯이

“나도 참 불행한 남자라오. 이리 보여도 집에는 정말 착한 부인 한 명과 그리고 부지런한 열 명의 자식이 있답니다. 그런데 나는 그렇게 사랑스러운 아내와 자식들과 함께 살아서는 안 되니, 이 얼마나 불행한 신세요. 게다가 나는 목적지도 없는 여행길에 올라서 이렇게 방랑하고 있으니, 언제 다시 집으로 돌아가 사랑이 넘치는 가족들에게 둘러싸여 살 수 있을지. 혹시 정말 그런 날도 보지 못하고 객지의 이슬로 사라져 버리는 것은 아닌지.”

그런 말을 하며 구구절절 한탄하고 있었습니다.

주인은 젊은이의 사정을 듣자 자신의 후세가 걱정되어 참을 수 없었었습니다. 벌써 나이가 오십 몇이나 되었지만 아직 대를 이을 자식이 없었습니다. 그 외에는 아무것도 부족한 것이 없기에 더더욱 그것이 안타까워, 계속 그것을 마음에 두고 있었습니다. 그런 참이었기에 어떻게 해서든 젊은이의 도움을 받아서 사내아이를 얻고 싶다는 생각을 하게 되었습니다.

2

주인은 어떻게든 사내아이를 얻고 싶다는 생각에 신불神佛께 빌며 아이를 내려 주도록 기도를 드리고 있었습니다. 그 생각을 할 때마다 자식 복이 넘치는 젊은이가 부러워서 견딜 수가 없었습니다. 어떻게 해서든 이 젊은이에게 사내아이를 얻고 싶다고 생각하고 있는 사이, 어느덧 1년이 지나가 버렸습니다.

젊은이는 이미 꽤 오랫동안 신세를 지고 있었기 때문에 다시 기약 없는 여행길에 오르기 위해 작별인사까지 했는데 무슨 일인지 붙잡고 절대로 보내주려 하지 않았습니다.

젊은이는 왜 이렇게 붙잡아 두는지 궁금해지기 시작했습니다. 그러던 어느 날 주인은 젊은이를 가까이로 불러서 조용히 입을 열었습니다.

"나는 이 나이가 되도록 아직 아들이 없어서, 다른 것은 아무것도 부족한 것이 없지만 그것만이 너무나 큰 걱정이라네. 그래서 당신에게 부탁하면 뭔가 좋은 생각이 있지 않을까, 그리 생각하고 부탁드리는 것이오."

그렇게 말하며 간절히 부탁했기 때문에 젊은이도 어떻게든 주인의 소원을 들어주고 싶다고 생각했습니다.

그래서 젊은이는 그때부터 21일간 정성을 다해서 신불께 기원을 드렸습니다. 그러자 주인의 부인이 드디어 임신을 해서 주인도 기뻐하며 출산일을 기다렸습니다.

젊은이는 이제 자신의 역할도 끝났으니 다시 여행길에 오르려고 했지만, 적어도 태어날 때까지 기다렸다 쌍둥이가 태어났는지 어떤지 보고 가려고 생각하고 있었습니다.

드디어 달이 차서 태어난 아이를 보니 역시 사내아이였고 쌍둥이가 태어났습니다.

주인의 기쁨은 이만저만한 것이 아니었습니다. 너무나 정성을 다해서 접대해 주었기 때문에 젊은이도 계속 머물면서 시간을 보내 버렸습니다.

그러는 동안 주인집에는 두 번째 출산이 다가오고 있었습니다. 그리고 얼마 지나지 않아 아이가 태어났는데 그것도 남자 쌍둥이였습니다.

또 이렇게 아이가 태어나기 시작했으니 분명히 계속 태어날 것이라고 생각했기에 젊은이는 마음을 다잡고 작별을 고했습니다.

터벅터벅 여행을 계속하면서도 어느 샌가 이전의 스님의 말을 떠올리고 있었습니다. 분명히 저 집에도 계속해서 쌍둥이가 태어날 것이 틀림 없다고 생각하니, 자신이 그렇게 신세를 지고 있었던 것이 쓸모 없지는 않았다는 생각이 들기 시작해서 비틀비틀 여행을 계속하고 있는 자기 자신이 조금은 존경스럽게 느껴졌습니다.

그러던 어느 날이었습니다. 이미 해도 저물기 시작해서 서쪽 산이 붉게 붉게 물들어 있었습니다. 우연히 그 풍경을 보고 매료되어 멈춰 섰습니다.

'저 서쪽에 사랑스러운 아이들이 건강하게 자라고 있어.'라고 생각하자 더 이상 도저히 그대로 서 있을 수가 없었습니다. 대여섯 걸음을 내달려

보았지만 다시 멈춰 섰습니다.

젊은이가 여행을 시작한 뒤로 아직 한 번도 느껴보지 못한 기분이었습니다.

그리고는 발걸음을 자기 집 쪽으로 돌려서 하루 이틀이 지나 드디어 정든 고향에 도착할 수 있었습니다.

드디어 마을로 들어가서 자기 집이 있던 부근에 가 보았는데, 어찌된 일인지 예전에 있던 집도 없고 아무도 없었습니다. 그저 잡초만 무성하게 우거져 있을 뿐이었습니다.

겨우 물어서 알아보니 그곳에서 제법 떨어진 곳에 있는 훌륭한 집이라는 것을 알게 되었습니다.

가족들은 아버지가 여행을 떠난 뒤에 실로 쓸쓸하게 살고 있었습니다. 그러나 몇 달이 지나는 동안 계속해서 돈을 보내오는 자가 있어서 매달 매달 일정한 돈이 손에 들어왔습니다.

왜 이렇게 돈을 보내 주는 것인지 의심스러워 하면서도 감사히 그것을 받고 있었습니다. 그리고 마침내 집도 새로 지어 그곳에 살면서, 대단히 훌륭한 선생님도 모셔와 아들들에게 학문도 닦게 했습니다.

젊은이는 그것을 듣자 바로 알 수 있었습니다. 그것은 젊은이가 오랫동안 신세를 졌던 집에서 젊은이의 집이 불행하다는 것을 듣고 나서, 적어도 생계에 도움이 되어 주려는 마음에 매달 보낸 돈이라는 것을 알 수 있었습니다.

젊은이가 처음 보는 훌륭한 집에 기뻐하면 들어가 보니, 크게 자란 아이들이 형부터 막냇동생까지 실로 건강하게 선생님에게 가르침을 받고 있었습니다. 그곳에 갑자기 찾아갔기에 누구도 아버지라는 것을 아는 사람이

없었습니다.

한동안 입구에 서서 자신의 아이들의 사랑스러움을 넋을 잃고 바라보고 있다가 드디어 어머니를 불러달라고 말했습니다.

안에서 나온 어머니는 바로 알 수 있었습니다. 어머니와 아버지는 눈물을 흘리며 기뻐했습니다.

주변을 둘러싸고 있던 아이들도 마침내 아버지라는 것을 듣자 매우 기뻐했습니다. 기뻐했다기보다 마루 밑에서 해를 보지 못했던 작은 풀이 갑자기 환한 밖으로 나온 것 같은 느낌이었습니다.

결국 여행 중에 있었던 이런저런 이야기도 하면서 그 뒤로는 가족들이 다 함께 행복하게 살았습니다.

38. 부모 버린 남자親捨男

옛날 어느 깊은 산속에 마음씨 나쁜 남자가 살고 있었습니다.

이 남자는 일하기 싫어하는 게으름뱅이였기 때문에 집은 언제나 가난하고 살기 힘들었습니다. 집에는 나이 들어 기력이 쇠한 어머니와 마음씨가 참으로 상냥한 남자 아이가 있었습니다.

가난하면서도 그날 그날의 일을 게을리 하고 있었기에 형편은 하루하루 더 나빠질 뿐이었습니다. 결국 이제 도저히 살아갈 수 없게 되어 버렸습니다.

'이건 어머니가 누워 있으면서 조금도 식구들을 위해서 일하지 않기 때문이다.' 그렇게 생각하자 그때부터 어머니가 나이를 먹고 아무것도 할 수 없어서 빈둥대고 있는 것이 신경이 쓰이고 쓰여서 어쩔 줄을 몰랐습니다.

'그래, 어머니를 산속 깊은 곳에 버리고 오자.'

언제부터인가 그런 생각을 하기 시작했습니다. 그리던 어느 날, 정말로 어머니를 버리고 오기로 결심했습니다.

"자, 너도 아버지와 같이 가는 거야. 저 지게를 지고 가거라."

그렇게 말하며 아이에게 지게를 지고 오게 시켰습니다.

"식구들은 이렇게 힘들어 하는데 할머니는 아무것도 해 주지 않으니까, 이 아버지는 더욱 더 힘들 뿐이다. 그래서 할머니에게도 어떻게든, 산에라도 가서 뭔가 조금이라도 할 수 있는 일을 하게 하려고 한단다. 돈은 별로 벌지 못해도 자기가 먹는 만큼이라도 해결해 줬으면 한단다."

아이에게는 그렇게 말해 두고 이미 어머니를 지게에 태우고 여러 가지를 준비해 출발하려 했습니다.

역시 아이 앞에서 어머니를 버리러 간다고는 말할 수 없었는지 그런 거짓말을 했습니다.

하지만 아이는 그것을 듣자 아무래도 이상한 생각이 들어서 아버지가 하는 일을 수상하게 여겼습니다.

"그러면 할머니는 어떻게 되는데?"

그렇게 물어보자

"산으로 가서 살게 되실 거란다."

그저 그렇게 말하고 그 상황을 얼버무렸습니다. 하지만 아무래도 이상해서 참을 수가 없었기 때문에 우물쭈물하고 있었더니, 아버지는 벌써 화를 내고 있었습니다.

"빨리하지 못하겠느냐? 빨리빨리."

그렇게 말하며 재촉했기에 어떻게든 내키지 않는 모습으로 풀이 죽어서 출발했습니다.

할머니가 타고 있는 지게를 짊어지고 터벅터벅 비탈길을 올라갔습니다. 고개를 숙인 채로 말할 용기도 없어 계속 걸어갔더니, 산은 더욱더 깊어져서 사람이 전혀 다니지 않는 것 같은 적막하고 적막한 깊은 산속으로 들어와 버렸습니다.

조금 전부터 이상하게 여기고 있던 아이는 더욱더 이상하다고 생각했습니다. 이런 산속에는 집도 없고 사람이 살 리도 없다. 그렇게 생각하자 아까 집을 나설 때 아버지에게 들은 것은 새빨간 거짓말이 틀림없다고 그런 생각이 들기 시작했습니다. 그러자 점점 더 거짓말 같은 기분이 들어서 그럼 어떻게 하면 좋을지 이미 그런 것까지 생각하고 있었습니다.

하지만 잠자코 아버지를 따라 올라갔습니다.

이제 충분히 싶은 산속까지 들어왔다고 생각될 즈음, 아버지는 할머니가 타고 있는 지게를 내려놓게 했습니다. 그리고 그냥 그곳에, 집도 없고 사람도 살지 않는 숲 속에 가만히 내려놓고 그대로 떠나려고 했습니다.

"자, 돌아가자."

아이에게 그렇게 말하고 아버지는 이미 망설임 없이 돌아가기 시작했습니다.

하지만 아이는 도저히 그대로는 돌아갈 수 없었습니다. 그저 멍하게 그곳에 서 있었습니다. 그러자 아버지는 빨리 집에 가려고 길 끝까지 가서 아이가 돌아오는 것을 기다리고 있었는데 아무리 기다려도 보이지 않자 되돌아 와서는

"자, 돌아가는 거야. 뭘 우물쭈물 거리고 있는 거냐." 조금 화가 난 것처럼 말했습니다.

너무 재촉을 했기에 어쩔 수 없이 맥없이 돌아왔습니다. 자세히 보니 아이는 할머니를 싣고 갔던 지게를 잊지 않고 지고 돌아왔습니다. 아버지는 그것을 매우 신경 쓰면서

"그런 지게는 버리고 오렴. 버려. 이미 낡았고 그걸 보면 생각나서 안 되겠다."

그렇게 말하며 지게를 버리게 하려고 했지만 아이는 버리지 않고 그대로 지고 왔습니다.

결국 아버지는 화가 나 버렸습니다.

"어째서 버리고 오지 않는 거냐?"

아이는 잠자코 아래만 보고 있었습니다.

"왜 그 이유를 말하지 않는 거냐?"

아이는 이미 감정이 격해져 눈물을 뚝뚝 흘리고 있었습니다. 그리고 무언가 말을 하려고 했지만 도저히 말이 제대로 나오지 않았습니다.

"대체 무슨 일이냐? 무슨 일이야?"

아버지도 어느 샌가 흥분해서 그렇게 말하며 추궁했습니다.

"이 지게는……."

"이 지게가 어쨌다는 것이냐?"

"이 지게는 할머니를 버리기 위해서 쓴 거니까. 이것을……."

"이것을 어떻게 하려는 것이냐?"

"이것을 잘 두었다가 아버지가 노인이 되면 한 번 더 이 지게로 버리러 가려고 합니다."

띄엄띄엄 그렇게 말하더니 가득 채운 물을 한꺼번에 쏟아 붓듯이 엉엉하고 울음을 터트려 버렸습니다.

한때는 화가 나서 추궁하며 따져 묻던 아버지도 이제 더 이상은 아무 말도 할 수 없었습니다.

그리고 자신의 추한 모습, 자신의 고약한 심보에 크게 한대 맞은 것처럼, 너무나 양심에 찔려서 굴복하고 완전히 두 손을 들었습니다. 마음 깊은 곳에서 우러난 비난의 힘찬 목소리에 그저 부끄럽고 미안한 감정이 밀려왔

습니다.

그런 생각을 하자 아버지는 슬픈 감정이 극에 달해서 조용히 커다란 눈물 방울을 뚝뚝 떨어트렸습니다.

마침내 아버지는 가만히 아이의 손을 잡고

“아, 나를 용서해 주려무나. 아버지는 부끄럽구나. 잘못했다. 그래 그래, 자 할머니를 지게에 태워서 다시 한번 짊어지고 돌아가 주렴.”

이 한 마디를 들었을 때의 아이의 표정은 이루 표현할 수 없었습니다. 마치 기쁨 그 자체의 모습이었습니다.

세 명은 산을 올라갈 때와 반대로 기쁘게 서둘러 돌아왔다는 이야기입니다.

39. 장님 아저씨盲目の小父さん

옛날 개성에 장님이 한 명 살았습니다. 태어날 때부터 장님이었으며 그다지 눈치가 빠른 편은 아니었습니다.

그렇지만 매우 호기심도 많고 이야기도 좋아하는, 신기한 일이라면 뭐든지 듣고 싶어하는 사람이었습니다.

아이들을 좋아하는 소탈한 사람이었기 때문에 마을 사람들에게 언제나 놀림을 받고 있었습니다. 집에 있는 일은 매우 드물었고 매일매일 돌아다녔습니다. 사람들이 조금이라도 모여 있는 곳은 반드시 알아내서 찾아갔습니다. 사람들이 모여 있는 곳에 가지 않은 적은 절대로 없었습니다.

"장님 아저씨. 오늘은 어디로?"

"네. 오늘은 뭔가 신기한 이야기가 없을까? 뭔가 이상한 일은?"

누구를 만나더라도, 사람과 이야기만 시작하면 반드시 두 번째 인사로 새로운 일을 묻는 것이 버릇이었습니다.

그러던 어느 날의 일이었습니다.

장님 아저씨가 논 근처를 비틀비틀 걸어가고 있을 때 건너편에서 마을 변두리에 살고 있는 장난꾸러기 꼬마가 걸어왔습니다.

“장님 아저씨, 안녕.”

그렇게 말하며 허물없이 말을 걸자 또 시작했습니다.

“그래 안녕. 날씨가 좋구나. 그런데 얘야, 뭔가 이상한 일은 없니?”

“아저씨, 오늘은 날씨가 좋지 않아. 저기 저렇게 흐려 있잖아.”

손가락으로 가리키며 장님에게 보라고 말하고 있었습니다.

사실 살살 놀리는 마음으로 말하고 있었지만 그런 줄도 모르고

“그러냐? 나는 또 오늘은 날씨가 좋은가 해서 대충 말해봤는데, 실패했구나. 그런데 얘야.”

“뭐라고? 또 이상한 일 없느냐고?”

“그래, 그 뭔가 신기한 이야기는 없니?”

언제나처럼 말하기 시작했습니다.

그러자 아이는 오늘은 한번 장님을 골탕 먹여 주겠다고 생각하며

“있어 있어. 아저씨. 그게 말이야 굉장한 일이 생겼어.”

“뭐야 뭐야? 큰일이라는 것이? 그거 재미있겠구나. 어디서 일어난 거냐? 어디서? 어디서?”

“그게 말이야. 그게 동림면東林面이래.”

“동림면에, 동림면에 무슨 일이 생겼다고?”

“아저씨 그렇게 태평스럽게 말하면 안 돼. 큰일이라니까.”

“그래 그래, 큰일이라는 건 잘 알았으니, 뭐냐? 뭐가 그리 큰일이냐?”

“그게 말이야. 동림면에서 땅이 갈라졌대.”

“땅이?”

장님은 그것만 듣고도 벌써 깜짝 놀라서 지팡이로 계속 땅을 치면서 “땅이.”, “땅이.” 하며 크게 당황하기 시작했습니다.

“그래 아저씨. 땅이 갈라져서 땅 속까지 보인대.”

“그래?”

장님 아저씨는 완전히 넋이 나가 듣고 있었습니다.

“있잖아. 완전히 말이야. 땅 속이 아주 잘 보여서 말이야. 거기에는 큰길도 있고, 골목길 같은 것도 보이고, 많은 사람들이 지나다니고 있는 거야. 그리고 여러 짐승 같은 것도 키우고 있는지 닭이 우는 소리나, 개가 멀리서 짖는 소리나, 이런저런 소리가 손에 잡힐 듯이 들려오는 거야. 가만히 듣고 있으면 어느 집에서 두들기고 있고 다듬이질 소리까지 들려. 그야말로 실로 신기한 세계가 보이는 거야.”

아이는 어떤 말을 해도 눈이 보이지 않는 사람에게 말하는 것이라서 점점 우쭐대면서 여러 가지 것들을 덧붙여 정말인 것처럼 이야기하고 있었습니다.

이미 장님 아저씨는 그것만 들었을 뿐인데도 기쁘고 행복해하며 무엇보다 자신도 그것이 보고 싶어서 참을 수가 없었습니다. 눈도 안 보이는 주제에 가보고 싶다고 하니, 아이도 점점 본격적으로 놀리기 시작했습니다.

“얘야, 얘야. 나를 한 번 데려가서 보여 주지 않겠니? 그야말로 재미있구나. 그런 재미있는 이야기는 지금까지 한 번도 들은 적도 본 적도 없구나. 빨리 데려가 주렴.”

“아저씨, 정말 가보고 싶어?”

“그럼. 빨리 데려가 주려무나.”

이미 조금 안달이 나 있었습니다.

“자, 이쪽이야. 이쪽으로 오는 거야.”

그렇게 말하며 아이는 아저씨의 손을 끌고 갔습니다.

어디로 데려가는가 했더니, 그 장님 아저씨를 끌고 빙글빙글 그 주변을 쓸데없이 돌아다니다가 결국 장님 아저씨가 살고 있는 집 바로 뒤 언덕 위로 갔습니다. 언덕 아래쪽에서는 여러 소리가 들려오고 있었습니다.

그 언덕 끝까지 데려가더니

"자, 아저씨. 여기야. 여기부터 건너편은 전부 땅이 갈라진 곳이야. 알겠지? 그리고 자 소리가 들려오지? 자 들리지? 이거 봐 개가 짖는 소리, 닭 소리, 이거 이거 수레가 지나가는 소리도 섞여서 들려오잖아. 멀리에서 희미하게 다듬이질 소리도 들려."

그렇게 절반은 되는대로 엉터리 같은 이야기를 하며 엉거주춤한 자세로 들려주고 있었습니다.

그때 아이는 더 이상 웃음을 참을 수 없어서 결국 웃음을 터트리고 말았습니다. 그 순간, 비틀 비틀거리며 장님이 있는 곳으로 넘어져 버렸습니다. 그 바람에 아저씨도 비틀거리며 언덕 앞으로 떨어져 버렸습니다. 그도 그럴 것이 엉거주춤한 자세로 그저 듣는 것에만 신경을 쓰고 있었기에 버틸 수가 없었던 것입니다.

장님 아저씨의 놀라움은 이루 말할 수가 없었습니다. 무엇보다 다른 세상이라고 믿고 있었는데 그곳으로 떨어져 버렸기 때문에, 당장은 정신이 아찔해져서 완전히 넋을 잃고 있었지만 겨우 정신을 차리고 조용히 일어났습니다.

그러자 그때 장님 아저씨의 집에서 일하고 있는 머슴이 와서

"아이고, 저런. 어찌된 일입니까?"

깜짝 놀라서 물었습니다.

그러자 아저씨는 자기 집 머슴인 것을 알아차리지 못하고 겁을 내며

손을 싹싹 비비면서

"예 예, 저는 그, 천상에서 실수로 굴러 떨어진 사람입니다."

그렇게 말하고 공손하게 인사를 했습니다.

그런 행동을 하고 있는 곳에 부인이 나타났습니다. 무슨 일이 생겼나 싶어 나와보니 자기 남편이 실로 공손하게 머슴을 향해 인사를 하고 있었기 때문에 우스꽝스러워서 자신도 모르게 웃음을 터트려 버렸습니다.

그 목소리를 들은 장님은 자신의 부인이라는 것을 알아차리고 이번에는 부인에게 다가오더니

"당신은 대체 언제 이런 세계에 와 있던 거요?"

그렇게 말하며 진지한 얼굴로 자기 아내에게 물어보는 것이었습니다.

부인도 그 말에는 기가 막혀서 결국 다같이 웃어버리고 말았습니다.

40. 대게 퇴치大蟹退治

1

옛날 조선의 산들이 포개져 있는 첩첩 산중에 북쪽에서 남쪽으로 길이라 부를 수도 없는 길이 있었습니다.

어느 날의 일이었습니다. 그 산속에서 북쪽에서 온 곰과 남쪽에서 온 멧돼지가 우연히 마주쳤습니다. 멧돼지와 곰이 얼굴을 마주하자 곰이 먼저 말을 걸며

"어이구 멧돼지님. 별일이네요. 어디에서 오셨습니까?"

"어이구 곰님. 그러는 곰님은 대체 어디에서 온 것입니까?"

"저 말입니까? 저는 저 조선의 북쪽의 북쪽 끝의 백두산에서 왔습니다."

곰이 대답하고 이번에는 멧돼지에게 되물었습니다.

"멧돼지님은?"

"저는 남쪽의 남쪽 바다 한가운데에 있는 제주도의 그 유명한 한라산漢羅山(漢拏山이라고도 씀)에서 왔습니다만."

"흠. 그런 바다 한가운데에서 건너 와서 어디까지 가는 겁니까?"

곰은 자기도 멀고 먼 여행을 계속해 왔으면서 멧돼지의 이야기에만 신경

을 쓰며 물었습니다.

"저는 이 세상의 이곳 저곳을 돌아다녀 보려는 마음에 오게 됐습니다만, 당신은 어떻습니까 곰님?"

"저도 적어도 살아있는 동안 볼 수 있는 만큼, 걸을 수 있는 만큼 걸어보려고 마음먹고 여기까지 온 것입니다. 그렇습니까? 멧돼지님도 그렇다면 그거 참 잘됐네요. 우리 둘이 함께 가지 않겠습니까? 혼자 하는 여행보다 둘이 하는 여행 쪽이 훨씬 훨씬 재미있답니다. 그렇게 합시다. 그럽시다."

곰은 그런 말을 하면서 이미 열심히 멧돼지에게 권하고 있었습니다.

그러자 멧돼지는 지리를 조금 알고 있다는 듯한 표정으로

"곰님도 참 무사태평하시군요. 도대체 이 조선의 남쪽으로 남쪽으로 가서 어디로 갈 수 있다고 생각하는 겁니까? 그저 바다로 길이 막혀버릴 뿐이랍니다. 그래서 저는 북쪽을 향해서 찾아나선 것입니다."

"그래요? 거짓말은 아니겠죠?"

곰이 의심스럽게 여겼기에

"거짓말이라고 생각하면 가 보세요. 실제로 저는 제주도에서 온 걸요. 자, 저를 믿고 같이 북쪽으로 갑시다. 사람을 믿어서 손해 볼 것은 없으니까요. 오히려 아름다운 일이니까요."

"그럼 같이 갑시다."

그런 대화를 나누고 둘은 함께 여행을 하게 되었습니다.

"그런데 멧돼지님, 우리들은 이렇게 걷기만해서는 안되지 않습니까? 우선 묵을 곳만 하더라도 숙소부터 막막하지요. 그것보다 먼저 어떻게 변장을 하고 가도록 합시다. 좋아요 좋아. 저는 사람이 되어 보겠습니다. 그래요, 그래. 그렇게 합시다. 이거 재미있겠군요."

곰은 이미 혼자 기뻐하고 있었습니다.

"그건 좋습니다만, 인간이 되는 일이 가능한가요? ……애초에."

"별 것 아닙니다. 이렇게 보여도 고향에 있던 때부터 제대로 익혀 두었으니까요. 우리 산에는 '천인天人'이라고 하는, 무슨 일이라도 할 수 있는 신 같은 사람이 있어서 둔갑술을 항상 배우고 있었거든요. 흠, 그것보다도 멧돼지님, 당신은 어떻습니까? 나만 인간으로 둔갑해도 당신이 여전히 멧돼지라면 오히려 곤란해지는데요. 뭔가 좋은 방법이 없겠습니까?"

그것을 들은 멧돼지는 무슨 그런 말을 하냐는 듯한 말투로 조금 으스대면서

"나는 지금 당장 인간이든 뭐든 될 수 있습니다. 이렇게 보여도 제주도 한라산의 선인仙人에게서 그 비술을 제대로 전수 받은 몸이니 그런 부분에 있어서는 부족한 점이 없습니다. 걱정은 필요 없습니다."

"그거 참 잘됐군요."

곰이 가볍게 대꾸하자 둘은 함께 인간이 되기로 했습니다.

"하나, 둘, 셋입니다."

"그래요. 하나, 둘, 셋."

"그럼 같이."

"그럼 같이."

"하나, 둘, 셋." 하고 곰과 멧돼지는 어떻게 살펴봐도 분간할 수 없는 훌륭한 인간으로 변해 버렸습니다.

곰은 젊디 젊은 청년으로 변하고 멧돼지는 아버지께서 막 돌아가신 상복을 입은 사람으로 변해 버렸습니다.

2

둘은 완벽하게 인간으로 둔갑하고는 드디어 여행을 떠났습니다. 여행이라 해도 처음부터 예정도 없고 계획도 없었기 때문에 이쪽 산에서 저쪽 강으로 이쪽 마을에서 저쪽 마을로, 그런 식으로 바람이 부는 대로 마음이 내키는 대로 돌아다녔습니다.

그러던 어느 날, 많고 많은 산을 넘어 작은 마을에 도착해서 그곳에서 하룻밤 묵게 되었습니다.

둘은 매일 계속되는 여행에 지쳐서 완전히 뻗어 쉬고 있었습니다. 그런데 무슨 일인지 사람의 울음소리가 들려왔습니다. 귀를 기울여 들어봤지만 아무래도 사람이 우는 소리로 밖에는 들리지 않았습니다. 둘은 이상하게 생각했습니다.

"저런, 아직 그치지 않네요."

"저런, 여자 목소리예요."

그런 말을 하며 귀를 세우고 듣고 있자 점점 크게 들려왔습니다.

"이거 보통 일이 아닌데요."

"이상하네."

그렇게 말하며 둘은 그 울음소리를 따라서 가까이 가 보았습니다.

그러자 바로 옆집에서 들려오는 소리였기에 둘은 일단 들어가서 물어보았습니다.

집주인의 이야기에 따르면 그곳의 산속 깊은 곳에는 '산에서 천년 바다에서 천년'이라는 큰 게가 있는데, 그것이 매년 마을까지 내려와서 행패를 부리기 때문에 모두 다같이 상의해서 계속 행패를 부리러 오지 않도록 사당(お宮)을 만들거나 배전拜殿을 만들어 제사를 지냈습니다. 하지만 그

제사에는 일 년에 한 번씩 반드시 젊은 여자를 바치게 되어 있었습니다.

마침 그해에는 그 옆집 딸이 제물로 바쳐지게 되어서 울며 슬퍼하고 있다는 것을 알게 되었습니다.

둘은 주인이 눈물을 흘리며 이야기하는 것을 듣자 그대로 돌아갈 수가 없었습니다.

상복을 입은 사람이 말을 끊더니

"그것 참 안타까운 일이로군요. 하지만 걱정 마십시오. 부디 그 일은 저희들에게 맡겨 주십시오. 제가 대신 제물이 되겠습니다."

"아무것도 아닙니다. 걱정 마시고 맡겨 주십시오."

젊은 사람도 말을 거들며 둘이서 일을 맡아 주었기 때문에, 집주인은 이게 무슨 구세주 같은 사람들인가 하며 꿈 같이 여기고 크게 기뻐했습니다. 무엇보다도 딸의 기쁨은 이루 말할 수가 없었습니다. 모든 것을 다 잊어버리고 기뻐했습니다. 지금까지 침울하고 슬펐던 분위기는 어디론가 순식간에 사라지고 밝고 몰라볼 정도로 활발하게 변했습니다.

3

그날이 왔습니다.

상복을 입은 사람은 딸의 옷을 빌려서 그대로 입고 있었기 때문에 누가 봐도 그 딸이라고 밖에는 생각할 수 없었습니다. 그리고 제사를 지내는 사람들이 오는 것을 기다리고 있었습니다. 이윽고 준비가 다 끝나자 가마를 타고 당당하게 행렬을 만들어 출발했습니다. 면장面長(촌장)님이 앞에서서 마침내 깊은 산속의 바위굴 앞까지 가서 그 곳의 아름다운 배전 앞에 내려놓았습니다. 그리고 이런저런 의식이 끝나자 혼자 남겨졌습니다. 배전

의 정 중앙에 놓여진 채로 해가 지기 시작했습니다.

곧 나오겠지 하면서 딸의 모습을 한 멧돼지는 가만히 웅크리고 이제나저제나 하며 기다리고 있었습니다.

밤이 점점 깊어가자 음력 20일이 지난 달도 떠올라서 굉장히 밝은 빛이 새어 들어왔습니다. 그러는 사이에 바람도 없는데 버석버석 하는 소리가 나기 시작했습니다. 왔다고 생각한 순간 동굴 안쪽에서 두 개의 눈을 빛내며 양손에 커다란 집게발 두 개를 휘두르면서 다가왔습니다. 딸을 집게발로 집으려고 하는 순간, 큰 게는 갑자기 달려든 멧돼지의 송곳니에 세게 물려 버렸습니다. 무사히 사로잡았다고 생각하고 있던 사이에 이미 큰 게는 동굴 속으로 도망가 숨어 버렸습니다. 아차 싶었지만 어찌할 도리가 없었습니다.

이윽고 밤이 환하게 밝아왔습니다. 완전히 날이 밝기를 기다렸다가 이번에는 다시 상복을 입은 사람이 되어 처녀의 집으로 서둘러 찾아갔습니다.

한편 처녀의 아버지는 몹시 걱정을 하면서 밤이 새는 것을 기다리고 있었습니다. 어찌됐나 어찌됐나 걱정하고 있을 때, 갑자기 상복을 입은 사람이 찾아왔기에 실로 기뻐했습니다.

둘은 처녀의 가족들이 기뻐하는 얼굴을 보자 크게 만족하여 그 때부터 다시 여행을 떠났습니다.

바로 원래 여행하던 모습으로 변해서 터벅터벅 가고 있는데 길 끝에 크디 큰 강이 보이기 시작했습니다. 도착해 보니 제법 물이 깊어서 도저히 건널 수 없을 것 같았습니다.

이때다 싶어 둘은 재빨리 예의 둔갑술을 써서 금세 커다란 거북이가 되었습니다.

이제 거북이가 되었으니 어떤 큰 강이라도 문제 없었습니다. 순조롭게 헤엄을 치기 시작했습니다. 나란히 쭉쭉 헤엄쳐서 둘이 이제 곧 건너편 기슭에 다다르려 할 때, 건너편에서 한 마리의 커다란 거북이 의원이 약이 든 가방을 들고 이쪽으로 헤엄쳐 오는 것이었었습니다.

"여보세요. 거북이님 어디로 가는 거요?"

둘은 그렇게 말하며 물어보았습니다.

"저는 지금부터 저 게님을 치료하러 갑니다."

"네? 치료하러?"

"어젯밤에 게님이 크게 다쳐서 오늘은 꼭 와달라며 멀리에서 시종을 보내서 오늘 겨우 찾아왔지 뭡니까. 바로 그 바위굴의 커다란 게가 말이요."

그것을 듣자 둘은 얼굴을 마주보며 마침 운 좋게 좋은 사람을 만났다고 생각했습니다. 당장 한 명이 말했습니다.

"거북이님, 우리들도 같이 병문안을 가고 싶어요."

"불쌍하니까요."

다른 한 명도 말을 보탰습니다.

그래서 세 마리의 거북이는 엉금엉금 게의 바위굴 쪽으로 걸어갔습니다.

머지 않아 바위굴에 도착할 때가 되자 거북이 한 마리가 말했습니다.

"저희들은 밖에 있을 테니 치료가 끝나면 친구들도 병문안을 와 있다고 그렇게 말해 주세요."

얼마 지나지 않아 게의 동굴에 도착했습니다. 잠시 후, 이제 치료가 끝나고 어슬렁어슬렁 절뚝거리며 나왔습니다.

동굴 앞까지 나오자 이미 아까부터 기다리고 있었기에 둘은 잽싸게 위에서 덤벼들었습니다. 불시에 당했기 때문에 아무리 대단한 게도 더 이상 어쩔 방법이 없었습니다. 그대로 허무하게 쓰러져 버렸습니다.

"이걸로 안심이다."

"제대로 퇴치했다."

둘은 이미 여행자들로 변해 있었습니다. 그리고 처녀의 집을 향해 달려가듯 서둘러 가고 있었습니다. 빨리 도착해서 오늘 큰 게를 퇴치한 자초지종을 이야기했습니다.

그것을 들은 마을 사람들의 기쁨은 그야말로 상상할 수도 없을 정도였습니다. 처녀의 가족들은 물론이고 모두 함께 기뻐했습니다.

그래서 뭔가 감사의 선물을 드리자는 이야기가 나와서 넌지시 물어보니

"아무것도 딱히 바라는 것은 없지만, 주시겠다면 송구스럽지만 소를 두 마리만 먹고 싶습니다."라고 대답하는 것이었습니다. 마을 사람들은 놀라

기는 했지만 일단 너무나 수고해 준 여행자들이 말한 것이었기 때문에 기꺼이 그 청을 들어주었습니다.

가장 훌륭한 소로 고르고 골라서, 큰 소 두 마리를 그곳으로 끌고 와서

"정말 변변치 않지만 받아주십시오."

그렇게 말하며 건네주자 둘은 기쁜 듯이 감사인사를 하자마자 순식간에 지금까지 두 명의 여행자였던 사람이 커다란 곰과 커다란 멧돼지로 변해 버렸습니다.

마을 사람들의 놀라움은 이루 말할 수 없었습니다. 너무 깜짝 놀라서 털썩 주저앉아 있는데

그 사이에 한입에 소 두 마리를 먹어 버린 큰 곰과 큰 멧돼지는 어디론가 깊은 산속으로 모습을 감춰 버렸습니다.

41. 실수투성이 신랑しりじり お婿さん

옛날에 학식도 별로 많지 않은 주제에 이것 저것 아는 체하는 양반 젊은이가 있었습니다. 젊은이는 이제 결혼할 나이가 되었는데, 중매를 서준 사람이 있어서 실로 아름다운 신부를 얻게 되었습니다.

드디어 이야기가 진행되고 약혼 예물의 교환도 끝나서 이제 날을 정해 식을 올리게 되었습니다.

조선에서는 신랑이 신부 집에 가서 결혼식을 올리게 되어있었습니다.

젊은이는 이제 완전히 새신랑의 모습으로 표범 가죽을 깐 가마를 타고 신부 집으로 들어갔습니다.

먼저 벼를 담은 가마니 위에 내려서서 그때부터 여러 가지 의식이 시작되었습니다. 의식이 끝나자 주연酒宴으로 자리를 옮겼습니다. 그러는 동안 곧 주연도 끝나고 안방으로 들어가게 되었습니다.

안방에 들어간 뒤에도 여러 절차가 있어서 그것을 전부 끝마치지 않으면 진정한 부부가 될 수 없었습니다.

어쨌든 일생의 인연을 맺는 일을 경솔하게 할 수는 없었기 때문에 성심성의껏 이런 저런 말을 주고받게 되어있었습니다. 그래서 젊은이가 방으로 들어가자 신부는 새까만 먹으로 지금 막 쓴 시 한 구절을 내밀었습니다. 그 구절의 의미에 어울리는 대구對句를 받으려고 하는 것이었습니다.

흰 갈매기 날고 날아　　白鷗飛飛
넓은 바다　　波萬頃
모래밭 십리　　沙十里

신랑은 설마 그렇게 어려운 것을 물어볼 것이라고는 생각지도 못했기 때문에 완전히 당황해 버렸습니다. 결국 그대로 물러날 수밖에 없었습니다.

"그럼, 그 대구를 찾아내서 다시 만나러 오겠습니다."

그렇게 말하고 신랑은 그냥 돌아와 버렸습니다.

제 아무리 잘난척하는 젊은이라도 신부에게 한 번 당하고나니 태연하게 있을 수가 없었습니다. 그때부터는 굳게 결심하고 산속의 절에 들어가서 스님 곁에서 정신을 차리고 공부를 하게 되었습니다.

드디어 긴 세월 지나는 동안 학문의 길에 매진하여 간신히 대구를 하나 얻었습니다.

두견새 울고 울어　　杜鵑啼啼
달 뜬 한밤중　　月三更
꽃 한 가지　　花一枝

라고 읊조리거나 써보면서 양반은 매우 기뻐했습니다. 이제 됐다고 생각하니 자기도 모르게 그 시를 읊조리며 무릎을 치며 기뻐하고 있었습니다.

그런데 같은 절에서 함께 책상을 나란히 하고 공부하던 학우가 있었습니다. 그 친구는 별로 좋은 친구가 아니었습니다. 젊은이가 정신 없이 기뻐하는 것을 알아차리고는, 이건 분명 무언가 좋은 일이 있는 것이 틀림없다는 생각에 넌지시 물어보았습니다. 물론 젊은이는 그런 계략이 있는 줄은 알지 못했기 때문에 여러 가지 일들을 자세하게 이야기했습니다. 그리고 지금 겨우 대구를 얻었다는 기쁨에 그 대구까지도 남김없이 말해 버렸습니다.

그러자 친구는 지금부터 자신이 그 대구를 가지고 젊은이처럼 행세하며 찾아가야겠다는 생각을 했습니다. 한번 그런 마음을 먹자 교활한 꾀에 능한 사람이었기 때문에 당해낼 수가 없었습니다. 곧바로 많은 진수성찬을 준비해서 술을 권했습니다. 젊은이는 그것도 모르고 마음껏 술을 들이키고 있었습니다.

그렇게 젊은이가 완전히 취해서 고주망태가 된 틈을 타서 친구는 몰래 신부의 집을 찾아갔습니다. 이미 밤은 깊어가고 있었습니다. 몰래 신부의 방 밖에서 신부를 불렀습니다. 이런 저런 이야기를 하며 대구를 가지고 왔다는 것을 전하고 있었습니다.

신부는 방 안에서 열심히 듣고 있었지만, 그 말투하며 여러 상황이 도저히 자기 남편이라고는 생각되지 않았습니다. 그래서 창문으로 손을 내밀어 그 대구를 받아서 읽어보니

두견새 울고 울어	杜鵑啼啼
달 뜬 한밤중	月三更
꽃 한 가지	花一枝

라고 적혀 있었습니다. 신부는 그 시에서 뭐라 형용할 수 없는 쓸쓸함을 느꼈습니다. 그리고 어쩐지 그것이 그날 밤의 남편의 기분을 나타내고 있는 것 같아서, 어딘가에서 남편이 괴로워하고 있는 것 같다는 생각만 들었습니다. 도저히 여기 와 있는 사람이 남편이라고는 생각할 수 없었습니다.

그래서 다시 그 시를 읽어보니 뭐라 형용할 수 없는 쓸쓸함에 사로잡혀서, 오늘 밤에라도 남편의 신변에 어떤 불길한 일이 일어나는 것은 아닐까라는 그런 생각까지 하게 되었습니다.

어쨌든 밖에 있는 나쁜 놈을 붙잡기 위해 시종을 시켜서 잡고 보니 과연 남편이 아니었습니다. 그것을 알게 된 부인은 진짜 남편이 걱정돼서 참을

수가 없었기 때문에 산에 있는 절로 급히 시종을 보냈습니다. 그리고 알고 보니 어젯밤의 주연으로 완전히 취해서 몹시 괴로워하고 있었습니다.

하지만 시종이 데리러 갔기에 무사히 신부의 집으로 돌아올 수 있었습니다.

신랑이 대구의 마지막에 '꽃 한 가지'라고 한 의미를 그것으로 확실하게 알 수 있었기 때문에 두 사람은 매우 기뻤습니다. 그 뒤로 오래 오래 화목하게 살았다고 합니다.

42. 낯선 젊은이見知らぬ若者

1

그것은 제법 오래 전의 일이었습니다.

이 조선땅에도 가을이 찾아왔습니다. 조금 높은 언덕을 넘어간 곳에는 넓게 펼쳐진 논이 보였고 맑은 바람이 불고 있었습니다. 무겁게 열매를 맺은 벼는 고개를 숙이고 활처럼 줄기를 굽히고 있었습니다. 그 사이를 톡톡 소리를 내며 메뚜기가 뛰어다니고 있었습니다.

마을과 마을을 연결해주는 논밭 사이에 뻗어 있는 좁은 길은 무성하게 자란 벼에 가려져서 여행자들까지도 힘들게 하고 있었습니다.

지금이라도 서쪽 산으로 넘어갈 것 같은 태양이 주변의 논과 붉은 언덕을 한층 더 붉게 물들여, 파랗게 맑게 갠 하늘과 대비를 이루며 너무나 쓸쓸한 햇살이 내리쬐고 있었습니다.

그런데 우두커니 멈춰 선 젊은이가 있었습니다. 붉게 물든 얼굴은 마치 서리를 맞은 감 같았고, 머리카락이 너무 자라서 헝클어진 모습은 어떻게 보더라도 평범한 사람이 아니었습니다. 마치 그림처럼 그 좁은 길 위에서 눈에 띄게 있었습니다. 젊은이라고 해도 이미 서른 정도는 되어 보였는데 이마의 주름이나 눈빛도 나이를 알려 주고 있었습니다.

그렇게 나이가 들었지만 젊은이라고 불리고 있었습니다. 이 반도의 흔한 관습으로, 이런저런 이유로 아내를 얻지 못한 사람은 총각이라 부르며 상당한 경멸의 의미로 사용되고 있었습니다. 이 남자도 나이는 먹을 만큼 먹었지만 총각이었기 때문에 어디를 가도 총각총각하며 무시당하고 있었습니다.

그리고 젊은이는 완벽한 부랑자였습니다. 부모도 없고 아이도 없고 아내도 없고 형제도 없었습니다. 그저 혼자 여행을 하며 여기저기 떠돌아다니고 있었습니다.

그런데 이 젊은이에게도 딱 하나 감탄할만한 특기가 있었습니다. 그것은 누구와 두더라도 장기에서는 절대 지지 않는다는 것이었습니다. 만약 장기를 두자고 하는 사람이 있으면 낮이든 밤이든, 끼니를 한 번이나 두 번 정도 거르더라도 개의치 않았습니다.

그래서 언제나 젊은이의 목에는 낡은 보자기로 싼 장기판과 장기 말이 단단히 걸려 있었습니다.

그날도 젊은이의 짐은 목에 묶어 둔 장기판과 말 말고는 아무것도 없었습니다.

정처 없이 걷다 보니 마을 변두리에 있는 무너져가는 사당 앞에 다다르게 되었습니다.

조선에는 흔히 있는 성황당城隍堂이라는 신을 모시고 있는 곳입니다.

지친 다리를 사당 앞까지 끌고 와서는 털썩 그곳에 앉아 무릎에 두 손을 올리고 힘 없이 멍하게 있었습니다. 얼마 지나자 조금 힘이 났는지 조용히 목의 보자기를 풀고 사당 쪽을 향해서

“여보세요 신령님, 부디 저의 장기 상대가 되어 주십시오.”

“그래. 좋다, 좋아. 원한다면 한 수 가르쳐 주지.”

젊은이는 자기 멋대로 자문자답하며 이미 그곳에 장기판을 펼치고 장기를 두기 시작했습니다. 자기가 한 수 놓고는 이번에는 신령님을 대신해서 한 수를 놓으면서 혼자서 공격과 방어를 하며 대국을 이어갔습니다.

그런데 두 수, 세 수를 두더니 갑자기 손을 떼 버렸습니다.

“신령님 신령님. 그냥 두는 것은 아무 재미도 없으니 부디 이런 조건을 달아 주십시오. 만약 제가 이기면 부디 신령님께서 저에게 아내를 한 명 보내 주십시오. 그 대신 만약 제가 진다면 신령님께 반드시 제가 술 한 동이와 명태 한 마리를 제물로 바치겠습니다. 부디 그것만을 약속해 주십시오.

“그래 좋다. 네 소원은 전부 이루어 주겠다.”

젊은이는 마음대로 자문자답을 하면서 기분이 좋아져서 다시 계속해서 장기를 두었습니다.

2

자문자답을 하며 혼자서 장이야 혼자서 멍이야 하다 보니 첫 번째 승부가 끝났습니다. 젊은이가 확실히 지고 만 것입니다.

“이런 이런. 제가 졌습니다. 분명히 졌습니다. 그러니 약속한 것을 지금 당장 가지고 오겠습니다. 네네.”

한숨에 자기가 말하고 자기가 대답하더니 어딘가 마을을 향해 쏜살같이 뛰어가 버렸습니다.

지금까지 겨루고 있던 장기 말들이 허무하게 그곳에 놓인 채 붉은 저녁

노을을 받고 있었습니다. 얼마 지나지 않아 젊은이가 돌아왔습니다. 한 손에는 술 동이, 한 손에는 명태를 들고 서둘러 돌아왔습니다.

"자, 아무쪼록 신령님 이것들을 드십시오. 많이 기다리게 했네요."

그런 말을 하면서 제물을 바치자 마자

"어험! 역시 네가 진 것이냐? 흠 벌써 약속한 것들을 준비한 것이냐? 이거 참 수고했구나. 그럼 당장 먹어볼까?"

그렇게 제 멋대로 자기가 말하더니 벌써 게걸스럽게 먹기 시작했습니다.

젊은이가 제법 기분이 좋아지자 그 얼굴은 한층 더 붉은 기가 돌아서 마치 긴토키金時[1]처럼 되어 버렸습니다. 이마의 주름에서는 땀까지 배어 나오고 있었습니다.

어험 하고 한번 헛기침을 하더니 다시 시작했습니다.

"그럼 한판 더 부탁드립니다. 이번에는 제가 이겨볼까요? 부디 약속은 잊지 않기를 부탁드립니다."

"암. 물론이지. 물론이고말고."

변함없이 자문자답을 하는 동안 두 번째 승부가 시작되었습니다.

이번에는 판이 빨리 진행되더니 순식간에 젊은이가 이겨 버렸습니다.

젊은이의 기쁨은 이루 말할 수 없었습니다. 실로 기뻐했습니다. 장기판을 머리 위로 번쩍 들어 올리고는 주변을 뛰어다녔습니다. 아직 아까 마신 술기운이 남아있었기 때문에 더더욱 기분이 좋았습니다. 양 손을 좌우로 펼쳐 들고는 손과 발로 박자를 맞추며 춤을 추고 있었습니다. 완전히 기고만장해져서 열중해서 정신 없이 춤을 추는 것이었습니다.

1 미나모토노 요리미츠源頼光의 사천왕四天王 중 한 사람인 사카타 긴토키坂田金時. 전설적인 영웅으로 어릴 때 이름은 긴타로金太郎. 혈색이 좋고 살이 토실토실 찐 외모였다고 전해짐.

젊은이는 춤을 추면서 보자기를 꾸려서 터벅터벅 마을 쪽으로 걸어갔습니다.

"좋다 좋아. 너에게는 아내를 보내주지."

그런 말을 중얼거리며 이제 춤추는 것은 그만두고 조용히 걸어 갔습니다.

마을 입구에는 크고 오래된 우물이 있었습니다. 그런데 그 우물가에 서서 지금 길어 올린 물을 항아리에 채워 그 항아리를 머리 위에 지고 돌아가려고 하는 젊은 여인이 있었습니다. 그때 젊은이가 지나갔습니다.

"당신 벌써 돌아오시는 거예요? 아이고 빨리도 왔네요. 어떻게 이렇게 일찍 왔어요? 많이 기다리고 있었어요. 많이 피곤하시죠?"

멋대로 하고 싶은 말을 하면서 젊은이의 손을 잡고 종종거리며 자기 집 쪽으로 데리고 갔습니다.

완전히 어안이 벙벙해진 젊은이는 어떻게 대답해야 할지도 몰랐습니다. 그저 얌전히 따라갔습니다.

"그 이야기는 잘 풀렸나요? 어머 어머, 그거 잘됐네요."

젊은이는 때때로 "저기 저기."라고 말할 뿐이었지만, 여인은 자기 멋대로 이야기를 하면서 실로 기뻐하며 젊은이를 데리고 갔습니다.

3

집에 도착하니 어머니 같은 사람이 한 사람 있었습니다. 이 어머니도 딸의 말을 듣자 곧바로 기뻐하고 기뻐하는데 덩실덩실 춤을 출 정도로 기뻐했습니다. 그리고 대단한 진수성찬을 준비해서 젊은이를 맞아 주었습니다.

생각지도 못했는데 젊은이는 완전히 그곳의 주인이 되어버리고 말았습니다.

기뻐하고 있는 사이에 2~3일이 지나갔습니다. 그러자 어찌된 일인지, 그 집의 주인이 조만간 볼일을 마치고 돌아온다는 연락이 왔습니다. 어머니와 딸의 놀라움은 이만저만한 것이 아니었습니다. 그래서 젊은이를 다시 잘 살펴보았습니다. 자세히 보자 전혀 낯선 사람이라는 것을 알게 되었습니다.

그도 그럴 것이, 어머니는 이미 나이가 들어서 시력도 떨어지고 눈이 꽤나 나빠져 있었습니다. 그리고 딸도 기쁨에 정신이 팔려서 며칠 동안 어떤 것도 분간할 수가 없었습니다.

하지만 결국 진짜 주인이 돌아오게 되었기 때문에 그대로 있을 수는 없었습니다. 어쩔 수 없이 젊은이가 떠나는 것 밖에는 방법이 없었습니다.

한편 젊은이도 그렇게까지 환영을 받았는데 이제 와서 쫓겨나게 되자 참을 수가 없었습니다. 어떻게든 그대로 있을 수 없을지 궁리를 하고 있었습니다.

어머니와 딸도 어찌되었든 그렇게 기뻐하며 맞이한 사람을, 그렇게 즐겁게 몇 날 며칠을 보낸 사람을 매정하게 내쫓아 버리는 일은 쉽지 않았습니다.

그래서 새로 집 한 채를 지어서 그곳에 젊은이를 살게 하기로 했습니다. 젊은이도 대단히 기뻐했습니다. 얼마 지나지 않아 아름다운 아내도 얻어서 그곳에서 행복하게 살게 되었습니다.

43. 신기한 절구不思議な臼

1

어떤 곳에 두 형제가 살고 있었습니다.

둘은 그다지 사이가 좋은 편이 아니었습니다. 하지만 집이 가난했기 때문에 매일같이 산에 가서 나무를 해 와서 그것을 팔아 그 돈으로 쌀 같은 것을 사서 생활하고 있었습니다.

"형, 이제 돌아가자."

"너 먼저 가면 되잖아."

이렇게 언제나 같이 집을 나서면서도 돌아오는 것은 제 각각이 되곤 했습니다. 하지만 매일 산에 가지 않으면 그날의 생계를 꾸릴 수 없었기 때문에 둘은 지게를 지고 산으로 갔습니다.

어느 해 겨울의 일이었습니다. 둘은 언제나처럼 산에 갔습니다. 산에 가도 각각 다른 장소에 가서 나무를 베고 있었습니다. 동생은 이미 지게 하나 가득 베었기 때문에 이제 집에 가야겠다고 생각하며 형이 오는 것을 기다려 봤지만 아무리 기다려도 보이지 않았습니다. 짧은 겨울 해는 벌써 제법 기울어 있었습니다.

아무리 기다려도 오지 않았기 때문에 기다리다 지친 동생은 형이 간 쪽으로 찾으러 갔습니다. 그러자 이게 무슨 일인지 건너편 산 계곡 쪽에서 덜컹덜컹 땅이 울리기 시작했습니다. 남동생이 아무리 귀를 기울이고 들어보아도 무슨 소리인지 어떤 소리인지 전혀 알 수가 없었습니다. 그저 신기해하면서 더욱 귀를 기울이고 있으니 점점 그 소리가 가까이 다가왔습니다.

어쩐지 기분 나쁘다고 생각하면서도 동생은 그 소리가 다가오는 쪽으로. ……하지만 조심조심 다가가 보았습니다. 아무래도 무언가가 굴러오는 것 같았기에 귀를 기울이고 기울이며 마치 소리에 끌려가는 것처럼 다가가 보니, 탁탁하고 작은 막대기가 튀어 오르는 소리나 희미하게 들리는 사람 발소리 같은 것들이 섞여서 들려왔습니다. 용기를 내서 조금씩 다가가 보니 그것은 바로 형이었습니다. 형이 맞은편의 조금 높은 언덕에서부터 잡목 숲을 피해서 땅이 움푹 패인 쪽으로 크고 둥근 그리고 살짝 긴 통나무 같은 것을 굴리면서 오고 있는 것이었습니다.

보니 그것은 정말 오래된 돌절구였는데 잔뜩 이끼가 끼어 있었습니다. 형은 그 오래된 돌절구를 발견하고는

"이걸 집까지 굴려서 돌아가자." 기뻐하며 혼잣말을 하면서 신이 나서 여기까지 굴려서 온 것이었습니다.

그래서 땔감은 그대로 두고 둘은 힘을 합쳐서 그것을 굴리기 시작했습니다. 그리고 마침내 결국 굴려서 집 마당까지 가지고 와 버렸습니다.

"으랏차차." 하며 둘은 그것을 세워서 마당 한가운데 두고 보았습니다. 물을 길어와 잘 닦고 보니까 실로 훌륭한 돌절구였습니다.

둘은 기뻐하며 그 돌절구의 주위를 돌아보았습니다. 손으로 잘 쓰다듬

거나 보면서 함께 즐거워했습니다.

2

두 형제가 훌륭한 돌절구를 산에서 주워왔다는 소문이 금세 마을 전체에 퍼졌습니다.

"어떤 절구일까?"

"정말 좋은 절구야."

"참 신기한 일이다."

이런 소문이 사람들의 입에서 입으로 전해져 갔습니다.

두 형제는 모처럼 훌륭한 절구를 주워 오기는 했지만 정작 그것을 쓸 일이 없었습니다. 모아놓은 쌀이라도 잔뜩 있으면 그것을 찧어서 먹을 수 있게 만들겠지만, 아무것도 없었기 때문에 그저 허무하게 마당에 세워놓을 뿐이었습니다.

그러던 어느 날, 비가 하루 종일 계속 내렸습니다. 형이 멍하게 마당을 보고 있는데 그곳에서 비에 젖어 쓸쓸하게 서 있는 절구에 마음을 빼앗겨 버렸습니다. 잔뜩 비를 맞고 있는 절구를 보니, 너무나도 그 절구를 써보고 싶어서 참을 수가 없었습니다. '뭔가 찧어볼 것이 없을까?' 하고 그 주변을 둘러보았습니다.

"있다, 있어." 형은 기뻐서 소리쳤습니다. 종자씨로 쓰려고 남겨둔 벼가 있는 것을 떠올렸습니다. '비가 그치면 이것을 찧어야지.' 그렇게 생각하며 기뻐했습니다.

다음 날은 비가 그쳤습니다. 형은 이미 산에 가는 것도 잊고 그 벼를 찧기 시작했습니다. 무엇보다 어제부터 찧어보겠다며 기대하고 있었기 때문에 완전히 열중해서 찧고 있었습니다. 그런데 이상하게 절구 끝이 딱딱한 것에 부딪혀서 쨍그랑쨍그랑 소리가 나기 시작했습니다. 놀라서 들여다보고 깜짝 놀랐습니다.

지금까지 벼였던 것이 마치 절구 안에서 흘러 넘칠 정도의 금은보화로 변해 있었습니다. 형은 너무 깜짝 놀라서는 절구질 하던 손을 멈추고 기뻐했습니다.

그래서 큰 부자가 되었습니다. 그 뒤로는 그 절구로 아무거나 찧어도 항상 보물로 변했습니다. 그런데 찧을 때마다 보물이 나오는 것이 달랐습니다. 생각보다 많이 나올 때와, 그다지 많이 나오지 않을 때도 있었습니다.

'이건 좋은 절구다. 소중하게 간직해야지.' 마음속으로 그런 생각을 할 때는 상당히 많이 나왔습니다. 그리고 '이번에는 보물을 많이 가지고 싶어. 얼마나 많이 나올까?' 그런 생각을 하면서 찧기 시작하면 언제나 안 나왔습니다.

처음에는 그런 것도 모르고 있었지만 점점 시간이 지나는 동안에 이런저런 것들을 알게 되었습니다.

'보리는 이것밖에 없네, 정말 아까워.' 같은 생각을 하면서 정성스럽고 정성스럽게 절구질을 하면 어느 사이엔가 실로 많은 보석으로 변하곤 했습니다. 두 형제는 한층 더 신중하게 그 절구를 소중히 여기게 되었습니다.

그 뒤로는 이제 산으로 나무를 하러 가는 일은 그만뒀습니다. 그리고 몇 년도 지나지 않은 사이에 그 마을에서도 제일가는 부자가 되었습니다.

둘은 이제 어른이 되었기 때문에 동생은 분가하여 따로따로 살게 되었습니다.

그런데 그렇게 되자 제일 먼저 절구가 신경 쓰이기 시작했습니다. 형도 동생도 자기 집에 절구를 놓고 싶어서 안절부절못했습니다.

"이건 내가 찾아냈잖아."

"하지만 내가 도와줘서 여기까지 가지고 온 거잖아."

"아냐, 이건 내 거야."

"형만의 물건이 아니잖아."

결국 그런 말을 하면서 싸우기 시작했습니다. 도저히 끝이 나지 않았기 때문에 마침내 군수님의 귀에도 들어가게 되었습니다.

그로부터 2~3일이 지나, 두 형제는 군수님의 부름을 받고 꾸지람을 듣게 되었습니다.

군수님은 두 형제의 사정을 알아보려고 했기에 먼저 그 절구를 보여달라고 말씀하셨습니다. 그래서 절구도 그 앞으로 가지고 오게 되었습니다.

부하들 여럿이서 그 무거운 절구를 굴려서 가지고 왔습니다. 그리고 군수 님 앞에 "으랏차차." 하고 굴려서 가지고 온 절구를 들어서 세우려고 하는 그 순간, 땅이 갈라지더니 그 안으로 쏙 떨어져 버렸습니다. 그리고 곧바로 그 땅의 갈라진 부분이 스윽 달라붙더니 원래대로 마당이 되어 버렸습니다.

절구는 이제 아무리 찾아봐도 어디에서도 찾을 수 없게 되어 버렸습니다. 전혀 흔적조차 찾을 수 없었습니다.

제2부

—

이야기

1. 심청전沈清傳

1

옛날 황해도黃海道 북쪽의 황주黃州라는 곳에 심청이라는 효심 깊은 아이가 있었습니다.

아버지는 심학규沈鶴圭라는 훌륭한 양반 가문 출신의 사람이었습니다. 조상 대대로 고관을 지내며 그 이름을 세상에 알렸지만 아버지 대가 되고 나서 생계가 점점 곤란해져만 갔습니다.

그러나 본래 양반의 후손이었기 때문에 하나부터 열까지 사람들의 모범이 되었습니다.

해마다 해마다 조상의 제사를 결코 게을리하는 일이 없었으며, 여기저기서 찾아오는 손님들도 그리고 평소 집에서 부리던 하인까지도 진심으로 대접했습니다.

아버지를 찾아오는 사람을 위해서는 어떤 일이라도 결코 거절하는 일이 없었습니다. 그저 아버지가 가진 모든 것을 바쳐서 사람들을 위해 최선을 다하면서 혼자 만족하고 기쁨에 젖어 있었습니다.

그렇게 사람들을 위해서는 베풀고 있었지만 집의 사는 모습을 보면 정말 검소하여 조금도 낭비하지 않고 철저히 절약하며 살고 있었습니다. 무슨 일을 하더라도 아버지까지 함께 했습니다. 그리고 어머니도 바느질부터 빨래까지 직접 하지 않는 일이 없었습니다.

그러면서도 틈만 나면 학업에 정진하여 인간의 도리를 닦는 것을 게을리 하지 않았습니다. 그래서 집안 살림은 하루하루 어려워질 뿐이었습니다.

그러나 아버지는 원래 이 세상의 부귀영화는 바라지 않았기 때문에 그저 세상을 위해서 사람들을 위해서 최선을 다했습니다.

그러는 동안 근처의 이웃사람들을 비롯해 먼 마을의 사람들까지도 아버지의 인품을 존경하게 되어 누구 하나 따르지 않은 사람이 없었습니다.

그런데 아버지에게 큰 불행이 찾아왔습니다. 그것은 22살이 되던 봄의 일이었습니다. 우연히 눈에 병을 얻어 결국 눈이 완전히 멀어 버린 것입니다.

그렇게 되자 아무 일도 할 수 없어 하루하루 살림은 더욱 더 기울고 점점 더 곤란해져 갈 뿐이었습니다.

이때는 아직 심청이가 태어나지 않았을 때였습니다. 어머니는 눈이 먼 아버지를 위해서 모든 일에 최선을 다했습니다.

세월이 흘러 아버지도 어머니도 마흔 고개를 넘겼지만 자식이 한 명도 없었기 때문에 쓸쓸하기가 그지 없었습니다. 특히 몸이 불편한 아버지는 나이를 먹을수록 자식이 없는 쓸쓸함이 절실하게 느껴졌습니다.

어머니는 아버지보다도 아이를 가지고 싶어서 가지고 싶어서 참을 수가 없었습니다. 그래서 그 때부터 아침저녁으로 신께 치성을 드리게 되었습니다.

열심히 정성을 담아 기도를 하고 있던 어느 날 밤 꿈을 꾸었습니다.

어머니가 무슨 일을 하고 있었는지 그것은 알 수 없지만, 무슨 일을 하고 있는 동안 몸 주위가 갑자기 환해지더니 그것이 점점 하늘로 올라가서 하늘이 오색으로 빛나며 주변이 눈부시게 밝아졌습니다. 그러는 동안 오색의 구름이 뻗어 내려오고 그 구름 사이에서 신이 나타났습니다. 신은 1명의 옥같이 아름다운 여자를 데리고 있었습니다. 여자는 머리에 꽃으로 만든 관을 쓰고 손에는 월계화를 들고 꽃으로 장식한 검을 차고 있었습니다.

어머니는 꿈인 줄도 모르고 실로 아름다운 행렬이라 생각하며 보고 있었는데, 그것이 점점 가까이 다가오더니 어머니의 품속으로 들어와 버리는 것이었습니다.

깜짝 놀라는 순간 꿈에서 깼습니다.

참 신기한 일도 다 있다고 생각하며 아버지에게도 꿈 이야기를 해 주었습니다. 그러자 그때부터 점점 배가 불러 와서 아이를 가졌다는 것을 확실히 알게 되었습니다. 아버지와 어머니의 기쁨은 무엇과도 비교할 수 없었습니다.

그 뒤로는 어머니는 한층 더 조심하면서 그저 무사히 아이가 태어날 수 있기를 기원했습니다.

그러는 동안 점점 달이 차서 산실에 들어가게 되었습니다. 그러자 눈부신 광채가 산실을 둘러싸고 오색 구름이 그 주위에 가득 넘치고 넘치며 드디어 선녀와 같은 여자아이가 태어났습니다.

여자아이였기 때문에 어머니는 크게 기뻐하지 않았지만 아버지는 더욱 정성스럽게 태어난 아이를 위해 기도를 올렸습니다.

"아무쪼록 신이시여, 내려 주신 새 생명인 이 아이의 장래를 지켜 주십시오. 그리고 오랫동안 오복五福을 내려 주십시오. 한층 더 진실되게 신을 섬길 수 있도록."

아버지는 이번에는 자신의 아이를 향해서

"우리 아가야, 남자보다 훌륭하게 자라다오. 너의 생명을 아버지는 정말로 소중하게 생각하고 있단다. 산더미 같은 돈보다도 그 어떤 보물보다도 아버지는 기쁘게 생각한단다. 아무쪼록 착하게 자라다오. 사랑스럽고 사랑스러운 내 딸아."

그렇게 말하며 기원을 드리고 가만히 갓난아기의 머리에 손을 얹었습니다.

그리고 '청淸'이라는 이름을 지어 주었습니다. 그때부터 심청이라고 부르게 되었습니다.

아버지는 손 안의 구슬처럼 심청이를 귀여워하며 그저 기쁨에 젖어있었습니다. 그런데 심학규의 지팡이 그리고 집안의 기둥 역할을 해오던 어머니가 그만 그대로 병상에 눕게 되었습니다. 일가는 갑자기 먹구름에 둘러쌓였고 악마의 손길은 점점 더 다가올 뿐이었습니다.

어머니는 산후회복에 어려움을 겪었습니다. 아버지가 전력을 다해 간병에 정성을 쏟았지만 병세는 나날이 깊어지기만 하더니 마침내 위독해졌습니다.

아버지의 걱정은 한두 가지가 아니었습니다. 자신의 불편한 몸만으로도 힘든 터에 갓난아기까지 돌보면서 생계를 꾸려야 했기 때문에 그저 그저 망연자실해 있었습니다.

아버지는 무슨 수를 쓰더라도 어머니의 목숨을 구하고 싶다고 진심을 담아 기도를 드렸지만, 그 보람도 없이 어머니는 끝내 저 세상으로 멀리 떠나가 버렸습니다.

2

어머니의 죽음을 전해들은 마을 사람들은 진심으로 그 죽음에 마음 아파했습니다.

"죽은 어머니도 불쌍하지만 남은 눈먼 아버지와 갓난아기가 어찌나 가여운지. 정말 동정을 금할 길이 없어요. 최소한 어머니의 장례만이라도 우리들이 할 수 있도록 해 주세요."

이렇게 말하며 장례 준비를 시작했습니다.

장례 참석자들의 준비부터 장지로 보내는 과정까지 모든 일들이 조금의 부족함도 없이 진행되었으며 처음부터 끝까지 마을 사람들이 정성을 다해서 장례를 마쳤습니다.

장례는 벌써 한참 전에 끝나 버렸지만 아버지는 상복을 입은 채 무덤을 떠나려고 하지 않았습니다.

"아아, 당신은 결국 이런 적적한 산속에 조용히 누워있게 되었구려. 아아, 이제부터 나는 어떻게 살아가면 좋을지. 게다가 저 갓난아기도."

그렇게 말하고 신음하듯 울면서 무덤 앞에 엎드려 있었습니다.

마을 사람들도 아버지의 상심을 매우 안타까워하며

"제발 그렇게 마음 아파하지 마세요. 우리는 지금까지 받은 은혜를 갚기 위해서 할 수 있는 일이라면 뭐든지 하겠습니다. 그러니 사양 마시고 말씀해 주세요. 제발 저 아이의 미래를 생각해 주세요……. 저희들이 뭐라고 말할 수 있는 일은 아니지만 아무쪼록 하루라도 빨리 아픔을 털고 일어나 주세요."

그렇게 말하고 그저 최선을 다해서 심청이 부녀를 배려하며, 어떻게든 심청이 일가의 생계를 도와 주려고 했습니다.

심청이는 마을 사람들에게 맡겨져 손에서 손으로 옮겨 다니며 젖을 얻어 먹으면서 성장해 갔습니다.

매일매일 아버지는 심청이를 업고 집집마다 찾아 다니며 젖 동냥을 하러 다녔습니다.

어느 날 아버지는 통통하게 살이 찐 아이를 안고

"너도 많이 컸구나. 어머니가 세상을 떴을 때는 아버지는 얼마나 걱정을 했는지 모른단다. 그러나 마을 사람들 덕분에 이렇게 자랐구나. 아무쪼록 더 커서 마을 사람들에게도 도움이 되거라. 그리고 이 눈먼 아비의 힘도 되어 주렴. 너처럼 태어났을 때부터 고생하며 자란 사람은 분명히 성공한단다. 어린 시절의 고생만큼 귀한 것은 없기 때문이지."

그런 이야기를 하고 지긋이 얼굴을 들여다 보며 머리를 쓰다듬고 있었습니다.

아버지는 아이에게 젖을 얻어 먹이고 나면 이번에는 자신이 먹을 것을 얻으러 돌아다녔습니다. 그렇게 겨우 하루하루를 살고 있었습니다.

시간은 빨리 흘러갔습니다. 그렇게 하루하루 보내고 있는 사이에 어느샌가 해가 지나 심청이는 벌써 10살 정도의 소녀가 되었습니다. 어제까지 눈먼 아버지의 품 속에 있는 아이라고만 생각했는데, 이제 그 아버지의 손을 이끌며 지금까지와는 반대로 아버지를 돌보게 되었습니다.

불쌍한 심청이는 재미있고 즐겁게 친구들과 노는 날도 없이 어둡고 어두운 날들을 보냈습니다. 전혀 앞을 보지 못하는 아버지를 위해서 매일매일 사람들의 일을 해 주었고, 어떤 때는 마치 거지처럼 사람들에게 음식을 받아와야 하는 날도 있었습니다. 하지만 무슨 일이라도 아버지를 위해서는 조금도 싫은 기색 없이 최선을 다해 효를 행했습니다.

어느 날 심청이는 아버지를 향해서

"아버지 저는 이제 이렇게 다 컸으니 앞으로는 아버지를 편하게 해드리고 싶습니다. 어렸을 때부터 자주 들었던 이야기. 한겨울에 죽순을 캐서 부모님께 효를 다한 맹종孟宗이라는 중국사람 이야기나, 까마귀가 부모 까마귀에게 먹이를 날라다 주며 섬겼다는 이야기를 떠올리면 그저 죄송스러운 마음이 들 뿐입니다. 아무쪼록 이제부터는 집에 계세요. 절대 밖에는 나가지 마세요. 이제 제가 다 컸으니까 무엇이든 하겠습니다. 혹시라도 위험한 일이 생길까 걱정입니다."

"네가 하는 말도 일리가 있지만 아직 어린 너만 밖으로 내모는 것은 너무 부끄럽구나."

"아니에요. 전혀 그럴 필요 없습니다. 부모를 위해서 자식이 최선을 다하는 것은 너무나 당연한 일입니다. 언젠가 아버지께 들었던 자로子路와 제영齊嬰처럼 성심성의껏 효를 다해보려 합니다. 이제부터는 어떻게든 아버지를 안심시켜드리고 편하게 해드리고 싶은 것만이 제 바램입니다. 자로가 대단한 학자이면서도 백리부미百里負米[1]하거나, 제영이 자신의 몸을 팔아서 아버지를 감옥에서 구해내려고 했던 이야기는 그저 떠올리기만 해도 소름이 끼칩니다. 힘이 납니다. 저는 그런 이야기를 생각해봐도 앞으로는 절대 아버지께서 밖에 나가지 않으셨으면 좋겠어요. 저는 정말 그렇게 해 주셨으면 해요."

심청이의 결심은 매우 확고하고 거절하기 힘든 강한 의지가 담겨 있었습니다. 그래서 아버지도 마음이 움직여 심청이가 말하는 대로 따르게 되었습니다.

그때부터는 심청이 혼자 힘으로 일가의 생계를 꾸려나갔습니다. 그리고 점차 여자들이 하는 일도 익혀서 동네 사람들에게도 도움이 되고 집안 살림에도 도움이 되기 시작했습니다.

그렇게 생활하고 있던 어느 겨울의 일이었습니다. 옆 마을의 양반댁에서 심부름꾼이 왔습니다. 장승상張丞相의 부인이 보낸 것이었습니다. 부인은 한 나라의 재상宰相의 부인이었지만, 남편을 잃고 3명의 자식은 수도에서 유학 중이었기 때문에 혼자 쓸쓸하게 지내고 있었습니다. 그래서 꼭 심청이와 이야기를 해보고 싶었던 것입니다. 그리고 또 한편으로는 어떻게든 불쌍한 일가를 도와주고 싶은 마음이 있었기 때문입니다.

1 "공자가어孔子家語"의 '치사致思'에 나오는 이야기로, 백 리나 되는 먼 곳으로 쌀을 진다는 말. 비록 가난하게 살지만 부모를 잘 봉양한다는 뜻으로 원문은 百里魚米.

심청이는 아버지의 허락을 얻어 심부름꾼과 함께 찾아 왔습니다.

심청이를 맞이한 부인은 대단히 기뻐하며

"처음 뵙지만 당신은 저 천계의 선녀처럼 보입니다. 분명 하늘에 있는 신들의 뜻에 의해서 지상으로 내려온 것이 틀림없습니다. 하늘 위에 남겨진 당신의 친구분들은 분명 쓸쓸히 월궁月宮에서 지내고 있겠지요. 당신은 그렇게 생각하지 않습니까? 그런데 갑작스럽지만 제 이야기를 들어주십시오.

저는 얼마 전 남편인 장승상을 잃고 그저 3명의 아이들만을 의지하며 살아갈 희망으로 삼고 있습니다. 그러나 지금 집에는 한 사람의 혈육도 없어서 매우 쓸쓸하게 지내고 있습니다. 그래서 즐거움이라면 그저 고서古書를 통해 성현의 말씀을 듣는 정도입니다. 그러나 그렇게 해도 이 참을 수 없는 쓸쓸함은 어쩔 수가 없답니다. 그래서 참으로 말씀 드리기 송구한 부탁이지만 지금부터 저의 양녀가 되어 주지 않겠습니까? 만약 이 부탁을 들어 주신다면 저는 너무나 기쁠 것입니다."

라고 마침내 부인은 진심을 밝히며 부탁했습니다.

그러나 심청이는 분에 넘치는 호의에 고마워하며 그 과분한 제안에 정중하게 예를 표하면서

"말씀은 감사하지만 저는 눈먼 아버지의 곁을 떠날 수가 없으니 부디 화내지 마시고 용서해 주십시오. 가능한 일은 무엇이든지 해드리고 싶지만 그것만은……."

이렇게 말하고 황송해하며 물러났습니다.

많은 옷감과 보석, 쌀까지 선물로 받았는데 그것들을 집으로 정성껏 옮겨 주었습니다.

이미 날이 저물어 등불이 여기저기에서 반짝이고 있었습니다.

3

아버지는 혼자서 쓸쓸히 심청이의 귀가를 기다리고 있었습니다. 벌써 날도 저물어 배도 고파오고 온돌도 차가워지는데, 아무리 기다려도 돌아오지 않기에 조바심을 내며 기다리고 있었습니다.

바람이 문을 스치는 소리에 깜짝 놀라고, 마당 앞으로 개가 달려온 소리에 심청이가 돌아온 것인가 하면서 기다리고 있었습니다. 그러다 마침내 더 이상 참기 힘들어진 아버지는 지팡이에 의지해 심청이를 마중 나갔습니다.

오래간만에 밖에 나간 것이라 몸은 더욱 휘청휘청거렸고 이웃마을로 가는 길이 어딘지도 확실하지 않았기에 지팡이에 의지해 한걸음 한걸음 걸어 갔습니다. 그러다 어찌 된 일인지 발을 헛디뎌서 결국 물구덩이에 빠져 버렸습니다.

마침 한파로 얼음이 두껍게 얼어 있어서 일어나려고 하면 미끄러지고 일어나려고 하면 넘어져서 일어나는 것조차 불가능했습니다. 게다가 얼음의 갈라진 틈새에 빠져 버렸기 때문에 점점 옷도 물에 젖어갔습니다. 몸은 무거워지기만 하고 게다가 차갑게 식어가는데 어찌 할 방법이 없어서 그저 그곳에서 신음소리를 내고 있을 수밖에 없었습니다.

그때 몽운사夢雲寺의 스님이 그곳을 지나갔습니다.

"거기 넘어져 있는 건 누구십니까? 이렇게 추운 날씨……. 저런 눈이 안 보이는 학규님 아니십니까?"

그렇게 말하고 곧바로 끌어올려서 집까지 데려다 주었습니다. 이미 옷이 흠뻑 젖어 있었기 때문에 다 벗기고 갈아 입혀주었습니다.

겨우 제정신으로 돌아온 아버지는 정식으로 몇 번이나 감사 인사를 올리고 자신의 한심스러움과 눈이 보이지 않는 불편함을 한탄했습니다.

이야기를 하나하나 듣고 있던 스님은 그 슬픈 사연에 마음이 움직여, 새삼 다시 한 번 아버지가 현재 처한 상황을 진심으로 동정하게 되었습니다. 그래서 어떻게든 도와 주고 싶다는 생각에 조용히 머리를 굴리기 시작했습니다.

스님은 뭔가를 생각해 낸 것처럼 아버지에게 다가앉으며

"만약 당신이 진심으로 믿음을 가지시겠다면 저도 가능한 모든 힘을 보태겠습니다. 무슨 말인가 하면 저희 절의 부처님께 기원을 드리는 것입니다. 정말 진심을 담아서 기도를 드린다면 부처님의 영험이 나타나 머지않아 눈이 보이게 될 것입니다. 하지만 그러기 위해서는 먼저 공양미 3백 석을 바치고 성심성의껏 기원을 드려야 합니다."

라고 자세하게 기원공양의 이야기를 해주었습니다.

아버지는 예상치도 못하게 스님 덕분에 목숨을 건진데다가 개안공양開眼供養의 이야기까지 듣게 되자 자신이 생각해도 신기할 정도로 의욕이 솟아나서 당장이라도 그 기원을 드려야겠다고 마음먹었습니다.

"아무쪼록 스님. 이 미천한 몸을 인도해 주셔서 부처님 마음에 들 수 있게 해 주십시오. 그리고 공양에도 정성을 다할 테니 부디 하루라도 빨리 눈만 보이게 해주십시오. 스님, 공양미 3백 석은 당장에라도 바칠 테니 제발 확실히 영험이 나타날 수 있게 해 주십시오."

그렇게 말하며 당장이라도 3백 석의 공양미를 바치겠다고 말해 버렸습니다.

그렇게 결심하자 마음 깊은 곳에서부터 기쁨이 느껴지며 왠지 행복한 기분이 되었습니다.

스님이 돌아가자 곧 심청이가 집으로 돌아왔습니다.

집에 와 보니 평소와 달리 아버지가 매우 기분이 좋았기 때문에 심청이는 오히려 신경이 쓰여서 물어보았습니다. 아버지는 저녁때부터 있었던 일들을 자세하게 이야기하면서 개안공양의 시주를 약속한 것도 덧붙였습니다. 그리고 심청이가 지금 이웃마을에서 받아 온 선물들을 열어보는 동안에도 얼굴은 뭐라 표현할 수 없는 기쁨으로 가득 차 있었습니다. 심청이도 어느 샌가 분위기에 휩쓸려 뭐라 표현할 수 없이 즐겁고 그저 기쁜 마음이 들 뿐이었습니다.

그런데 점점 아버지의 얼굴이 변했습니다. 먹구름이 하늘을 뒤덮어 갑자기 소나기가 쏟아지는 날씨처럼 이상하게 어둡고 어두운 기분으로 변해 버렸습니다.

아버지는 실로 기뻐하며 공양미의 시주를 스님에게 약속했지만 정작 어떻게 그것을 마련할 것인지 막막했습니다. 시주의 희망도 전혀 없고 쌀을 구할 방법도 전혀 없었던 것입니다. 3백 석이 아니라 하루하루 식사도 제대로 챙기지 못하고 있는데 어떻게 하면 좋을지. 한번 그것이 걱정되기 시작하자 도저히 마음속에서 사라지지 않았습니다

"어떻게 하지……."

그저 그 말만 되풀이하며 지나치게 말수가 적어지더니 어두운 얼굴은 한층 더 어두워지고 입을 다물어 버렸습니다.

이런 사실을 알게 된 심청이는 어떻게 해서든 아버지의 기원을 이루어드리고 싶었습니다. 그래서 마음 먹은 것이 있는 것처럼 강한 의지를 담아

"아버지, 절대로 절대로 걱정하지 마세요. 제가, 이 제가 그 공양미를 마련할 테니까요."

자신 있는 목소리로 그렇게 말하면서 아버지를 위로했습니다. 심청이는 바로 지금이라고 생각한 것이었습니다. 언젠가 아버지를 위해서 가능한 모든 효도를 다하겠다고 생각하고 있었지만, 이번에야말로 자기 힘이 닿는 한 모든 방법을 생각해 내고 노력해서 그 3백 석을 공양하겠다고 결심했습니다. 방법은 전혀 없었지만 어떻게든 할 수 있을 것 같은 느낌이 들었기에 그저 아버지가 걱정하지 않도록 말할 뿐이었습니다.

자신에 찬 심청이의 눈은 범상치 않게 빛나고 있었습니다. 여자였지만 그 단호한 마음가짐은 그 무엇이라도 뚫고 나갈 수 있다는 의지를 분명하게 보여주고 있었습니다.

어릴 때부터 아버지께 자주 들었던 이야기들을 떠올렸습니다. 저 중국의 왕상王祥이라는 사람이 얼음을 두들겨 깨서 한겨울에 잉어를 잡으려고 했던 것처럼, 맹종이 눈 밑에서 죽순을 찾아낸 것처럼, 진심으로 정성을 다하면 비록 여자의 몸이라도 이루지 못할 리가 없다고 생각했습니다. 심청이는 3백 석의 공양미를 구하는 것보다도 자신의 진심을 어떻게 표현해야 할지 그저 그것만을 간절하게 고민하고 있었습니다.

4

"하늘의 해님, 달님, 별님, 지하의 선조님들, 그리고 사방四方의 여러 신들이시여. 제발 이 불운한 부녀를 고통에서 구해 주십시오. 특히 나이가 들어 앞날이 많이 남지 않은 아버지의 고통을 조금이라도 덜어 주십시오. 만약 그것을 위해서라면 저는 제 모든 것을 바치겠다고 마음 먹었습니다. 아무쪼록 신들이시여 저희를 이끌어 주세요. 그 길을 열어 주세요."

심청이는 매일 밤 아버지가 잠들기를 기다렸다가 조용히 마당에 나가서 반짝반짝 빛나는 별들을 올려다보며 차가운 땅바닥에 엎드려 절하며 가지고 있는 모든 진심을 담아 계속 기도했습니다.

그렇게 밤마다 기도를 계속하고 있던 어느 날 아침의 일이었습니다. 지난밤에 기도를 드리다 지쳐서, 닭이 우는 소리를 몇 번이나 들으면서 밤을 새워 기도를 드리고 완전히 녹초가 된 몸으로 휘청휘청거리며 아침 청소를 하고 있는데

한 번도 찾아온 적이 없는 이웃집 할머니가 갑자기 찾아왔습니다.

"집에 있어? 갑자기 이런 이야기를 하는 것은 이상하지만, 얼마 전에 우리 집에 어디로 여행을 가는 사람하고 꽤나 멀리서 온 것 같은 사람들 몇 명이 몰려 와서는 돈은 얼마든지 줄 테니까 15살 정도 되는 여자아이를 찾고 싶다. 꼭 부탁하고 싶은 일이 있으니 혹시 있으면 말 좀 해달라. 그런 이야기를 하고 가 버렸는데. 돈은 얼마든지 준다고 그런 말을 했다오."

심청이는 그 할머니의 이야기를 듣자 이거다 싶어 귀를 쫑긋 세웠습니다.

드디어 심청이의 마음속에는 확실한 결심이 서게 되었습니다.

"그래, 그 사람들을 찾아가 보자. 그리고 혹시 3백 석의 쌀을 얻을 수만 있다면 무슨 일이라도 하자."

혼잣말처럼 그렇게 말하고 집을 나섰습니다.

아버지께는 이웃마을의 장씨 댁에 간다고 말하고, 실은 그날 아침 할머니께 들은 여행객 한 사람을 찾아 길을 나선 것이었습니다.

할머니가 가르쳐준 대로 찾아갔더니 그곳에는 얼굴도 손도 발도 시커먼, 얼핏 보기에도 건장한 남자들이 여러 명 있었습니다. 그중에서 다른 사람

들보다 나이가 많은 사람이

"우리들은 중국 남경南京 사람입니다. 장사를 하면서 배를 타고 멀리 이곳 저곳을 돌아다니고 있습니다. 그런데 바다 중에 임당수臨當水라는 곳이 있는데 여차하면 배가 뒤집어져 버리기 때문에 저희들은 해마다 그곳을 지날 때는 반드시 한 번에 한 사람씩 여자아이를 물에 던져 넣어서 신의 화를 달래 왔습니다. 올해도 또 그때가 되었기 때문에 아무리 돈이 들더라도 반드시 한 사람은 그곳에 제물로 바치지 않으면 안 됩니다."

그러자 다른 한 사람이 그 뒤를 이어서

"그렇습니다. 저희들도 정말 그런 일은 하고 싶지 않지만 그렇게 하지 않을 수 없기에, 게다가 여자아이를 그곳에 바치면 장사도 번창하거든요."

심청이는 그 이야기를 듣자 전신을 바늘로 찔리는 것 같았습니다. 그러나 심청이의 결심은 그 정도로는 조금도 흔들리지 않았습니다. 조용히 듣고 있던 눈을 결심의 의지로 빛내며

"그렇다면 부디 저를 그 임당수에 바쳐 주세요. 그 대신 아무쪼록 저의 소원을 들어주십시오. 제 소원은 말이죠, 단 하나뿐인 아버지가 벌써 오랫동안 눈이 멀어 계시는데 얼마 전 몽련사 스님의 중재로 그 눈을 고치기 위해서 개인공양으로 쌀 3백 석을 바치기로 하고 기원을 올리게 되었습니다. 그러나 기원을 약속하기는 했지만 정작 공양을 할 때가 되고 보니, 본래 가난한 살림에 어찌할 방도가 없어서 벌써 며칠을 그저 발만 동동 구르고 있던 중이었습니다. 이런 사정이니 제발 제 몸값으로 쌀 3백 석만 부디 베풀어 주십시오. 그렇게 해 주신다면 무슨 일이라도 해서 도움이 되겠다고 결심하고 찾아왔습니다."

얼굴을 마주보고 듣고 있던 선원들도 심청이의 이야기에 다들 감동하여

그저 입을 다물어 버렸습니다.

마침내 그 우두머리가 입을 열어

"그럼 당신이 말한 만큼의 쌀, 그리고 조금이라면 불편한 아버지를 위해서 어떻게든 도움이 되고 싶습니다."

그렇게 말하고 흔쾌히 승낙해 주었습니다.

결국 심청이는 출항하는 날짜와 여러 가지 것들을 자세히 물어보고 참기 힘든 기분이 되어 서둘러 집으로 돌아왔습니다.

길을 걸으면서 너무 기뻐 기운이 나다가도 갑자기 입을 다물며 그저 눈물만 흘릴 뿐이었습니다.

그로부터 2~3일이 지나자 몽련사의 스님으로부터 심부름꾼이 와서, 공양미를 감사히 잘 받았다는 것을 전해 주었습니다.

그러자 그것을 들은 아버지의 놀라움은 이루 말할 수가 없었습니다. 실로 생각지도 못했던 통지에 그저 깜짝 놀라서, 한편으로는 기쁘고 다른 한편으로는 마치 정말이라고 믿기지 않는 사실을 대단히 의아하게 생각하고 있었습니다.

심청이는 겉으로는 기쁜 것처럼 행동했지만 마침내 자신의 마지막이 가까웠다고 생각하니 너무나 참기 힘들었습니다. 결국 슬픔을 감추지 못하고 언제부터인가 감출 수 없게 되었습니다.

이제 이렇게 되자 모든 것을 밝히지 않으면 안 됐기에, 마침내 지금까지의 사정을 처음부터 끝까지 자세하게 아버지에게 이야기했습니다.

작은 가슴 속에 단단히 숨겨 두었던 근심거리를 시원하게 털어놓자 이제 심청이는 오히려 홀가분한 기분이 되었습니다. 그저 하루라도 빨리 아버지가 눈을 뜨고 행복하게 행복하게 살아갈 수 있도록 그것만을 빌고 있었습니다.

이제 출항하는 날까지 며칠 남지 않아서, 아버지의 신변을 하나에서 열까지 후회가 남지 않도록 하나하나 신경을 쓰면서 조금이라도 불편하지 않도록 밤낮을 가리지 않고 열심히 준비했습니다.

이미 내일은 벌써 뱃사람에게 몸을 팔고 집을 떠나지 않으면 안 되는 날이 되어 버렸습니다. 며칠 전부터 준비해 두었지만, 아직 해야 할 일들이 많이 남아있는 것만 같아서 마음이 불안했습니다. 닭이 처음 울었을 때부터 이미 잠이 깨서, 그때부터 계속 그런 생각을 하고 있던 심청이는 실로 여러 가지 것들을 생각하고 있었습니다.

세 번째로 닭이 울었을 때는 심청이는 이미 일어나 있었습니다. 조용히 마당에 나가서 서 보니, 별이 여기 저기 넓은 하늘에 펼쳐져 있었습니다.

바로 머리 위까지 내려 올 것처럼, 손이 닿을 것 같은 곳에서 반짝반짝 밝게 빛나고 있었습니다. 심청이는 먼저 신들에게 두 손을 모으고 돌아가신 선조들을 부르며 부디 아버지가 눈을 뜰 수 있기를, 자신이 떠나 버린 뒤의 생활이 행복하기를, 그저 그것만을 빌었습니다.

드디어 밤이 환하게 밝아 왔습니다. '이제 곧 이다.'라고 생각하니 밀려오는 감정에 가슴이 먹먹해졌습니다. 이것도 저것도 가능한대로 신경을 써서 아버지의 2~3일치 식사까지도 마련해 놓으며 후회하지 않도록 준비해 두었습니다.

마침내 헤어지지 않으면 안 되는 시간이 되었습니다. 그러자 당연히 아버지도 아무 말도 할 수 없었습니다.

"그럼 너……."

그 뒤는 목소리가 떨려서 알아들을 수가 없었습니다.

그러나 심청이는 씩씩하게 일어섰습니다.

"그럼 아버님, 저는 이제 작별을 고하겠습니다. 부디 아버님은 오래오래……."

하지만 결국 말을 끝맺지 못하고 힘없이 서 있었습니다.

때마침 심청이를 데리러 온 뱃사람들에게 이끌려 임당수로 출항하는 배로 안내되어 갔습니다.

남자보다 씩씩했던 심청이도 막상 태어난 집을 떠나게 되자 자신도 모르게 뒤를 돌아보았습니다.

'내일부터는 누가 이 문을 열고 닫을까?' 그런 것들을 생각하니 어느 샌가 발걸음도 무거워지는 것 같아서 정말이지 떠나기가 힘들었습니다.

하지만 심청이는 그런 생각만 할 수 없었기에 모든 것을 떨쳐 버리고 용감하게 죽음의 여행길에 올랐습니다.

5

심청이는 단단히 이어진 줄을 강제로 끊는 것처럼, 참을 수 없이 미련이 남는 아버지와 고향집을 뒤로하고 선착장 쪽으로 가면서 자신을 배웅 해주는 이웃들과 마을 사람들에게도 마음을 담아 작별인사를 건넸습니다. 모두 모두 눈물을 흘리며 배웅하면서 집의 일은 절대 걱정하지 말라고 입을 모아 말하며 위로해 주었습니다.

그러던 중 한 사람의 부인을 만났습니다. 그 이야기를 전해들은 이웃마을의 정부인이었습니다. 숨을 헐떡이며 달려온 부인은 심청이의 모습을 보자마자 눈물을 흘리며

"어째서 이렇게 되어 버린 것입니까? 어떻게든 다른 방법이 있었을 텐데.

부족하지만 우리들에게도 말해 주었다면 어떻게 해결하지 못할 일도 아니었을 텐데."

그렇게 말하며 계속 마음을 돌리도록 권했습니다. 그러나 심청이는 사람들을 불편하게 하지 않고, 폐를 끼치지 않고 자신이 감당할 수 있는 책임을 져서 아버지가 살아갈 길을 열고 싶었습니다. 그래서 부인의 깊은 마음에 감사하며 기쁘게 생각했지만 그렇다고 그만둘 수는 없었습니다. 그래서 심청이는 그 부인에게도 이 세상에서의 마지막 작별인사를 했습니다.

드디어 선착장에 도착하자 아까부터 기다리고 있던 선원들은 이미 준비를 모두 마치고 심청이를 맞아 주었습니다.

심청이는 안내해 주는 대로 배에 올라탔습니다. 한발을 배에 딛고 땅에서 떨어지자 심청이는 벌써 죽음의 바다에 발을 들인 것 같은 기분이 들어서 뭐라 표현할 수 없는 심경이 되었습니다.

선원들은 이미 징을 치며 출항을 알리고 있었습니다. 그러자 금세 하늘의 풍경이 바뀌더니 먹물을 흘린 것처럼 갑자기 흐려졌습니다. 그리고 심청이의 죽음으로 가는 여행을 배웅하려는 것처럼 한 방울 두 방울 비마저 내리기 시작한 것이었습니다. 그 비를 맞으며 절벽에 핀 이름없는 들풀도 머리를 숙이고 쓸쓸히 심청이를 배웅하고 있었습니다. 언덕에 무성하게 자라는 풀과 나무마저도 슬퍼하는 것처럼 보였습니다. 그 언덕 너머에서 까마귀 한 마리가 날아와서 까악까악하고 울더니 반대편 언덕으로 숨어버렸습니다.

2~3일이 지나 배가 어느 바다 위에 멈추어 섰다고 생각하자 그곳이 바로 임당수였습니다. 둘러보니 눈 닿는 곳은 전부 바다로 눈 앞을 가로막는 것은 아무것도 없었습니다. 지금까지 배가 움직이고 있었을 때는 별로 느

끼지 못했지만, 막상 멈춰 서서 보니 밀려드는 큰 파도가 배를 위로 들어 올려서는 내동댕이치고 있어서 발밑이 울렁울렁 솟아오르거나 꺼지는 것처럼 느껴졌습니다.

한층 더 파도가 거친 임당수는 배를 무섭게 흔들면서 지금이라도 당장 심청이를 휩쓸어 가버릴 것처럼 뭐라 형용할 길 없는 엄청난 기세로 일렁거렸고, 도깨비 얼굴 같은 해수면은 심술궂게 요동치고 있었습니다.

제사 준비는 완전히 끝나 있었습니다. 재촉을 받으며 갑판 위에 선 것은 심청이었습니다. 이미 몸치장을 마친 심청이는 천천히 일어서서 동쪽을 향해 저 멀리 계신 아버지를 향해 마음을 담아 마지막 인사를 올렸습니다.

"아버님 지금은 무엇을 하고 계십니까? 심청이는 지금부터 임당수로 들어갑니다. 저는 바닷속으로 가서 아버지의 행복을 빌고 있겠습니다. 부디 하루라도 빨리 기원이 이루어져서 눈을 뜰 수 있기만을 그것만을 빌면서 죽겠습니다."

그렇게 말하고 손을 모아 기도했습니다.

선원들의 제사 준비는 먼저 밥을 많이 지어 놓은 후에, 소와 돼지를 죽여서 그것을 북쪽을 향해 늘어놓고 그리고 나서 심청이를 배 앞머리 쪽으로 안내해 역시 북쪽을 향해 앉혔습니다. 하나에서 열까지 모든 준비가 끝나자 징과 큰북을 치면서 기도를 시작했습니다.

"저희들 24명은 아직 나이도 차지 않은 15살 때부터 먼 바다를 건너 서쪽으로 동쪽으로 남쪽으로 북쪽으로, 바다 위에서 생활하고 있습니다. 그러나 큰 재난도 없이 오늘까지 장사를 계속해 올 수 있었던 것을 깊이 감사드립니다. 임당수의 수신님(水神樣), 여기 약소하지만 저희들의 마음을 다해서 제사를 드립니다. 부디 받아주십시오. 그리고 앞으로도 지켜 주십시오. 장사도 더욱 더 번창하고 긴 여행도 무사하게 마칠 수 있도록 항상 이끌어 주시고, 더욱 더 행복해질 수 있도록 지켜주십시오."

선원의 기도가 끝나자 드디어 심청이를 바칠 때가 찾아왔습니다.

이미 준비를 마치고 선원의 기도를 듣고 있던 심청이는 마침내 몸을 일으켜 한마디

"신이시여, 부디 아버님의 눈을 뜨게 해 주세요. 아무쪼록 아버님, 오래오래 행복하십시오."

라고 말하고 바다로 뛰어들어 버렸습니다.

거품이 일던 거친 파도는 반대쪽으로 밀려가면서 조용히 심청이를 삼켜 버렸습니다. 파도 위를 스쳐 지나는 바람만이 배 위로 불어와 깃발을 펄럭펄럭 흔들고 있었습니다.

6

바닷속 용궁에서는 언제 알았는지 용왕은 심청이가 바다에 몸을 던지는 것을 알고 있었습니다.

그날 아침이 되자 사해四海의 신하들에게 명령을 내려서

"오늘 오시午時[2]가 되면 효녀 심청이 임당수에 몸을 던질 것이다. 너희들은 그때까지 그 주변에서 기다리고 있다가 재빨리 모시고 수정궁水晶宮으로 안내 드리거라. 혹시라도 시간을 맞추지 못해 그대로 심청이를 잃어버리게 된다면 그야말로 무거운 죄로 여기고 이 용궁으로부터 멀리 추방할 것이니 단단히 각오하거라."

2 오전 11시~오후 1시.

이런 명을 받은 사해의 신하들은 많은 선녀들을 이끌고 아침부터 줄을 지어 마중을 나갔습니다. 그리고 백옥교白玉橋를 건너 임당수의 바로 근처에 가서 기다리고 있었습니다. 정해진 시각이 되자 실로 고귀해 보이는 소녀가 나타났습니다. 선녀들은 그저 넋을 잃고 바라보고 있을 뿐이었습니다. 조용히 선녀들에게 둘러싸여 가는 모습은 아름다운 용궁의 공주님들에 견주어도 결코 뒤지지 않았습니다. 그 고귀함과 신비로움은 말로 표현하지 못할 정도였습니다.

심청이가 발걸음도 조용히 백옥교를 건너자, 다리 끝 양쪽에는 학과 거북이를 탄 선녀들과 파란 옷과 붉은 옷을 입은 동자들이 길게 늘어서서 선악仙樂을 연주하며 수정궁 쪽으로 안내해 갔습니다.

드디어 수정궁에 도착하자 그 아름다움은 말로 표현할 수 없을 정도였습니다.

호박琥珀 기둥에 백옥으로 만든 주춧돌, 거북이 등껍질로 만든 수렴垂簾, 하나부터 열까지 모든 것들이 마치 눈이 멀 정도였습니다.

훌륭한 방에서 쉬게 된 심청이는 아름답고 신기하여 그저 기쁜 마음에 주변을 둘러보고 있었습니다. 그 곳으로 이 세상에서는 본 적도 먹어 본 적도 없는 진귀하고 진귀한 음식들이 날라져 왔습니다. 많은 공주님들이 옆에서 성심껏 응대를 해주고 있었습니다.

심청이는 시간이 가는 것도 잊어버리고 기쁘게 자신의 방에서 접대를 받았습니다. 그리고 어느 날은 아름다운 정원으로 안내되어 아름다운 물고기들의 수영 시합, 문어와 해파리의 춤 등을 보며 즐거운 시간을 보냈습니다.

그러던 어느 날

"오늘은 어머님께서 오시니 마중을 나가거라."
라는 용왕님의 명이 있었습니다. 그것을 들은 심청이는 꿈이 아닌지 깜짝 놀랐습니다.

'아아, 이곳에서 어머님을 만날 수 있다니.' 그렇게 생각하자 참을 수 없이 기뻐서 조금도 마음이 진정되지 않았습니다. 시중을 들어주는 선녀들과 백옥교 앞까지 가자, 넓은 하늘 전체에 오색의 아름다운 구름이 펼쳐지고 그 사이에서 선악이 들려오기 시작했습니다. 그 선율이 수정궁의 구석구석까지 울려 퍼졌습니다.

마침내 행렬이 보이기 시작했습니다. 선두에는 파란 학과 하얀 학이 좌우로 늘어서고 그 다음으로 천상의 선녀들이 줄을 지어 서 있었으며 그 뒤로 선동들이 나타났습니다. 행렬의 사이에서 보였다 안 보였다 하면서 오고 있는 것은 틀림없는 어머니였습니다.

오색 구름이 한 순간에 사라졌다고 생각한 순간, 눈 앞 다리 끝에 어머니가 실로 기쁜 얼굴로 서있었습니다.

성큼성큼 발걸음도 가볍게 다가와서 심청이의 손을 잡고

"심청아, 너의 지극한 효심은 천상에도 지상에도 심지어 용궁의 구석구석까지도 잘 알려져 있단다. 나는 멀리 천상에서 그 이야기를 듣고 얼마나 기뻤는지 모른다. 다 자란 네 얼굴을 직접 이 눈으로 본 적은 없지만, 언제나 마음속으로 상상하며 얼마나 행복했는지 모른단다. 그런데 오늘은 하늘에 계시는 신의 배려로 너와 만나게 해 준다는 이야기를 듣고, 나는 너무나 기쁜 마음에 당장 내려왔단다. 생각해보니 이것도 너의 고운 마음씨 때문이로구나. 그 생각을 하면 너에게 어떻게 감사해야 좋을지. 그것조차 알 수 없구나. 아아, 심청아. 정말 잘해 주었다."

심청이는 마치 넋이 나간 것처럼 어머니를 꼭 끌어안고는

"어머님, 저는 얼마나 어머님을 그리워했는지 모릅니다. 그러나 그것은 모두 쓸데없는 일이었습니다. 어떻게 만날 수 있었겠습니까? 이 세상과 저 세상에 떨어져 있는 것을요. 그러나 지금은 이렇게 만날 수 있다는 기쁨에 그저 신께 감사를 드릴 뿐입니다. 이것도 어머님의 깊은 사랑덕분입니다. 저는 그저 기쁠 뿐입니다. 그러나 저는 아버님이 걱정돼서 죽을 것 같습니다. 어렸을 때는 그렇게 고생을 시켜드렸는데 아직 충분히 은혜를 갚지도 못한 채로, 불편한 눈을 뜨게 해드리고 싶다는 일념으로 결국 15살의 나이에 아버님의 곁을 떠나 이런 타계로 와 버렸습니다. 아아, 어떻게 해서라도 다시 한 번, 단 한 번만이라도 아버지를 만나고 싶습니다. 어머니를 만나 행복한 지금은 단지 그것만이 저의 소원입니다. 아무쪼록 어머님, 어머님도 제 소원을 이룰 수 있도록 도와주세요. 이제 그것만이 유일하게 마음에 걸리는 일입니다. 제발 어머님."

이렇게 말하며 마치 어린아이처럼 어머니의 무릎 위에 엎드려 기댔습니다.

그리고 어머니의 젖을 만지거나 앞으로도 뒤로도 매달리며 다시 갓난아기가 된 것처럼 기쁘게 어리광을 부렸습니다.

어렸을 때는 어머니를 알지 못했던 심청이는 마치 제대로 그것을 느껴보려는 것처럼 잠시라도 어머니의 곁을 떠나지 않았습니다.

하루 이틀이 지나고 벌써 십여 일이 지나가 버렸습니다. 그러자 어머니는 심청이에게 이별을 고하고 다시 저 멀리 천상으로 돌아가려고 했습니다.

심청이는 이대로 죽을 때까지 어머니 옆에서 있을 수 있다고 생각하고 있었는데 갑자기 떠나야 한다는 이야기를 들어서 그 무정함을 원망할 용기

도 없었습니다.

드디어 어머니와 헤어지지 않으면 안 되는 날이 왔습니다.

"부디 어머님, 언젠가 다시 만날 수 있도록 빌어 주세요. 아아 어머님, 저를 지켜주세요. 그리고 아버님의 안부도 알 수 있도록 해주세요. 그럼……."

그렇게 말하고 그 자리에서 쓰러져 버렸습니다.

그러는 사이에 어머니는 선녀와 선동들에게 둘러 싸여 오색으로 빛나는 구름 속에 들어가 하늘 높이 사라져 버렸습니다.

7

심청이가 행복하고 즐겁게 수정궁에서 살고 있는 동안에 어느 샌가 시간은 흘러 세월이 꽤 지나 버렸습니다.

어느 날, 용왕은 사해의 신하들을 불러 들여서

"효심 깊은 심청이를 저 옥련화玉蓮花 안에 앉혀서 임당수로 돌려보내라." 라고 명령했습니다.

그리고 그 사실을 심청이에게도 전해서 드디어 수정궁을 출발하게 되었습니다.

왔을 때처럼 많은 시종들에게 둘러 싸여서 백옥교를 건너는 그 순간 홀로 둥둥 임당수 근처에 떠 있었습니다. 실로 아름다운 연꽃 속에 앉은 채로 물 위에 떠 있었습니다. 그날은 드물게 바람이 세지 않고 금색 은색의 잔잔한 파도가 반짝반짝 빛났기에 정말 기분 좋게 떠 있었습니다.

그러자 멀리 남쪽 지평선 쪽에서 한 척의 배가 다가왔습니다.

심청이는 홀로 바다 위에 떠 있으면서도 전혀 외롭지 않았습니다. 그러

나 멀리 배를 발견하자 갑자기 그 배가 반갑게 느껴져서 가까이 오는 것을 두근거리며 기다리고 있었습니다.

그러자 배는 금세 근처로 왔습니다. 그런데 이상하게도 그곳까지 오자 멈춰 서서 닻을 내리고 있었습니다. 의아하게 여기며 보고 있는데 모두 배 위에 나와서 무슨 일이라도 하는지 여기저기 돌아다니고 있었습니다.

그도 그럴 것이, 그곳으로 와서 정박한 배는 남경으로 돌아가는 도중에 심청이를 임당수에 바치고 간 바로 그 배였습니다. 선원 24명은 무사히 귀국한 뒤에 팔 물건을 준비해서 다시 찾아온 것이었습니다. 그리고 남경으로 가는 길에 불쌍한 심청이를 임당수의 수신에게 바쳤던 일을 떠올리고 하다못해 명복이라도 빌어 주기 위해서, 선원 일행은 일부러 배를 세우고 소박한 제물로 제사를 지내고 있었습니다.

드디어 제사도 끝나 닻을 올리려고 하니, 지금까지 아무도 보지 못했던 아름다운 꽃이 물 위에 떠 있었습니다.

"아니 뭐지? 이런 바다 한가운데? 게다가 바람도 파도도 없어서 어디서 흘러 왔다고도 생각할 수 없는데 말이야. 신기한 꽃도 다 있구나. 분명히 심청이의 영혼일거야."

선원들은 모두 신기해하며 뱃머리에 모여서 쳐다보고 있었습니다.

그러자 신기하게도 오색의 빛이 하늘에서 쏟아서 내리더니 그 안에서 맑은 목소리가 들려왔습니다.

올려다 보니 파란 옷을 입은 천녀가 나타나서

"자, 선원들이여. 지금 그곳에 떠 있는 꽃은 천상의 연꽃이다. 그것을 그대로 버려두지 말고 소중히 가지고 가서 그대들이 가는 나라의 임금님께 헌상하시오. 만약 함부로 취급한다면 그대들은 바로 물귀신이 될 것이오."

말을 마침과 동시에 오색의 빛도 사라지고 하늘에는 아무것도 없었습니다. 그저 살랑살랑 부는 바람에 연꽃이 기분 좋게 떠 있었습니다.

선원들은 이것은 분명 하늘의 계시라고 여기며, 하늘에서 들려온 말대로 소중하게 그 꽃을 배 안에 싣고 주위를 아름다운 막으로 둘러 싸고는 다시 항해를 서둘렀습니다. 순풍이 적당히 불어서 금세 본래의 항구에 도착할 수 있었습니다.

8

배가 항구에 들어서자 선원들은 크게 기뻐했습니다.

그리고 무엇보다 가장 먼저 임당수에서 모시고 온 신비로운 꽃을 임금님께 헌상했습니다.

그때 임금님께서는 귀하고 귀하게 여기던 황후님께서 돌아가시고 쓸쓸한 하루하루를 보내고 계셨습니다. 달리 즐거운 일도 없어서 진귀한 꽃들을 모아 소소한 즐거움으로 삼고 계셨습니다. 그런 때 선원들이 특이하고 아름다운 꽃을 헌상했기에 임금님께서는 매우 기뻐하셨습니다. 당장 옥으로 만든 쟁반으로 옮겨서 깨끗한 물 위에 띄워 놓았습니다.

실로 아름답고 큰 꽃은 훌륭한 쟁반에 담겨서 만족한 것처럼 떠 있었습니다.

임금님께서는 그 진귀한 꽃이 헌상되고 난 뒤로는 왠지 얼굴색도 좋아져서 기운차게 하루하루를 보내셨습니다. 아침저녁으로 그 꽃을 보고 있으면 왠지 말을 걸어 오는 것 같아서 기운이 났습니다.

그러던 어느 날, 임금님이 깜빡 잠든 동안에 신기한 꿈을 꾸었습니다.

어디선가 봉래蓬萊의 선인들이 학을 타고 내려와서

"황후께서 돌아가시고 오랫동안 쓸쓸하게 지내셨지만, 신의 뜻으로 다시 인연을 맺어 줄 테니 부디 뜻을 따르시게……."

그 목소리와 함께 잠에서 깼습니다. 그리고 여느 때처럼 정원을 걷다가 옥 쟁반 근처로 갔는데, 실로 신기하게도 보려고 했던 꽃은 어디로 갔는지 사라지고 그 대신 아름다운 공주님으로 바뀌어 있었습니다.

임금님은 대단히 기뻐하며 여관女官들에게 명을 내려 가까이로 부르셨습니다.

이것은 얼마 전 꿈에서 계시를 받았던 신께서 보내주신 황후가 틀림없다고 생각했습니다. 삼정승과 육조판서를 불러 친히 계획을 세워서 조상의 사당에 보고를 드리고는 황후로 삼아 황후전皇后殿에 들였습니다.

이렇게 심청이는 생각지도 않았던 황후가 되어 임금님을 섬기는 몸이 되었습니다.

과분한 행복에 겨워 하루하루를 보내고 있었지만 시간이 지날수록 고향에 두고 온 아버지가 떠올랐습니다. 그런 일이 있을 때마다 우울한 마음이 되어

"대체 우리 아버지께서는 아직 살아계실까? 혹시 세상을 떠나 버리셨나? 그리고 부처님의 영험은 아버님의 눈을 뜨게 해 주었을까?"

남몰래 이런 말들을 하며 혼자 슬픔에 빠져 있는 날도 있었습니다. 그리고 점점 날이 지날수록 좀 더 자주 그 일을 생각하게 되었습니다.

그러던 어느 날 임금님은 그것을 눈치채고 이유를 물어보셨습니다.

그러자 황후는 더 이상 아무것도 감추려 하지 않고 태어났을 때부터 어머니에 대해서, 불운한 아버지에 대해서, 그리고 개안공양의 제물이 되어 멀리 임당수에 몸을 던진 일, 그리고 이후의 변화에 대해서 처음부터 끝까지 자세하게 아뢰었습니다.

귀 기울여 전부 듣고 있던 임금님께서는 매우 가엽게 여기시며 어떻게 해서라도 심청이의 아버지를 모셔오고 싶다고 항상 생각하게 되었습니다.

어느 날 임금님께서 말씀하시길

"당신의 효심에는 진정 감탄할 수밖에 없소. 그러니 빨리 아버님을 모셔옵시다. 그러나 확실히 정할 수 없으니 이렇게 합시다. 나라에 있는 맹인들을 빠짐없이 불러모아서 하룻밤의 연회를 개최합시다."

이렇게 말씀하시고 나라 전체에 방을 붙였습니다.

그 달의 15일이 좋을 것 같다고 해서 그날로 정해 불러 모았습니다.

그러자 많이 모이고 모여들어서, 실로 많은 맹인들이 찾아 왔습니다.

심황후는 실로 많은 맹인들 한 사람 한 사람에게 정중하게 말을 건네며

일일이 주소와 이름부터 여러 가지를 물어보았습니다. 많고 많은 사람들을 일일이 찾아보았지만 아무리 찾아도 아버지는 보이지 않았습니다. 어떻게 된 일인지 의아해하면서도 계속해서 한 사람 한 사람에게 물어보고 있었습니다.

아버지인 심학규는 공교롭게도 그날이 심청이의 기일이었기 때문에, 최소한 심청이를 이 세상에서 떠나 보낸 항구에라도 찾아가 한마디 말이라도 건네고 싶다는 생각에 불편한 몸으로 찾아 찾아 멀리 선착장에 도착했습니다. 그런데 그때 지나가는 사람에게 임금님의 잔치에 대해 듣고 그때부터 겨우겨우 찾아왔습니다. 늦은 시간으로 날도 거의 저물어 버렸습니다.

심황후는 조용히 생각하고 있었습니다.

"아버지는 어떻게 된 걸까? 혹시 개안공양이 영험이 있어서 더 이상 맹인이 아닌 걸까? 벌써 돌아가신 걸까? 그렇지 않으면 늦어서 못 오신 걸까?"

이런저런 생각을 하고 있자니 참을 수 없이 마음이 아파서 흘러 나오는 눈물을 어쩔 수가 없었습니다.

그때 바로 옆으로 다가 온 한 사람의 맹인, 그것은 틀림없는 아버지였습니다.

황후가 질문을 하자 그 대답 하나 하나가 너무나도 가슴을 도려내는 듯했습니다. 그저 그 목소리를 들은 것만으로도 이미 가슴이 벅차 올라서 무슨 말을 하며 아버지에게 다가갈지 생각할 틈도 없이 당장 옥렴玉簾 속 자리를 박차고 일어나 아버지 곁으로 달려 갔습니다.

"아버지 눈을, 눈을 뜨고 저를 보세요. 임당수에 몸을 던진 심청이에요."

그저 그렇게만 말하며 손을 뻗었습니다.

아버지는 두 손을 내밀며

"뭐라고 심청이? 이게 대체 정말이냐? 이렇게 감사할 데가. 자, 얼굴을……."

이렇게 말하면서 아버지가 보이지 않는 눈으로 보려고 하자, 바로 그때 두 눈이 번쩍 뜨였습니다.

생각지도 못했던 이 세상의 빛을 마주하고 아버지는 그저 망연자실하여 아무 말도 할 수 없었습니다.

그저 심황후의 두 손을 꼭 잡은 채

"아아, 네 얼굴. 나는 처음으로 네 얼굴을 보는구나. 그리고 이렇게 고귀한 신분이 되다니. 아버지는 죽었다고만 생각하고 있었는데. 그리고 지금, 지금까지 이 세상을 그저 어둡게 살아온 내 눈을 이렇게 뜨게 해 주다니. 아아, 너의 공덕功德. 나는 그저 절을 올릴 수밖에 없구나. 절을 하게 해다오. 절을 하게 해다오."

정신이 나간 것처럼 아버지는 이 말을 되풀이했습니다.

임금님께서는 이 이야기를 처음부터 끝까지 듣고서는 아버지에게 어느 지방의 높은 관직을 내려 주셨습니다.

그리고 몽연사의 스님에게도 많은 쌀과 돈을 내리셨습니다. 그리고 심청이가 태어난 마을의 사람들에게도 많은 선물을 내리셨습니다.

2. 제비 다리燕の脚

1

옛날 조선의 남쪽, 경상도와 전라도의 경계 부근에 놀부乭夫라는 형과 흥부興夫라는 동생의 유명한 형제가 살고 있었습니다.

형 놀부는 그야말로 대단한 부자로 무엇 하나 부족한 것 없이 살고 있었지만, 동생 쪽은 굉장히 가난해서 말이 안 될 정도의 생활을 하고 있었습니다.

그렇게 형은 유복한 생활을 하고 있으면서도 동생을 조금도 돌봐 주지 않았습니다.

아무리 곤란한 일이 있어도 전혀 개의치 않으며 모르는 척하며 살고 있었습니다. 그런 식이었기 때문에 동네 이웃을 대하는 태도도 그야말로 불친절하며 심술궂고 욕심이 많아서 주변에 피해만 끼쳤습니다. 그러나 형은 조금도 잘못했다고 생각하는 기색 없이 기고만장해하면서 아무렇지 않게 살고 있었습니다.

그와 반대로 동생은 착하기 그지 없었습니다. 아무리 무리한 요구를 듣고, 아무리 주제넘은 참견을 해도 형의 말에 한 번도 말대답을 한 적이 없었습니다. 정말 순수하게 형을 위해서 일해 주었습니다. 그러나 형은 그렇게까지 해주는 동생을 조금도 돌봐주지 않았습니다. 인정머리 없이 자신의 이익만을 챙겼기 때문에 동생은 그저 언제나 가난할 뿐이었습니다. 가난한 데다가 자식들도 많았기 때문에 정말 힘든 하루하루를 보내고 있었습니다. 그래도 아이들만은 배를 곯지 않도록 신경을 썼지만 자신은 언제나 허기진 배를 채워 본적이 거의 없었습니다.

형의 집을 보면 널찍하게 해가 잘 드는 곳에 실로 위풍당당하게 자리잡고 있었습니다. 그 훌륭한 저택은 얼마나 대단한지 나라 전체에 소문이 났을 정도로 훌륭했습니다.

주변에 담을 쌓는 것도 인부 몇 명 정도로는 할 수 없을 정도였습니다. 마치 양반 같은 생활을 하고 있었습니다.

그러나 동생의 생활은 차마 눈뜨고 보기 힘들 정도였습니다. 초라한 오두막이 산 그늘에 홀로 서 있었습니다. 하루 종일 해가 들지 않은 곳으로 그저 이슬과 비를 피할 수 있을 정도였습니다. 그마저도 며칠 동안 비가 계속 내린 날에는 앉을 곳도 잘 곳도 없었습니다.

같은 형제인데 이 정도로 다른 생활을 하고 있다니? 보는 사람 듣는 사람마다 의아하게 생각했습니다. 형의 욕심과 동생의 착한 마음씨는 진정 세상에서도 보기 힘든 특이한 것이었습니다.

2

봄이 왔습니다. 이 조선도 따뜻한 햇빛에 둘러 싸여서, 벌써 개암나무도 어느 샌가 꽃이 피고 민들레와 제비꽃도 노란색 보라색 꽃을 피웠습니다. 조금씩 버드나무도 싹을 틔우고 진달래 꽃도 피기 시작했습니다.

평화로운 하늘에 멀리 아지랑이가 올라오고, 지금까지 온돌에 숨어 있던 아이들도 들떠서 나오게 되었습니다. 들에서 들로 울려 퍼지는 버들피리 소리에 이끌려 오늘도 한 마리 내일도 한 마리 조금씩 봄의 전령이 찾아왔습니다. 까맣고 윤기 흐르는 옷을 빼 입고 하얀 가슴을 가진 제비가 '봄이다. 봄이다.'라고 말하면서 지지배배 지지배배 하늘을 날고 있었습니다.

음력 3월3일은 제비가 오는 날이라고 해서 조선에서는 모든 마을에서 축제가 열렸습니다. 여자와 어린이들은 아름다운 옷을 입고 들과 산에서 마음껏 놀며 즐겼습니다. 어느 산을 가더라도 마을 근처의 따뜻해 보이는 산에는 그곳에 흐드러지게 피어 있는 진달래보다도 아름답게, 빨간 저고리(윗옷)와 보라색이나 초록색 치마(부인들의 하의)가 산들바람에 하늘하늘 휘날리고 있었습니다.

옻처럼 새까맣고 윤기 있는 날개를 펼치고 날고 있는 제비는 높게 낮게 공중제비도 넘으며 '아무쪼록 올 한해도 변함없이 잘 부탁드립니다.'라고 말하는 듯이 마치 인사라도 하는 것처럼 이쪽저쪽으로 날아다니고 있었습니다.

멀리 멀리 강남에서 날아온 제비는 한차례 인사가 끝나자 이번에는 올 한해 아이들을 기를 둥지를 찾아 돌아다녔습니다.

'어느 집을 빌릴까?'

이렇게 생각하며 2~3일은 찾아 다녔습니다.

그러자 동생의 쓰러져가는 집에도 두 마리의 제비가 찾아 왔습니다. 그리고 작은 부리를 크게 벌리고 하얀 가슴을 꿈틀거리며

"아아, 안심이야. 안심이야."

"여기가 좋아. 여기가 좋아."

"올해는 여기에서. 올해서 여기에서."

"지지배배 지지배배"

제비 부부는 꽤나 마음에 드는 것처럼 노래하고 있었습니다.

동생 흥부가 문득 처마 밑을 보니 제비가 둥지를 만들기 시작했기에

"어이, 제비야. 우리 집은 너무 더럽단다. 게다가 당장이라도 쓰러져버릴 것 같으니 안됐지만 어디 좋은 집에 가서 둥지를 틀지 않겠니? 우리 형 집에 가 보렴."

이런 이야기를 했습니다. 그러나 제비는

"아니에요. 천만에요. 천만에요."

"고마워요, 고마워요."

"괜찮아요. 괜찮아요. 지지배배 지지배배."

라고 말하며 더 안심한 듯이 기뻐하며 힘을 합쳐 둥지를 만들고 있었습니다.

형의 집에는 가지 않고 왜 이렇게 초라한 자신의 집에 만들었는지 이상해하면서도 한편으로는 기뻐했습니다.

그리고 아침이 되면 즐겁게 하늘을 날아다니다 돌아와서 열심히 둥지를 만들고 있는 것을 보며 너무나도 흐뭇했습니다. 흥부는 넋을 잃고 쳐다보고 있을 때도 있었습니다.

드디어 둥지가 완성되자 알을 몇 개나 낳았습니다. 그리고 수컷과 암컷은 교대로 밖에 나가서 배를 채우고 돌아와서는 그 알들을 품었습니다.

어느 날 흥부가 아무 생각 없이 제비를 보고 있었습니다. 제비는 둥지 안에서 열심히 뭔가를 하고 있었는데 지지배배 소리가 나더니 알 껍질을 벗겨서 땅으로 떨어트렸습니다. 그때부터 부지런히 벌레를 잡아 왔습니다. 부모 제비는 아침 일찍부터 밖으로 날아갔습니다. 보리밭 위나 강 위처럼 작은 벌레가 있을 것 같은 곳을 찾아서 휙휙 날아다니고 있었습니다.

새끼 제비는 큰 입을 벌리고 기다리고 있었습니다. 점점 크게 자라면서 둥지 안이 시끌시끌해졌습니다. 부모 제비가 올 때마다 삐약삐약 소란스럽게 먹이를 다투기도 했습니다.

"이제 내일은 다 같이 출발할 거란다. 자, 이 둥지 안에서 조용히 지내는 것도 오늘이 마지막이니, 푹 쉬고 내일 출발하지 못하는 일이 없도록 날갯짓 연습이라도 해두렴."

엄마 제비는 이렇게 말했습니다.

새끼 제비들은 기뻐하며

"잘 됐다. 내일은 저 넓은 들판 쪽으로 가서 높은 나무 위에 앉는 거야."

"하지만 정원 나무 위보다 멀리 날아갈 수 없으면 곤란해."

"그럴 일은 없어."

"아, 기쁘다. 기뻐."

"지지배배 지지배배"

벌써 부모와 같은 소리를 내며 울고 있었습니다. 그런데 바로 그날의 일이었습니다. 본래 초가집이었기 때문에 얼마든지 기어 올라 올 가능성은 있었지만 정말 뱀 한 마리가 찾아 왔습니다.

제비 둥지를 발견하고는 더 이상 움직이지 않았습니다. 가만히 몰래 접근해서 한 마리씩 잡아 먹어 버렸습니다. 제비 부모는 어떻게 해서든 새끼들을 구하고 싶어서 자신들의 목숨을 걸고 열심히 쫓아보려 했지만 뱀에게는 도저히 이길 수가 없었습니다. 마침내 다 잡아 먹히고 마지막 제비 한 마리만 남았습니다. 그러나 이 새끼 제비는 간신히 무서운 뱀의 입에서는 도망쳤지만, 서툰 날갯짓으로 날려고 하다 보니 대문의 처마 끝에 부딪혀서 마당에 떨어져 버렸습니다. 그때 어떻게 잘못 되었는지 왼발이 부러져

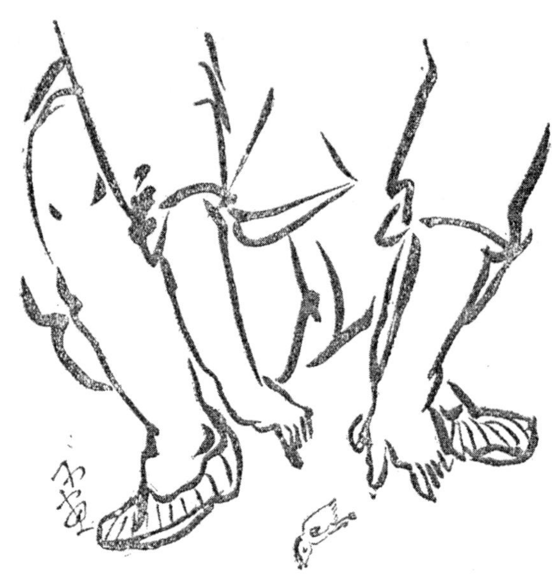

버렸습니다. 땅 위에 떨어진 제비는 충격과 다리 통증 때문에 부들부들 떨고 있었습니다. 아픈 다리를 하늘을 향해 들어 올리고 부들부들 떨고 있을 때 흥부가 그 곳을 지나갔습니다.

"아아 가엽게도, 어떻게 된 거지?"

라고 곧바로 데리고 가서 약을 발라주고 종이를 말아 주었습니다. 그리고 조심해서 둥지 안에 넣어 주었습니다.

그리고 나서는 조용히 둥지 속에 움츠리고 있었습니다. 그래도 흥부가 주는 먹이는 잘 받아먹었기에 곧 건강해져서 둥지를 떠날 수 있게 되었습니다. 이제 슬슬 9월도 끝나가던 어느 날 아침, 마치 감사 인사라도 하는 것처럼 지지배배 지지배배 울더니 금세 멀리 남쪽 고향으로 돌아가 버렸습니다.

3

뒤늦게 강남으로 돌아간 제비는 긴 여행의 피로가 풀리자 임금님을 찾아갔습니다. 그리고 멀고 먼 조선에서 돌아온 인사를 올렸습니다. 그러면서 다리를 다쳐 친절한 보살핌을 받은 이야기를 전했습니다. 임금님은 그 이야기를 듣고 매우 기뻐하셨습니다. 그리고 내년에 찾아가서 제대로 감사인사를 하라며 바가지(박(夕顔)의 일종) 씨앗을 하나 주셨습니다. 그 씨앗에는 '보은표報恩瓢'라는 금색의 글자가 써 있었습니다.

다음 해가 되었습니다. 3월 3일이 되자 벌써 제비 울음소리가 들려왔습니다. 흥부는 그 제비 울음소리를 듣고 작년의 일을 떠올렸습니다. 힘들게 그렇게 새끼를 길렀는데 뱀에게 당한 일을 생각하며 올해는 그런 것에게 당하지 않았으면 좋겠다고, 그런 생각을 하며 걱정을 하고 있었습니다.

그러자 지지배배 지지배배 말을 걸면서 마당을 날아다니던 제비가 무언가를 툭 떨어트렸습니다. 가만히 주워서 보니 그것은 한 알의 바가지 씨앗이었습니다. 그곳에는 금색으로 글자가 적혀 있었습니다. 흥부가 신기해하며 그 글자를 읽어보니 '보은표'였습니다. 이것은 분명 뭔가 좋은 일이 생길 것이라고 생각하며 조심 조심 땅에 심었습니다.

2~3일이 지나자 싹이 나왔습니다. 그리고 쑥쑥 자라더니 신기하게도 꽃이 피었는지도 모를 사이에 벌써 열매가 생기기 시작했습니다.

커다란 바가지가 세 개, 네 개 열렸습니다. 그 바가지를 보고 있으면 왠지 마음이 끌렸습니다. 이것은 분명히 신비로운 일임에 틀림없다고 생각하고 흥부는 우선 그 하나를 따서 부인과 둘이서 그것을 갈라 보았습니다. 그러자 예상대로 말로 표현할 수 없을 정도로 아름다운 파란 옷을 입을 동자가 나타났습니다. 두 사람은 깜짝 놀랐습니다. 그리고 기뻐하며 말을 걸자 동자는 방긋방긋 웃으며 손에 들고 있던 항아리 안에서 선약을 꺼내 그것을 흥부에게 건넸습니다.

그 약을 먹으면 어떤 죽은 사람이라도 틀림없이 되살릴 수 있다는 겁니다. 그리고 노인이 먹으면 흰머리가 검어지고 얼굴이 불긋불긋해지면서 완전히 다시 젊어질 수 있는 힘을 가지고 있었습니다. 눈먼 사람이 먹으면 그 자리에서 눈을 뜨고, 벙어리가 말을 할 수 있게 되는 실로 불가사의한 힘을 가진 약이라는 것이었습니다. 두 사람은 감탄하여 그것을 보고 있었습니다.

흥부는 하나 더 갈라 보려고 마음 먹고 꽤나 큰 것을 골라 갈라 봤더니 안에서 계속해서 쏟아져 나왔습니다. 부엌살림부터 시작해서 모든 것들이, 생활에 필요한 것이라면 뭐든지 쏟아져 나왔습니다. 지금까지 가난하게 살아왔던 동생이었기에 기쁘고 기뻐서 그 하나 하나를 손에 들어 보았습니다.

"이것은 신기한 일이야. 이것은 신기한 일이야."

이렇게 말하면서 하나 더 따 와서 갈라 보았습니다. 그러자 이번에는 많고 많은 곡물과 보물이 쏟아져 나왔습니다. 지금까지 가지고 싶었던 물건들을 전부 갖게 되어서 흥부의 기쁨은 이루 말할 수 없었습니다. 기뻐하며 즐거워하고 있는데 곡물과 보물이 나온 다음에는 목수와 남자 여자, 많은 시종들까지도 줄줄이 쏟아져 나왔습니다.

이렇게 되니 하나부터 열까지 부족한 것이 없었습니다. 이미 굉장한 부자가 되어 버려서 아무 불편 없이 살아갈 수 있게 되었습니다.

4

그것을 들은 형 놀부는 도저히 가만히 있을 수 없었습니다. 동생이 한 일을 듣자 샘이 나고 욕심이 나서 참을 수가 없었기에 동생이 한대로 해 봐야겠다고 생각했습니다.

어느 날 한 번도 찾아온 적 없었던 형이 흥부의 집에 찾아와서는 보물에 대해서 물어봤습니다. 정직한 동생이기에 처음부터 끝까지 알려 주자, 형 놀부도 그대로 해 봐야겠다고 마음속으로 결심했습니다.

드디어 봄이 되었습니다. 제비가 찾아오도록 놀부는 처마 옆에 판자를 덧대고 기다리고 있었습니다. 그랬더니 정말 찾아왔기에, 갑자기 제비를 잡아 억지로 다리를 부러뜨리고는 약을 바르고 종이를 감아주며 가르쳐 준 대로 성심껏 치료를 했습니다. 그러자 금세 나아서 남쪽 나라로 돌아가 버렸습니다.

'잘됐다. 잘됐어.' 분명 봄이 되면 찾아 올 거라고 생각하며 목을 길게 빼고 기다리고 있었습니다.

한편 제비가 고향으로 돌아오자 임금님께서는 금세 알아차리시고는 "그 다리는 어째서 절름발이 되었느냐?"라고 물으셨습니다.

제비는 정직하게 놀부가 억지로 부러뜨려 놓고 치료를 해 준 이야기를 했습니다. 그러자 "자, 그럼 이것을 가져다 주거라."라고 말하며 또 한 알의 바가지 씨앗을 주었습니다. 그러나 이번 씨앗은 실로 보기 흉한 모양이었으며 씨앗에는 "보수표報讎瓢"라고 써 있었습니다.

제비는 그것을 소중히 가지고 있다가 다음 해에 그것을 물고 찾아왔습니다.

여기가 놀부네 집이라고 생각되는 부근에 와서 툭 떨어트렸습니다.

놀부는 그것을 애타게 기다리고 있었기 때문에 기뻐서 어쩔 줄 몰랐습니다. 그래서 그곳에 써있던 글자도 제대로 보지도 않고 심어 버렸습니다.

그러자 역시 금세 싹이 나왔습니다. 그리고 많은 꽃이 달리고 열매가 맺혔습니다. 몇 개나 되는 큰 바가지가 많이 열렸기 때문에 놀부의 기쁨은 이루 말할 수가 없었습니다.

기쁨을 참을 수 없었기에 먼저 제일 큰 것을 하나 땄습니다. 그리고 무엇이 나올지 너무나 기대하며 갈라 보았습니다.

그랬더니 계속해서 쏟아져 나왔습니다. 초라한 거지 같은 행색을 한 사람이 모두 손에 손에 수금(立琴)을 들고 밖으로 나왔습니다. 각자 시끄럽게 연주하는, 아름다운 소리는 조금도 내지 않고 시끄러운 소리만 내는 몇 백 명이 우르르 쏟아져 나왔습니다. 아무리 놀부라고 해도 완전히 질려버려서 일일이 쫓아 버렸습니다. 그러나 쫓아 버리려 해도 그냥은 가지 않았습니다.

어쩔 수 없이 한 사람 한 사람에게 얼마씩 돈을 쥐어 주며 사정하듯 쫓아 버렸습니다.

'이번에야 말로 반드시'라고 생각하며 갈라 보니, 이번에는 나이든 스님들이 계속해서 쏟아져 나왔습니다. 이번에도 모두 입으로 불경을 외우면서 아우성을 치며 돌아다녔기 때문에 빨리 돈을 줘서 쫓아 버렸습니다.

다시 '이번에는' 하며 갈랐습니다. 이번에도 상복을 입은 슬퍼 보이는 사람들이 손에 꽃과 향을 들고 괴상한 소리를 내며 울면서 동정을 구하며 돌아다녔습니다. 몇 천 명인지도 모를 사람들에게 전부 돈을 줘서 물러가게 했습니다.

네 번째를 갈랐습니다. 이번에는 이번에는 틀림없다고 생각하는 놀부였기에 도저히 중간에 그만둘 수가 없었습니다. 무엇보다 욕심이 많았기 때문에 그중에 하나 정도는 뭔가 나오지 않을까라는 근거 없는 희망을 품고 고집을 부리고 있었습니다.

그러자 이번에는 조선에 있는 점쟁이들이 전부 쏟아져 나왔습니다. 그리고 무언가 점괘를 말하면서 춤을 추고 날뛰며 엄청난 소동을 부렸기 때문에 이번에도 빨리 돈을 주고 쫓아 버렸습니다.

다섯 번째 바가지를 갈랐습니다. 갈라지자 한꺼번에 쏟아져 나왔습니다. 요지경을 든 사람들이 끊임없이 끊임없이 나왔습니다. 만 명 정도 되는 사람들이 우글거리고 있었기 때문에 숨이 막힐 지경으로 도저히 참을 수가 없었습니다. 어쩔 수 없이 이번에도 돈을 주며 어디로 가달라고 할 수밖에 없었습니다.

다음으로 여섯 번째 바가지를 갈랐습니다. 나온 것은 광대였습니다. 이들도 익살스러운 모습을 하고 이곳 저곳을 뛰어다녔기 때문에 어쩔 줄 몰라 하다가 겨우 쫓아냈습니다.

놀부는 더 이상 바가지를 자를 기운이 없었습니다. 그러나 자를 기운은 없어도 자른 속을 보고 싶어서 죽을 지경이었습니다. 그래서 일꾼을 데리고 와서 그 사람에게 돈을 주고 자르게 시켰습니다. 돈까지 내서 박을 자르다니 정말 드문 일이었습니다. 그러나 그렇게 하지 않을 수 없는 것이 놀부의 성격이었습니다.

이번 바가지에서도 양반이 천 명이나 줄줄이 행렬을 이루며 쏟아져 나왔습니다.

"너희 집은 우리들의 선조 때부터 하인으로 일한 주제에 지금의 모습은 대체 무엇이냐? 조금 돈이 있다고 이렇게 하고 있다니. 자, 우리 볼일을

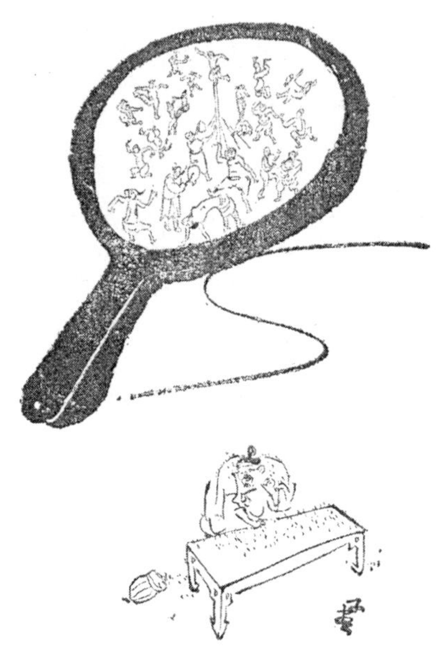

보자."

그렇게 말하며 마구 으스대면서 시를 읊고 큰 소란을 피웠습니다. 그래서 놀부는 많은 돈을 건네주고 겨우 쫓아 버렸습니다.

이제 질릴 만도 했지만 역시 더 잘라보고 싶어서 참을 수가 없었습니다.

그래서 일꾼에게 돈을 주고 여덟 번째 바가지를 갈라 보았습니다. 그러자 이번에는 만 명에 가까운 곡예사들이 실로 여러 가지 모습을 하고 나타났습니다. 큰 북을 치기도 하고 징을 치기도 하면서 날라리 같은 피리를 불고 뛰어오르고 춤을 추고 돌아다니다 마침내 놀부에게 다가와서 헹가래까지 쳤습니다. 그리고 집 안까지 들어가서는 닥치는 대로 손을 대는 것이었습니다. 소중한 문서부터 무엇이든지 들고 나와서는 찢고 어질렀습니다. 놀부는 못하게 하려고 했지만 큰소리로 야단법석을 떨고 있었기 때문에 어떻게 할 방법이 없었습니다.

그래서 많은 돈을 빼앗겨 버렸습니다.

이쯤 되자 놀부 부인은 질려버려서

"이 정도로 그만두세요."

라고 말하며 말리려고 했지만 놀부는 깊고 깊은 탐욕에 눈이 멀어서 부인의 말에는 전혀 귀를 기울이지 않았습니다.

"하나만 더, 하나만 더."

그렇게 말하며 아홉 번째를 갈랐습니다.

그러자 이번에도 불량배들이 수없이 쏟아져 나와서 행패를 부리고 돌아다녔습니다. 손에 닿는 것은 더러운 것도 가리지 않고 뭐든지 휘두르며 걸어 다니며 실로 추잡한 짓들을 하면서 소동을 부렸습니다. 그러다 굵은 밧줄을 가지고 와서 놀부를 꽁꽁 싸매고는 놀부의 귓가에서 실로 시끄럽게 떠들기 시작했습니다. 그리고 결국 놀부에게 잔뜩 돈을 뜯어내서는 거미새끼가 흩어지듯이 어디론가 도망가 버렸습니다.

이렇게 계속 험한 꼴을 당하면서도 놀부는 결코 포기하지 않았습니다. 하지만 부인이 이미 서너 번째 전에서부터 말리고 있는 것도 듣지 않고 계속 하고 있었기 때문에 몸은 이미 비틀비틀 거리며 걸을 수조차 없었습니다. 그래서 네발로 기어서 기어코 열 번째 바가지를 자르러 갔습니다.

'이번에야말로, 이번에는' 하면서 하나를 자르면 또 하나, 또 자르면 다시 하나, 새끼줄이라도 꼬는 것처럼 잇달아 계속해서 자르고 있었습니다.

이번에야 말로 틀림없다고 생각한 열 번째도 또 장님이 나와서 귀가 찢어질듯한 큰소리로 뭔가 불경 같은 것을 외우면서 시끄럽게 떠들어댔기 때문에, 이들에게도 많은 돈을 주어서 겨우 내쫓아 버렸습니다.

그래도 혹시나 하는 마음에 계속 갈라 봤기에 이제 남은 것이 얼마 없었습니다. 그리고 지금까지는 부자라는 생각에 기운이 넘쳤었지만, 매번 많은 돈을 뺏겼기 때문에 지금은 한 푼도 남아있지 않았습니다.

누구보다도 욕심이 많은 놀부는 그래도 아직 그만두려 하지 않았습니다.

'힘들게 여기까지 왔는데 운에 맡기고 한 번 더 도전해 보자. 혹시 이번에야말로 운이 트일지도 몰라. 만약 잘만 풀리면 지금까지의 몇 백 배, 몇 천 배도 한 번에 얻을 수 있으니까.'

이렇게 생각하니 이대로 그만둘 수는 없었습니다.

열한 번째 바가지를 자르자 쩍하고 갈라지더니 안에서는 실로 무섭게 생긴 장비 장군張飛將軍이 모습을 드러냈습니다. 장군은 그 치켜 올라간 눈을 한층 더 번뜩이며 호통을 쳤습니다.

"이 심보 고약한 녀석, 불효자 녀석, 불친절한 녀석, 사람 같지도 않은 녀석 같으니라고."

모든 비난의 말을 동원해서 호통을 쳤습니다. 이번에는 놀부도 깜짝 놀라서 몸을 작게 움츠리고 있었습니다.

그러자 장비 장군은 더욱 더 화를 내며 도저히 살려둘 수가 없다고 말하기 시작했습니다. 그러나 놀부가 너무나 작게 몸을 움츠리고는 한마디도 없이 부들부들 떨고 있는 것을 보자 불쌍하게 여겨졌는지

"특별히 너그럽게 용서해 주겠지만 그냥은 용서해 줄 수 없다. 내 밑에 와서 열심히 일하거라."

이렇게 말하고 장비가 말에서 내린 뒤의 일 처리를 시켰습니다. 말을 돌보고 무구武具의 손질을 하고 저택의 청소까지 했기 때문에 결코 쉬운 일이 아니었습니다. 비틀비틀 휘청휘청하게 되어 버렸습니다. 놀부는 마치

당장에라도 쓰러질 것 같았습니다. 그것을 본 장군은 용서해 주었습니다.

그런데 놀부는 최악의 시련을 겪었으면서도 이렇게 용서를 받고 보니, 아직도 남은 바가지가 신경이 쓰이고 쓰여서 도저히 갈라보지 않고는 참을 수가 없었습니다.

그래서 열한 번째를 굴려보니 왠지 좋은 느낌이 들었기 때문에 아예 그것도 잘라 보았습니다. 그러자 이번에는 무서운 것들은 하나도 나오지 않았습니다.

놀부가

"이거다……."

라고 말하는데 슬슬 무언가가 나오기 시작하는 것 같았습니다. 살짝 안에서 나온 것을 보니 맛있어 보이는 국물이 흘러나오고 있었습니다. 한 번 핥아 보니 그것은 달콤한 국물이었습니다.

"그래, 괜찮아."

"이번에는 분명히 대단한 것이 나올 거야."

큰소리로, 누구한테 말하는 것이 아니라 혼잣말을 하고 있었습니다.

그리고 이번에는 지붕 위에 올라가서 한층 더 노르스름한 큰 녀석을 하나 따서 내려왔습니다.

그것을 자르려고 했지만 한 순간 주저했습니다.

'만약 굉장한 것이 나오면 어떻게 하지.'

그렇게 생각하고 이런저런 상상을 하면서 흥분해 있었습니다.

부엌칼로 단칼에 자르자 바로 그 잘린 틈에서 흘러 나오기 시작했습니다. 그것은 노랗고 노란 세상에서 가장 더러운 것의 물결이었습니다. 그것이 흘러 나오고 흘러 나와, 마치 폭포처럼 끊임없이 나왔기 때문에 어떻게

도망칠 수도 없었습니다. 낮은 곳은 호수처럼 되고 강이 되고 폭포가 되어서 놀부의 집도 재산도 모두 휩쓸려 가 버렸습니다.

이렇게 되자 아무리 울고 한탄해도 어쩔 수가 없었습니다. 놀부의 집도 저택도 흔적도 없이 사라져 버렸습니다.

아무리 욕심 많고 제 잇속만 차리는 놀부라 해도 어쩔 수 없이 그저 포기할 수밖에 없었습니다. 지금은 이제 갈 곳도 없어서 힘없이 흥부네 집에 가서 동정을 구하는 것 밖에는 방법이 없었습니다.

놀부는 백만장자였던 어제의 화려했던 모습에서 일변하여 그 흔적도 찾아볼 수 없는 모습이 되어서 초라하게 흥부네 집 앞에 섰습니다.

흥부는 오래간만에 형이 찾아온 것을 기뻐하며 그 불쌍한 모습을 크게 동정하여 성의를 다해 정성스럽게 대했습니다.

그때부터 놀부의 가족까지도 함께 데리고 오래오래 사이 좋게 살았습니다.

제3부

—

전설

 조선의 시조 단군 이야기朝鮮の始祖壇君の話

옛날 아주 오래 전의 이야기입니다.

동해[1]와 황해 사이에 위치한 조선반도에는 누구 하나 살고 있는 사람이 없었습니다.

풀과 나무가 울창하게 우거지고 언덕과 들판에는 아름다운 꽃이 가득 피어 있었습니다. 남쪽으로 서쪽으로 잔잔한 강이 흐르고 작은 새들은 실로 즐겁게 노래하고 있었습니다. 때때로 학과 해오라기가 조용히 날개를 펼치고 하늘 높이 춤추고 있었습니다. 그리고 가을이 되면 수많은 가을 까마귀의 무리가 기러기나 오리의 행렬과 함께 북쪽에서 찾아왔습니다.

아름다운 바람이 불어오면 많은 나무들까지도 입을 맞춰 노래를 불렀습니다.

본래 인간이 한 사람도 살고 있지 않았기 때문에 나라도 없고 왕도 없었습니다.

이 반도의 아름다운 모습을 하늘 저편에서 언제나 언제나 바라보고 있었

1 본문표기 일본해日本海.

던 것은 환인桓因이라는 왕이었습니다. 그리고 환인의 서자庶子 중에 환웅桓雄이라는 왕자가 있었습니다. 왕자는 아버지보다도 더 반도에 내려가서 저 아름다운 토지를 다스려 보고 싶다고 아침 저녁으로 생각하고 있었습니다.

왕자의 바램을 들은 왕은

"네가 그것을 원한다면 저 아름다운 반도에 내려가 어질게 다스리도록 하여라."

그렇게 말씀하시고 천부인 3개와 신하 3천 명을 하사하며 가서 다스리라고 내려 보냈습니다.

왕자의 기쁨은 무엇과도 비교할 수 없었습니다. 먼저 왕자는 조선의 중간쯤에 있는 태백산太白山이라는 높은 산 정상에 있는 신단神壇 나무 아래로 내려와서 처음으로 왕위에 올랐습니다. 환웅천황桓雄天皇이라고 부르는 것이 그것입니다.

그 뒤로 왕은 풍백風伯, 우사雨師, 운사雲師를 이끌며 곡물을 주관하고, 생명을 주관하고, 병을 주관하고, 형벌을 주관하고, 선악을 주관하고, 인간과 관련된 거의 모든 일인 360여 가지 일들을 주관하면서 이 세상을 평화롭게 다스렸습니다.

마침 그때, 신단수神壇樹 근처에는 커다란 바위 동굴이 있어, 그 안에서 한 마리의 곰과 한 마리의 호랑이가 사이 좋게 살고 있었습니다.

신기하게도 그 곰과 호랑이가 열심히 왕께 빌고 있기에 어찌 된 일인지 물어보니

"이렇게 보여도 저희들은 어떻게든 인간이 되어서 어떤 일이라도 도움이 되고 싶다고, 그저 그것만을 빌고 있을 뿐입니다."
라고 말하며 계속해서 기원을 드리고 있었습니다.

그러자 왕은

"그것 참 기특한 일이로구나. 그렇다면 그렇게 되기 위해서는 먼저 이 마늘을 먹고 100일 동안 햇빛을 보지 말고 조신하게 동굴 속에서 지내거라. 그렇게 하면 날이 다 차기 전에 인간이 될 것이다."

이렇게 말씀하시고 쑥 한 줌과 마늘 20개를 내리셨습니다.

항상 바라던 소원이 이루어졌기에 크게 기뻐하던 호랑이와 곰은 황공해하며 그것을 받아 동굴 속으로 들어갔습니다. 그리고 곰도 호랑이도 조신하게 지내고 있었지만 슬슬 참을 수 없던 호랑이는 마침내 동굴을 뛰쳐나가 버렸습니다. 그러나 곰은 열심히 수행을 쌓고 있었기 때문에 삼칠일

21일째 되던 날 이미 인간으로 변해서 아무리 봐도 구별할 수 없는 실로 아름다운 여인이 되어 있었습니다.

그런데 곰은 소원대로 인간이 되고 나니 이번에는 어떻게든 왕을 모시고 싶어서 참을 수가 없었습니다. 그래서 매일 단수壇樹 밑에 가서 기도를 드렸습니다. 그러자 어느 사이엔가 그 소원을 들어 주어서 왕의 부인이 될 수 있었습니다.

두 번이나 소원이 이루어졌기 때문에 왕비의 기쁨은 이루 표현할 수 없었습니다. 그저 앞으로는 몸과 마음을 다해서 왕을 위해서 모든 것을 바치겠다고 마음속으로 굳게 다짐했습니다.

어느 샌가 시간이 지나 왕비는 왕자를 임신하여 곧 옥같이 아름다운 아이가 태어났습니다. 왕도 여왕도 크게 기뻐하시며 '단군壇君'이라고 이름 지었습니다.

왕자 단군이 성인이 되자 도읍을 평양平壤으로 정하고 처음으로 '조선朝鮮'이라고 칭하게 되었습니다.

그 이후 다시 도읍을 평양에서 백악산白岳山 아사달阿斯達로 옮기시고 그 곳에서 나라를 시작하셨습니다. 그러나 1500년 정도 지나자 중국에서 주周의 무왕武王이 왕위에 올라 그해에 기자箕子를 조선으로 파견했기에 단군은 장당경藏唐京으로 돌아가게 되었습니다. 마침내 다시 아사달에 돌아온 뒤에는 조용히 몸을 숨기고 산신이 되어 지냈습니다.

단군이 이렇게 조선이라는 나라를 세워서 그때부터 점점 많은 사람들이 옮겨와 살게 된 것입니다.

그렇게 최선을 다해 나라를 세운 단군은 그 수명이 1908살이나 되었다고 합니다.

2. 기자 이야기箕子の話

옛날옛날 지금으로부터 3천 년 전에 중국에 기자箕子라고 하는 매우 덕망 높은 사람이 있었습니다.

기자는 은殷이라는 나라의 주왕紂王의 대사大師가 되어 왕을 위해 충성을 다했습니다. 게다가 학덕이 뛰어났기 때문에 공자孔子마저도 크게 찬미하여 왕자 비간比奸 그리고 미자微子와 함께 은의 '3인三仁'이라고까지 불리웠습니다.

그리고 세상 사람들에게도 존경 받고 있었습니다. 그런데 주왕은 굉장히 심보가 고약한 왕이었기 때문에 그것을 보다 못한 기자는 이런저런 간언을 올렸습니다. 그런데 그것이 오히려 왕의 심기를 거슬리는 결과가 되어 결국 죄인의 몸이 되어 버렸습니다.

함께 3인이라 불리던 분들도 어떤 사람은 죽임을 당하고 어떤 사람은 쫓겨나서 모두가 혹독하게 괴롭힘을 당했습니다.

얼마 지나지 않아 주周의 무왕武王이 주왕을 토벌하여 마침내 주왕은 망해 버렸습니다.

그러자 무왕은 덕망 높은 기자를 불러서 나라를 다스리는 방법을 물어

보았습니다.

그 이후 기자는 멀고 먼 조선 땅으로 건너가 단군의 뒤를 잇게 되었습니다.

본래 총명한 분이셨기에 기자의 정치는 그야말로 애정으로 가득 차 있어서 그 선정에 누구 하나 기뻐하며 즐거워하지 않는 사람이 없었습니다.

기자는 평양에 도읍을 정하고 가장 먼저 예의를 전해 주었습니다. 그리고 밭을 경작하는 방법과 누에를 치는 일, 직물을 짜는 방법까지 많은 사람들의 직업 중 무엇 하나 전해 주지 않은 것이 없었습니다.

그리고 이번에는 8개의 규칙을 만들어 착한 백성들을 위해서 안심하고 그 생업에 종사할 수 있도록 해야겠다고 생각했습니다.

만약 사람을 죽인 사람이 있다면 그 죄가 무겁기 때문에 어쩔 수 없이 본인의 목숨으로 갚도록 했습니다. 싸움을 하거나 폭력을 휘둘러서 사람들을 다치게 하거나 소란을 피운 사람은 그 죄에 따라서 일정량의 곡물을 다친 사람에게 배상하여 사죄의 마음을 표현하도록 했습니다. 그리고 만약 도둑질을 한 사람은 그 집에 가서 종살이를 하도록 했습니다. 만약 그것이 여자라면 역시 여종이 되어 그 정도에 따라서 어떤 경우는 길고 어떤 경우는 짧게 그 집을 위해서 일해서 죄를 보상하게 되어 있었습니다.

그러자 모두 그 금지사항을 잘 지켜서 서로 피해를 주는 일 없이 즐겁게 살아가고 있었습니다. 만약 그 8개의 조항을 어기는 일이 있으면 스스로 고백하고 그 죄에 대한 벌을 자진해서 받았습니다. 그렇게 스스로 죄를 고백한 사람이 50만 명에 달할 정도였습니다.

그런 식이었기 때문에 모두가 조금이라도 피해를 주는 일은 진심으로 꺼리게 되었습니다. 어느 집도 밤이 되어도 문을 잠그는 집이 없었으며 도둑질을 하는 사람도 없었습니다.

도읍에 사는 사람도 시골에 사는 사람도 기자의 덕망을 본받아 매우 훌륭하게 행동했습니다.

나쁜 짓이나 폭력을 휘두르는 남자도 없고 천박한 행동을 하는 여자도 없이 정말로 모두가 진심으로 서로를 도우며 살아가고 있었습니다.

3. 고구려의 시조 주몽 이야기高句麗の始祖朱蒙の話

옛날 부여국夫餘國에 해부루解夫婁라는 왕이 있었습니다. 왕은 나이가 많았지만 왕자가 없었습니다. 어떻게든 대를 이을 아들을 얻고 싶다는 생각에 천지신명에게 제사를 지내고 기원을 올렸습니다.

그러자 왕의 말이 연못 근처로 가더니 갑자기 어찌된 일인지 옆의 큰 바위를 보고 구슬프게 울었습니다.

그러나 그것을 눈치채지 못하고 있었는데, 몇 번이나 그 바위에 코를 가져다 대고는 평상시와는 다른 소리로 울고 있었기 때문에 왕이 이상하게 여기고 신하들에게 그 바위를 치워 보게 했습니다. 그러자 놀랍게도 마치 금색의 개구리 같은 아이가 그곳에 있었습니다. 그리고 눈부시게 빛나고 있었습니다.

왕은 이것은 분명 평상시의 소원이 이루어진 것이라고 매우 기뻐하며 데려다 기르기로 했습니다. 그리고 정말로 금색의 개구리 같이 생겼기 때문에 '금와金蛙'라고 이름 지었습니다.

마침내 성장하자 태자로 삼았습니다.

부루왕은 매우 기뻐하며 태자를 귀여워하셨습니다. 그러던 어느 날 밤,

꿈을 꾸었습니다. 하늘의 사자가 나타나 나라를 동쪽 바닷가로 옮기고 그 곳에서 오랫동안 자손대대로 왕이 되어 다스리라고 말하고는 금세 사라져 버렸습니다. 부루왕은 이것은 신의 계시가 틀림없다고 생각하고 동해 바닷가의 가엽원加葉原이라는 토지가 매우 비옥하여 오곡도 잘 자라는 곳을 골라서 그곳으로 도읍을 옮겼습니다. 그리고 나라의 이름을 동부여라고 지었습니다.

시간이 지나 부여왕께서 돌아가시자 태자 금와가 왕위를 이었습니다.

그런데 그때 본래 부여가 있던 지역에 해모수解慕漱라는 사람이 있었습니다. 이 해모수가 스스로 천제天帝의 아들이라고 말하며 매우 거만하게 굴었습니다.

그런데 금와왕에게도 또한 뒤를 이을 왕자가 없어서 여기저기 알아 보고 있었습니다. 그러다 태백산太白山 쪽에 살고 있던 하백河伯의 딸인 유화柳花를 눈여겨보고 궁으로 불러들였습니다.

유화는 실로 훌륭한 귀부인이 되어 즐겁게 하루하루를 보내고 있었습니다. 그러던 어느 날 시종들과 놀고 있는데 바로 그 모수慕漱가 찾아와 유화를 꾀어서 웅심산熊心山 밑에 있는 압록실鴨綠室이라는 곳에서 어울려 놀았습니다. 그 이야기를 들은 어머니 하백은 아버지나 어머니의 허락 없이 그런 곳에서 어울려서는 안 된다고 말하며 크게 꾸짖었습니다.

금와왕도 그 이야기를 듣자 크게 화를 내며 유화를 방 안에 가두어 버렸습니다. 햇빛을 피해서 조용히 방에서만 지내던 유화는 점점 배가 불러오더니 마침내 아이를 낳게 되었습니다. 그런데 태어난 것은 갓난아기가 아니라 하나의 큰 알이었습니다.

임금님은 그것을 보자 대단히 기분 나빠하시며 삽살개에게 던져 주었습니다. 그러나 삽살개들은 그것을 먹지 않았기 때문에 이번에는 길에 버려두었습니다. 그러자 소도 말도 지나갈 때마다 모두 피해서 지나가 버렸습니다.

역시 데굴데굴 굴러다니고 있을 뿐이었기에 다시 그것을 들판에 버려두었더니 금세 새들이 그것을 발견하고 이번에는 품에 넣고 따뜻하게 덥히기 시작했습니다. 그러자 임금님은 이것은 괴이하다고 생각하고 깨 버리려고 했습니다. 그러나 아무리 힘을 다해 보아도 도저히 깨지지 않았기 때문에 결국 그 알을 낳은 어머니 유화에게 돌려주기로 했습니다.

드디어 자신의 품으로 돌아 왔기 때문에 유화는 매우 기뻤습니다. 그래서 보자기 같은 것으로 잘 싸서 가만히 어두운 곳에 놓아 두자, 곧 그 알 속에서 껍질을 깨고 포동포동하게 살찐 남자아이가 태어났습니다.

얼굴 생김새부터 골격까지도 실로 건실하며 게다가 그 늠름함은 이루 말할 수가 없었습니다.

유화는 매우 귀여워하며 키웠는데, 7살쯤부터 주변의 다른 아이들과 전혀 달라서 하나부터 열까지 모든 일에 뛰어났습니다. 특히 활을 쏘는 실력이 매우 뛰어나서 자신이 만든 활과 화살로 여러 가지 것들을 맞추었습니다. 한 번 활을 겨냥하면 그야말로 도망가는 것은 거의 불가능했습니다.

그 근처에서는 활을 잘 쏘는 사람을 예로부터 주몽(朱蒙)이라고 불렀습니다. 그래서 그 아이를 주몽이라고 부르게 되었습니다.

주몽은 해가 지날 수록 더욱 더 실력이 좋아졌습니다. 그래서 주변의 사람들은 주몽을 경계하게 되었습니다.

"주몽은, 저놈은 보통 사람이 아닙니다. 그 지혜와 용맹함 그리고 저 뛰어난 실력은 도저히 평범한 사람의 능력이 아닙니다. 만약 지금 어떻게든 처리해두지 않는다면 틀림없이 나중에 큰 화가 될 것이옵니다. 아무쪼록 하루빨리 없애버리는 것이 현명하다고 사료되옵니다."

이렇게 말하며 주변 사람들이 번갈아 가며 왕에게 말했습니다.

그러나 왕은 그런 말에는 조금도 귀를 기울이지 않았습니다. 그리고 주몽에게 말을 키우게 하고 있었습니다.

본래 주몽은 뭐든지 못하는 것이 없었기 때문에 준마와 나쁜 말을 확실하게 알고 있었습니다. 준마에게는 가능한 한 먹이를 조금 주어서 여의게 만들고, 나쁜 말은 먹이를 많이 주어서 통통하게 살을 찌워서 겉으로 보기에는 마치 준마처럼 보이게 해 놓았습니다.

어느 날 왕은 들판으로 사냥을 나갔습니다. 자신은 그 살찐 말을 타고 주몽에게는 바로 그 마른 말을 주어서 함께 들판으로 갔습니다.

들판에 나가 막상 사냥을 시작하고 보니 주몽에게 준 활도 화살도 너무나 형편없는 것들뿐이었습니다. 그러나 이렇게 될 것을 미리 알고 있었기에 자연스럽게 준마를 타게 된 주몽은 그 준마의 활약에 모든 것을 맡기고 사냥을 했기 때문에 실로 많은 사냥감을 잡았습니다. 이렇게 되자 왕도 드디어 신하들의 말을 받아들여 주몽을 죽이려는 계략을 짜게 되었습니다.

어머니 유화도 그 일을 미리 알고 있었기 때문에 조용히 주몽에게 권하여

"이 나라 사람들이 너를 죽이려 하고 있다. 그러니 꾸물거리고 있다가 생각지도 못한 굴욕을 당하는 것보다 어디 멀리 도망가서 좋은 곳을 발견해서 그곳에 사는 것이 좋을 것이다. 너의 재략이라면 분명히 어디에 가더라도 잘 풀릴 것이 틀림없으니."

이렇게 말했기 때문에 주몽은 오이烏伊, 마리摩離, 협부陜父 세 명의 친구들과 함께 엄호수掩淲水라는 곳으로 도망가기 위해서 압록강변까지 갔습니

다. 급히 강을 건너려고 했지만 다리가 있을 리가 없었기 때문에 이리저리 머리를 굴려 보았지만 어쩔 수 없이 그저 서 있을 수밖에 없었습니다.

그때 주몽은 물의 신에게 진심을 담아 기도했습니다.

"저는 천제의 아들, 하백의 외손입니다. 오늘 도망쳐 여기까지 왔지만 지금 당장이라도 추격해 오는 적에게 잡힐 것 같습니다. 부디 능력을 발휘해 구해 주십시오."

이렇게 말하고 기도가 끝나기도 전에 머리를 들어 보니, 실로 신기하게도 많은 물고기들과 크디 큰 거북이들이 우글우글 수면에 떠 올라서 금세 훌륭한 다리가 완성되었습니다.

주몽은 신께 깊이 감사 인사를 드리고 빨리 건너갔습니다.

서둘러 모둔곡毛屯谷이라는 곳으로 가니 그곳에서 예상하지 못했던 3명의 은자隱者를 만났습니다.

그 한 사람은 마로 만든 옷을 입고 실로 초라한 행색을 하고 있어서 물어보니

"저는 '재사再思'라고 합니다."

라고 대답했습니다.

이번에는 승복을 입은, 얼핏 보기에도 건장해 보이는 한 사람에게 물어보자

"저는 '무골武骨'입니다."

라고 대답했습니다.

그리고 마지막으로 해초와 같은 옷을 입고 있는 한 사람에게 물어보니

"저는 '묵거默居'라는 사람입니다."

라고 조용히 대답했습니다.

그런데 세 사람 모두 그 성姓을 말하지 않았기 때문에 각각 극씨克氏, 중실仲室, 소실小室이라는 성을 내려 주었습니다.

그리고

"지금 여기에서 만난 세 분은 저의 대업大業을 도와주실 분들이 틀림없습니다. 분명 천제의 계시가 틀림없다고 생각합니다. 부디 여러분도 힘을 모아서 이 대업에 참여해 주시기를."

이렇게 말하며 모두에게 진심으로 의지했습니다.

마침내 그 세 명의 현자와 함께 졸본천卒本川이라는 곳에서 도읍을 열었습니다.

그 주변의 토지는 매우 비옥하고 게다가 경치도 좋았으며, 산과 강에 둘러 싸여 있어 적의 침입을 막는데도 좋았습니다. 그곳에서 드디어 나라를 세우게 되었습니다. 그러나 아직 훌륭한 궁전을 지을 여유는 없었기에 급하게 갈대를 엮어서 비류수沸流水 언덕에 소박한 궁터를 만들었습니다.

그때부터 고구려라는 국호를 붙이고 오랫동안 다스리게 되었던 것입니다.

그때 주몽은 불과 22살이었습니다.

4. 백제 시조 비류와 온조의 이야기百濟の始祖沸流と溫祚の話

고구려 왕 주몽이 북부여北扶餘에서 난을 피해 졸본부여卒本扶餘로 왔을 때, 그곳의 왕께는 왕자가 없었습니다. 그저 3명의 왕녀가 있을 뿐이었습니다. 왕께서는 매우 왕자를 원하셨기에 주몽을 그 왕녀와 맺어 주셨습니다. 특히 주몽은 범상하지 않은 재능을 가지고 있었기 때문에 빨리 그렇게 하셨던 것입니다.

그렇게 얼마 지나지 않아 왕께서 돌아가시자 주몽은 뒤를 이어 왕위에 올라 2명의 왕자를 얻었습니다.

장자를 비류沸流라고 하고 둘째를 온조溫祚라고 했습니다. 그런데 점점 성장하는 사이에 그곳으로 주몽이 북부여에서 낳은 왕자 유리類利가 그 어머니와 함께 도망쳐 왔습니다. 그러자 주몽왕은 매우 기뻐하며 유리를 맞아 태자로 삼았습니다.

그것을 안 비류와 온조는 혹시라도 태자와 사이가 나빠지는 일이 있어서는 안 된다고 생각하고, 측근의 신하들 오간烏干과 마려馬黎 등 10명 정도를 데리고 조용히 남쪽으로 옮겨가 한산漢山이라는 산속으로 들어가 버렸습니다.

그리고 먼저 부아악負兒嶽에 올라가 어디 도읍을 세우기에 좋은 곳이 없는지 둘러보았습니다.

그때 비류는 멀리 바다 쪽을 바라보고는 참을 수 없이 그 해변에 마음이 끌려서 그곳에 살자고 말했습니다. 그러나 10명의 신하들은 입을 모아 반대하며

"저희가 생각하기에는 이 강의 남쪽 지방은 북쪽을 한강이 둘러싸고 있고 동쪽은 남악南岳으로 막혀 있으며 남쪽은 멀리 비옥한 평야가 이어지고 서쪽은 바다를 마주하고 있어서, 천연의 지세地勢가 실로 얻기 힘든 곳이니 이 곳에 도읍을 정하시는 것이 어떠시겠습니까?"

라고 모두가 말했습니다.

그러나 비류는 이미 바닷가 쪽에 마음을 빼앗겼기 때문에 신하들 중 일부를 데리고 미추홀彌鄒忽이라는 지금의 인천 근처에 도읍을 정하기로 했습니다.

온조는 강 남쪽의 위례성慰禮城에 도읍을 정하고 10명의 신하들을 이끌고 그들의 보좌를 받으며 나라를 다스렸기 때문에 나라 이름을 십제十濟라고 지었습니다.

한편 비류는 미추홀의 토지에 지나치게 소금기가 많아서 살기가 힘들었습니다. 위례 쪽을 돌아보니 그곳에서는 모두가 태평하게 잘 살고 있었기 때문에 자신과 함께 온 신하들에게 미안한 마음이 들어 결국 자신의 실수를 한탄하며 죽어 버렸습니다.

비류가 죽어버리자, 그 신하들은 모두 위례로 돌아와서 함께 온조를 섬기게 되었습니다.

그때부터는 점차 나라가 안정되고 탄탄한 도읍의 기반이 마련되었습니다.

처음 온조가 남쪽 땅으로 내려왔을 때, 많은 백성들도 모두 함께 기뻐하며 따라왔기 때문에 후에 국호를 다시 백제百濟로 고쳐 부르게 되었습니다. 이렇게 백제의 도읍은 오랫동안 후세까지 이어졌습니다.

5. 제주도의 삼성혈濟州道の三姓穴

1

조선의 남쪽에는 여기저기 많은 섬들이 있습니다. 그 섬들 중에 특히 큰 섬이 제주도입니다.

제주도에는 실로 신비로운 구멍이 있습니다. 그 구멍에서 3명의 신이 나왔다고 해서 섬 사람들은 예로부터 삼성혈三姓穴이라 부르며 신성한 곳이라고 전하고 있었습니다.

옛날옛날 오래 전의 일이었습니다. 이 제주도에는 인간은 누구 하나 살지 않았습니다. 그뿐 아니라 말도 소도 개도 토끼도 아무것도 살고 있지 않았습니다. 그저 큰 나무가 무성하고 푸릇푸릇한 풀들이 가득 자라고 있을 뿐이었습니다. 작은 새가 노래하는 아름다운 소리조차 들려오지 않았습니다. 동쪽에서 불어 오는 조용한 바람에 흔들흔들 흔들리는 나무나 풀잎이 움직이며 사사삭 사사삭 잎이 스치는 소리만 들려오고 있었습니다.

동쪽에서 서쪽으로 나뭇잎과 풀잎을 흔들어 하얀 잎의 뒷면이 파도처럼 물결치게 만들며 서쪽으로 서쪽으로 바람이 불어 오고 있었습니다.

해님만 매일매일 빛나고 있는 이런 조용한 날이 몇 년이나 계속되고 있었습니다.

그러던 어느 날의 일이었습니다. 이 섬에 커다란 구멍이 세 개 뻥하고 뚫리더니 그 세 구멍에서 세 명의 신이 각각 한 사람씩 나왔습니다.

신들은 서로 손을 잡고 기뻐했습니다. 그러나 신들은 아름다운 풀과 나무를 바라보고 있을 뿐, 자신들이 있는 곳이 어떤 곳인지조차 알지 못했기에 셋이서 제일 높은 산에 올라가 섬 전체를 둘러보았습니다. 어디를 보아도 사람도 말도 소도 전혀 보이지 않았습니다. 주변은 너무나 조용해서 작은 새 그림자도 까치의 울음소리도 그 무엇도 들리지 않았습니다. 그저 산 밑의 초목에 바닷바람이 부딪혀 쏴아 하는 소리를 내고 있는 것이 희미하게 들려올 뿐이었습니다.

"이제부터 이 섬에 사람과 말과 소와 새들을 늘려야겠다."

한 사람의 신이 그렇게 말하자 다른 신들도 크게 찬성하며 모두 함께 동의했습니다.

신들은 그렇게 말은 했지만 정작 어떻게 하면 좋을지 그 방법은 전혀 알지 못했습니다. 어쩔 수 없이 한동안은 바닷가에 가기로 하고 매일 매일 물고기를 잡으며 살고 있었습니다.

그러던 어느 날 여느 때처럼 바닷가에 가서 물고기를 잡으려고 하고 있는데, 그날은 각별히 바람이 좋아서 바다 위가 마치 거울처럼 잔잔했습니다. 깊이를 알 수 없이 깊은 바다는 기름이 떠 있는 것처럼 잔잔하고 잔잔하게 그 표면을 유지하고 있었습니다. 신들은 그런 바다를 보고 알 수 없는 감동을 느꼈습니다.

깊이를 알 수 없이 깊은 바다의 깊고 깊은 곳까지 쏟아지고 있는 햇빛을 보며 어떤 두려움을 느끼면서 아무 생각 없이 멀리 수평선으로 눈을 돌리자, 동쪽에서 조용히 파도에 밀려 떠오는 검은 물체가 눈에 들어왔습니다. 신들이 의아하게 생각하며 눈을 떼지 않고 보고 있는 동안 점점 가까워져서 확실하게 보이게 되었습니다. 잘 보니 그것은 하나의 상자였습니다.

2

신들은 떠내려온 신비로운 상자를 열어 보았습니다. 그러자 안에서 보라색 옷을 입은 하얗고 긴 수염의 노인이 나왔습니다. 신들의 놀라움은 이루 말할 수 없었습니다. 잘 보니 그 나무 상자 안에는 실로 신기한 돌상자가 들어있었습니다. 그리고 그 노인이 상자 뚜껑에 가만히 손을 대고 열자, 안에서 아름다운 파란색 옷을 입은 여자 세 명이 나오는 것이었습니다. 그리고 그 주변에는 망아지와 송아지와 작은 새와 까치 등과, 벼와 보리의 종자까지도 들어 있었습니다.

신은 깜짝 놀라 눈을 크게 뜨고 있었습니다. 너무나 신기한 일이라 그저 놀라워하며 있는데 하얀 수염의 노인이 조용히 쉬고 있던 몸을 일으켜 세워

"저는 동쪽에 있는 나라로부터 멀리 바다를 건너 온 사자입니다. 신들이 이 섬에 계시다는 이야기를 듣고 이 젊은 여자분들을 데리고 왔습니다. 아무쪼록 앞으로는 서로 도와서 이 섬을 크게 번성하게 만들어 주십시오."

그렇게 말하자 아직 말이 끝나기도 전에 주위가 묘하게 밝아지더니 갑자기 하늘이 구름으로 덮였습니다. 그리고 그 구름이 내려 와 노인을 둘러싸고는 마치 세 신의 눈을 속이려는 듯 그 구름과 함께 높이 높이 사라져 버렸습니다.

그곳에서 세 신들은 세 명의 여자들의 힘을 빌려서 열심히 일했습니다. 그리고 논과 밭을 만들어 씨를 뿌리고, 풀을 잘라서 망아지와 송아지를 길렀습니다. 그때부터 작은 새들과 까치도 하늘에 풀어 주었습니다.

신들은 처음에는 세 명이었지만 지금은 여섯 명이 되었기 때문에 서로를 부르는 데도 이름이 필요해졌습니다. 그래서 신들은 다 함께 상의해서 각각 '양을나良乙那', '고을나高乙那', '부을나夫乙那'라고 이름을 붙이기로 했습니다.

그렇게 점점 더 많은 일들을 하며 그 섬을 번성하게 만들어 갔습니다. 그러자 이번에는 누군가가 우두머리가 되어서 다른 사람들을 돌봐주는 왕이 되어야 한다는 이야기를 하게 되었습니다.

그래서 다함께 상의한 결과 활을 쏴서 정하기로 하고 건너편에 보이는 바위 하나를 과녁으로 삼아 제일 잘 쏜 사람이 왕위에 오르기로 했습니다.

세 신은 누구랄 거 없이 모두 기대에 차서 성심성의껏 활을 쏘았습니다. 그러자 고을나의 화살이 제일 잘 맞았습니다.

그래서 바로 왕이 되고 다른 두 신들은 그 신하가 되기로 했습니다. 이제 왕도 정해지고 섬도 점점 번성해 갔기 때문에 여섯 신들은 둘씩 세 개의 집을 지어서 따로 살기로 했습니다.

그로부터 얼마 지나지 않아 왕에게도 신하에게도 자식이 많이 태어났습니다.

말과 소도 점점 늘어났고 또한 쌀과 보리도 잘 자랐습니다.

작은 새들도 아름다운 목소리로 나무 그늘에서 노래를 부르게 되었습니다.

까치도 많아지고 섬은 더욱 더 번성해 갔습니다.

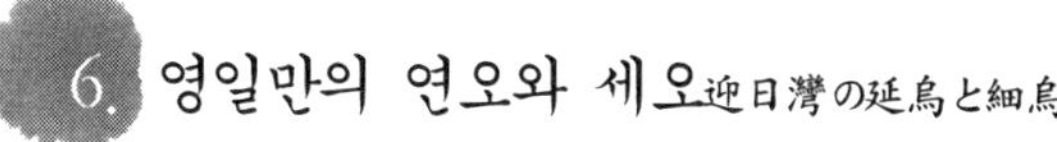

6. 영일만의 연오와 세오迎日灣の延烏と細烏

1

옛날 조선의 남쪽 영일만迎日灣 근처에 연오延烏와 세오細烏라는 고기잡이 부부가 살고 있었습니다. 두 사람은 매일 바다에 가서 고기를 잡거나 해초를 캐면서 소박하게 살고 있었습니다.

그러던 어느 날 연오는 혼자서 바닷가로 나갔습니다. 그리고 여느 때처럼 해초를 캐고 있었습니다. 바람도 없고 파도도 잔잔한 실로 날씨가 좋은 날이었습니다. 멀리 지평선 쪽은 밝게 빛나고 맑게 갠 하늘이 해수면에 반사되어 한층 더 선명한 푸른색이 마치 다가오는 것처럼 깊게 보였습니다. 그 위를 맑은 바람이 부는지 모를 정도로 살짝 스치듯이 불고 있었습니다.

그런데 연오가 열심히 해초를 따고 있는데 갑자기 '쿠궁 쿠궁' 하면서 땅이 울리기 시작했습니다. 주변을 둘러보니 바로 옆에 있던 바위가 둥둥 떠 올랐습니다. '이거 참 신기한 일이군.'이라고 생각하면서 연오는 지금까지 올라타고 있던 바위 위에 짚신을 벗어서 던져 둔 채로 그 바위 위에 올라타 버렸습니다.

연오가 올라타자 마치 그것을 기다렸던 것처럼, 더욱 더 떠올라서 흘러가기 시작했습니다. 연오를 태운 채 바다로 바다로 흘러 갔습니다.

하늘은 화창하게 개어서 바다 표면은 거울처럼 맑게 빛나고 있었습니다. 가면 갈수록 그곳은 환하게 빛났고, 연오를 태운 바위는 그 빛에 끌려가는 것처럼 혹은 마치 커다란 자석이라도 있어서 그 자석에 끌려가는 철 조각처럼 쭉쭉 흘러 갔습니다.

바닷물에 흔들리고 있는 사이에 해안이 보이기 시작했습니다. 그러자 그 바위는 해안이 가까워졌다는 것을 알고 있는 것처럼 더 속력을 내서 도착했습니다. 드디어 이름 모를 해안에 도착한 순간 그곳에 탈싹 붙어 버렸습니다.

그 이야기를 전해 들은 바닷가 사람들은 어느 누구 할 것 없이 신기해하며 모여들었습니다. 어쨌든 사람이 바위를 타고 흘러왔으니 놀라 소란을 떠는 것도 무리는 아니었습니다.

"분명 훌륭한 분임에 틀림없어."

"바다의 정령의 사신일지도 몰라."

그런 이야기들을 하면서 연오를 둘러싼 사람들은 연오를 대단히 존경했습니다.

2

남편 연오를 애타게 기다리고 있던 세오는 기다리고 기다려도 돌아오지 않았기 때문에 매우 걱정하며 바닷가까지 나왔습니다. 그런데 남편이 해초를 캐고 있던 것 같은 곳을 찾아가 보니, 그곳에는 그저 벗어 버린 짚신이 가지런히 바위 위에 놓여 있을 뿐이었습니다.

'이것은 바다 속으로 들어간 것이 틀림없어.'

확실히 그렇다고 착각해 버렸기에 세오는 더 이상 참지 못하고 그곳에 쓰러져 울어 버렸습니다.

바위에 기대서 엉엉 울고 있자 마치 그것을 기다리고 있었던 것처럼 그 바위도 또 움직이기 시작했습니다. 그리고 이미 바다 한가운데로 흘러가 있었습니다.

'이런 어디로 떠내려가는 건지 모르겠는걸.'

이라고 생각하고 있는 사이, 연오가 도착했던 해안에 도착했습니다.

두 사람은 생각지도 않았는데 다시 만났기 때문에 매우 기뻤습니다. 지금까지 너무나 쓸쓸해하며 슬퍼하고 있던 것도 잊어 버리고 둘은 실로 즐겁게 살고 있었습니다.

그런데 조선에서는 연오와 세오가 없어지자 갑자기 주위가 어두워져서 마치 해질녘처럼 되어 버렸습니다. 하늘 전체가 거무스름하고 탁해지고 해님의 그림자조차 보이지 않게 되었습니다. 달님도 물론 사라져 버리고 매일 매일 기분 나쁜 어두운 날들이 이어졌습니다. 이렇게 되자 새들의 노랫소리도 완전히 멈추고, 나무와 풀과 여러 작물들은 모두 시들어 버리는 상황이 되었습니다.

그러자 나라 사람들은 다 함께 상의하며 어떻게든 해님이 빛날 수 있게 여러모로 궁리를 해 보았지만 도저히 좋은 방법을 찾을 수가 없었습니다.

그런데 모여있던 사람들 중에 많은 것을 알고 있는 사람이 한 사람 있었습니다. 그 사람이 말하기를

"지금까지 이 해변에서 우리들과 함께 살고 있던 연오와 세오는, 실은 그 사람들은 해의 신과 달의 신이었다. 그 두 사람을 다시 불러오지 않는다면 예전처럼 밝아질 수 없다."

그래서 연오와 세오를 찾아 다니다 겨우 멀리 바다 건너 해변에 살고 있다는 것을 알아내서, 멀리까지 전령을 보내서 돌아오도록 부탁했습니다.

그런데

"아니 안되오. 우리들은 돌아가지 않겠소. 우리들이 이 곳에 온 것은 여러 심오한 이유가 있어서요. 그러니 우리들은 돌아갈 수 없지만, 여기 다행히 비단이 있소. 이것은 처가 짠 것이니 이것을 가지고 돌아가서 제사를 지내도록 하시오."

이렇게 말하며 보기에도 눈부신 비단을 건네주었을 뿐, 아무리 해도 돌아와주지 않았습니다.

어쩔 수 없었기에 그것을 가지고 돌아와 정중하게 제사를 지내기로 했습니다.

그렇게 하자 신기하게도 다시 원래대로 해님도 달님도 빛나기 시작하고 아침이 밝은 것처럼 환해졌습니다. 풀과 나무는 일제히 두 손을 들고 환희의 함성을 지르는 것처럼 이전보다 더욱 더 푸르게 푸르게 자랐습니다.

작은 새들도 떠들썩하게 아침의 찬가를 부르고, 사람들은 모두 다시 살아난 것처럼 건강해져서 밝게 빛나는 얼굴로 서로를 축복해 주었습니다.

7. 신라의 시조 박혁거세 이야기新羅の始祖朴赫居世の話

옛날 조선의 남쪽에 있는 영일만迎日灣에서 조금 들어간 곳에 진한육촌辰韓六村이라는 마을이 있었습니다. 이름 그대로 여섯 마을로 이루어져 있었고 다들 사이 좋게 지내고 있었습니다.

이씨李氏의 알천양산촌閼川楊山村, 손씨孫氏의 무산대수산촌茂山大樹山村, 최씨崔氏의 돌산고거촌突山高據村, 정씨鄭氏의 자산진지촌觜山診支村, 배씨裵氏의 금산가리촌金山加利村, 설씨薛氏의 명치산고야촌明治山高耶村이 그 여섯 마을이었습니다.

이렇게 여섯 마을이 서로 공동으로 다스리고 있던 어느 날의 일이었습니다. 고거촌의 촌장 소벌공蘇伐公이라는 사람이 있었습니다. 어느 날 소벌공이 양산陽山 쪽을 바라 보고 있자, 나정蘿井이라는 오래된 우물이 있는데 그 우물 옆에 말이 한 마리 서 있더니 금세 숲 속으로 들어가서 무릎을 꿇고 울고 있었습니다. 참 이상한 행동을 하는 말도 다 있다고 생각하며 근처로 가보니, 이게 또 무슨 일인지 지금까지 울고 있던 말의 모습은 어디론가 사라져버리고 실로 신기하게도 크디 큰 알이 그곳에 놓여 있었습니다.

이게 무슨 일인가 하고 그 알을 주워들어 살펴보는데 어디선가 갓난아기의 울음소리 같은 소리가 들려왔습니다. 귀를 기울이고 잘 들어보니 그 알 속에서 나는 소리였습니다.

마침내 알 속에서 그 껍질을 깨고, 실로 동글동글한 옥같이 예쁜 아이가 태어났습니다.

촌장 소벌공은 그 아이를 정성스럽게 길렀습니다.

그러자 열살 정도가 되니 벌써 실로 훌륭한 남자가 되어 버렸습니다. 그리고 그 재능은 남들보다 훨씬 뛰어났으며 위대한 성스러움을 가지고 있었습니다.

여섯 마을의 사람들은 이것을 전해 듣고 이야기하며, 그 아이를 존경하는 지도자로 떠받들게 되었습니다.

그리고 진한 사람들에 의해서 박朴이라는 성을 가지게 되었습니다.

드디어 박혁거세朴赫居世라는 이름으로 모두의 바람에 따라 왕위에 올랐습니다.

박혁거세가 왕위에 오르자 국명을 신라新羅로 바꿨습니다. 이렇게 신라라는 나라가 시작된 것입니다.

8. 신라의 석탈해왕 이야기新羅の昔脫解王の話

1

옛날 신라에 '석탈해昔脫解'라는 왕이 있었습니다.

탈해의 아버지는 다파나국多婆那國의 왕이었습니다. 다파나국은 왜국倭國이라는 나라의 동북쪽에 있는, 신라에서는 멀리멀리 천리나 떨어진 곳이었습니다.

신기하게도 탈해는 어머니의 뱃속에서 7년이라는 긴 시간을 보냈기 때문에 아버지는 어떻게 된 일인지 걱정이 되어서 참을 수가 없었습니다.

오랫동안 계속 걱정을 하다 7년이 되어서 겨우 태어났기에 왕궁의 모두가 크게 기뻐하며 다 함께 모여서 축하를 드렸습니다. 그런데 이게 또 무슨 일인지, 태어난 것은 마치 새 같이 예쁘고 커다란 알이었습니다.

한때의 기쁨은 금세 슬픔으로 바뀌고, 왕궁 안은 어느 샌가 먹구름으로 둘러 싸여 버렸습니다.

결국 괴이하여 참을 수 없었기에 부왕은

"이런 것은 불길하니 빨리 바닷속에 버리고 오거라."

라고 매우 기분 나빠하며 엄하게 명하셨습니다.

그러나 어머니는 역시 자신의 배가 아파 낳은 만큼 매우 가엽게 생각하여, 그 알을 깨끗한 비단으로 겹겹이 싸서 그것을 이번에는 보물과 함께 훌륭한 상자에 넣고는 안타까워하며 바다에 흘려 보냈습니다.

아름다운 상자는 큰 파도와 작은 파도에 흔들리며 마침내 금관국金官國이라는 나라에 도착했습니다.

금관국에 도착한 상자는 그대로 몇 날 며칠을 바닷가에 버려져 있었습니다. 그러다 어느 날 또 큰 파도가 와서 다시 그 상자를 데리고 갔습니다.

상자는 그때부터 다시 흘러 흘러서 몇 백리인지 모를 바닷길을 지나서 드디어 신라에 도착했습니다.

신라에 한 할머니가 있었습니다.

어느 날 바닷가에 가서 바위 위에 앉아 아무 생각 없이 바다 쪽을 바라보고 있었더니, 건너편에서 뭔가 검은 물체가 둥실둥실 떠오는 것이 보였습니다. 할머니는 이상한 일도 다 있다고 생각하며 계속 그것을 보고 있는데 상자는 점점 할머니가 앉아 있는 바위 쪽으로 다가 왔습니다. 평소 외롭게 살고 있던 할머니가 무엇인가 하며 눈을 떼지 않고 지켜보고 있자 빠르게 다가 왔습니다.

파도 사이로 보였다 안 보였다 하는 상자는 실로 훌륭해 보이는 상자였습니다. 할머니는 좀 더 가까이 왔으면 좋겠다고 생각하면서 두근거리며 목을 길게 빼고 지켜보고 있었습니다. 그러자 마침내 바로 옆으로 떠내려 왔습니다. 할머니가 바위 가장자리를 꼭 잡고 한쪽 손을 길게 뻗어 끌어당겨 보니 그것은 매우 훌륭한 상자였으며, 굳게 잠기고 정성스럽게 줄로 묶여 있었습니다.

할머니는 기뻐하고 기대하면서 당장 열어 보려 했습니다. 그러자 그 부근을 날고 있던 까치가 갑자기 지금 할머니가 막 끌어올린 상자를 향해 날아왔습니다. 뭔가 그 상자에 끌리는 것이라도 있는 것처럼, 한 마리가 오면 금세 두 마리가 날아 오더니, 세 마리가 되고 여러 마리가 되어서 기쁜 듯이 그 상자 주위를 날아 다녔습니다.

영리한 까치는 흘러 온 상자를 축복하는 것처럼 또는 보호하는 것처럼 보였습니다.

할머니가 기뻐하며 상자를 열려고 하자, 단단히 단단히 묶여 있었는데도 줄이 실로 간단히 풀리더니, 게다가 잠겨 있던 자물쇠까지 열쇠도 아무것도 없는데도 어렵지 않게 열려 버렸습니다. 무엇이 들어 있을까 조심조심 들여다보니, 옥처럼 고운 남자 아이가 나오지 않겠습니까?

놀랄 수밖에 없는 일, 기뻐할 수밖에 없는 일에 할머니의 기쁨은 이루 다 말할 수 없었습니다.

할머니는 대단히 기뻐하며 이것은 외로워하고 있던 자신에게 내려 주신 선물임에 틀림없다고 생각하고 진심으로 기뻐하며 자신의 아이로 삼아서 키웠습니다.

2

탈해의 어머니는 알인 상태로 낳었지만 어느 샌가 아이가 되어 있었던 것입니다. 할머니는 한동안 기뻐서 아무 생각도 하지 못했지만 마침내 이름을 짓기로 했습니다.

상자가 떠내려왔을 때, 신기하게도 까치 무리가 모여들어 수호하고 있었던 것을 떠올리고는 까치 작鵲의 조鳥 부분을 뗀 '석昔'을 그대로 성으로 삼고, 상자를 열자 안에서 나왔기 때문에 '탈해脫解'를 이름으로 삼았습니다.

탈해는 쑥쑥 자랐습니다. 자라서 제법 총명해진 탈해는 할머니와 매일매일 해변으로 놀러 갔습니다. 그러자 물고기를 잡는 솜씨가 상당히 좋아서 많은 물고기를 잡아 왔습니다.

한해 한해 나이를 먹게 되자 바닷가에 나가서 일을 했습니다. 그렇게 실로 친절하게 늙어가는 할머니를 부양한 것입니다. 할머니의 기쁨은 이루 말할 수가 없었습니다.

할머니는 어느 날 바다로 나가려는 탈해를 불러 세우더니, 이것 저것 자세하게 탈해에 관한 이야기를 하며

"자, 이제부터는 학문에 뜻을 두고 훌륭한 사람이 되거라."라고 말하며 권했습니다.

그 뒤로는 할머니의 가르침을 따라 정말 진지하게 공부를 시작했습니다.

하루하루 학문을 닦아 나가던 탈해는 곧 세상에도 알려지게 되었습니다.

그러는 동안 탈해의 입신출세가 세상에 널리 알려지고 신라 왕의 부름을 받게 되었습니다. 탈해는 조심조심 왕의 앞으로 나아가 이런저런 이야기를 듣는 사이에 곧 정치에 대한 조언을 하게 되었습니다.

탈해는 매우 뛰어난 재능을 가지고 있었기 때문에 특별히 왕의 총애를 받는 몸이 되었고, 마침내 신라 제2대 남해왕南解王의 명으로 왕녀의 사위가 되어 왕족이 되었습니다.

그리고 제3대 유리왕儒理王이 왕위를 양보해서 제4대 왕이 되었습니다. 그때 탈해의 나이는 62살이었습니다. 머나 먼 바다 저편에서 흘러 온 탈해는 결국 왕위에까지 오르게 된 것입니다.

지금으로부터 1900년쯤 전의 일로, 스이닌 천황垂仁天皇[1] 때의 일이었습니다.

지금도 아직 남아 있는 경주의 '월성月城'이라는 성터는 탈해가 그 뒤에 살던 곳이었다고 전해지고 있습니다. 월성의 송림松林 안에 탈해왕을 모시는 숭신전崇信殿이라는 종묘가 지금도 남아 있습니다.

신라가 번영했던 시절에는 박이라는 왕과, 김이라는 왕과, 석이라는 왕 세분이 왕위에 오르게 되어 있었습니다.

그중에서 석씨 왕가는 초대初代 탈해에 의해서 세워졌다고 전해지고 있습니다.

1 본문 표기 「우리 스이닌 천황我が垂仁天皇」.

9. 계림의 기원鶏林の起り

옛날 신라의 제4대 왕인 석탈해라는 왕이 있었습니다. 이 왕의 이야기는 앞에서도 했지만 이번에는 이 왕이 왕위에 오른 지 9년째 되는 해의 봄 3월의 이야기입니다. 궁전에서 가까운 곳에 커다란 물푸레나무와 회화나무와 팽나무 등이 우거진 숲이 있었습니다. 어느 날 왕이 그 숲 근처를 조용히 걷고 있는데 숲 속에서 이상한 빛이 뿜어져 나왔습니다. 시종들까지도 깜짝 놀라서 그 쪽을 바라보자 보라색 구름이 흘러나오는 굉장한 광경이 펼쳐지고 있었습니다. 모두들 그저 깜짝 놀라 가까이로 가보니, 실로 신기하게도 작은 금색상자가 나뭇가지에 걸려 있었습니다.

그 아름다운 금색상자 밑에서 참으로 아름다운 순백의 닭이 목청껏 울고 있었습니다.

왕이 곧 신하들에게 명령해서 그 상자를 내려 살펴 보니, 너무나 신기한 울음소리가 새어 나오고 있었기 때문에 재빨리 상자를 열게 했습니다. 그러자 안에서 실로 사랑스러운 옥 같이 아름다운 남자 아이가 나타났습니다.

게다가 그 얼굴 생김새는 놀랄 정도로 영리해 보이는, 틀림없이 위대한

상相을 하고 있었습니다. 분명히 훌륭한 인물이 될 것이 틀림없다고 생각하고 소중하게 키웠습니다.

점점 시간이 지남에 따라서 훌륭하게 성장했기 때문에 매우 소중히 여겼습니다.

금 상자에서 태어났기 때문에, 그것을 따서 김金이라는 성을 붙이고 김알지金閼智라고 부르기로 했습니다.

김알지는 왕위에는 오르지 않았지만 김알지로부터 7대손인 김미추金味趨라는 사람이 있어서 제13대 왕위에 올랐습니다.

처음에는 김알지가 태어난 숲을 시림始林이라고 불렀지만, 김씨가 태어났을 때 아름다운 닭이 있었기 때문에 '계림鷄林'이라고 부르게 되었습니다. 그래서 후세에는 이 계림을 조선의 옛 이름으로 사용해서 계림팔도鷄林八道라고 부르게 된 것입니다.

신라의 왕은 박씨와 석씨와 김씨의 세 성씨가 돌아가며 왕위에 오르게 되어 있었습니다. 그 중에서도 가장 많이 왕위에 오른 것은 김씨였습니다. 그 김씨의 시조는 바로 이 김알지의 7대손인 김미추였던 것입니다.

10. 망부암과 만파정望夫岩と萬波亭

1

옛날 신라의 제19대 눌지왕訥祗王[1] 때, 박제상朴堤上이라는 유명한 장군이 있었습니다.

장군은 매우 결단력 있고 지략에 뛰어난 장수였기 때문에 왕께서 매우 아끼셨습니다. 그래서 무슨 일을 할 때도 박장군에게 의지했습니다.

그러던 어느 날의 일이었습니다. 왕의 명을 받고 갑자기 머나먼 일본日本으로 가게 되었습니다. 그러자 박장군은 어찌된 일인지 자신의 처와 자식에게는 작별인사도 하지 않고, 임금님의 명을 받자마자 곧바로 출발해서 바다를 건너 일본으로 떠나 버렸습니다.

그것을 전해들은 부인의 놀라움은 이만저만한 것이 아니었습니다. 매우 슬퍼하며 남겨진 세 명의 딸을 데리고 남편의 뒤를 따라가려고 했지만 이미 따라잡을 수 없었습니다. 벌써 배는 선착장에서 돛을 올리고 출발해 멀리 바다 한가운데로 나가 있었습니다.

1 본문표기「눌왕訥王」.

더 이상 방법이 없었기에 지금의 경주와 울산의 경계 부근에 있는 치술령鵄述嶺이라는 산에 올라가서, 최소한 멀리서 배라도 보려고 열심히 산 정상까지 올라갔습니다. 산 봉우리에서 멀리 바람을 가르며 나아가는 범선을 배웅하며 양팔을 들어 있는 힘껏 소리를 질렀습니다. 하지만 아무리 소리쳐도 들릴 리가 없었습니다. 그대로 배는 파도에 밀려 수평선 너머로 사라져 버렸습니다.

바다에서 불어오는 바닷바람이 산봉우리의 소나무에 부딪혀 휘잉휘잉 하며 쓸쓸한 소리를 내고 있을 뿐이었습니다.

완전히 배의 모습이 보이지 않게 되자 부인은 슬픔이 한꺼번에 북받쳐 올라와 그대로 그곳에 쓰러져 결국 죽어 버렸습니다. 그런데 죽은 부인의 몸은 어느 샌가 커다란 바위가 되어 있었습니다.

그때부터 그 바위를 망부암望夫岩이라고 부르게 되었습니다.

부인의 몸은 그대로 망부암이 되었지만 영혼은 슬픔을 가누지 못하고 날아올라 새가 되었습니다. 정처 없이 떠돌던 그 새는 곧 그 근처에 있는 음을암陰乙庵이라는 절의 바위에 뚫린 구멍으로 들어가 버렸습니다.

그러자 신기하게도 그 새가 들어간 구멍에서 매일 매일 한 사람이 먹을 분량의 쌀이 술술 쏟아져 나오게 되었습니다.

근처 주변의 사람들은 모두 다 신기해하며 그 쌀을 지켜보았습니다.

그러던 어느 날 매우 욕심 많은 스님이 그곳에 살게 되었습니다. 쌀이 나오는 것을 보자 더 많이 나오게 하고 싶어서 참을 수가 없었습니다. 그러던 어느 날 몰래 그 구멍을 크게 만들었습니다. 그러자 실로 신기하게도 그것을 마지막으로 쌀은 조금도 나오지 않게 되었습니다.

그 대신 물이 나오기 시작했습니다. 그리고 지금도 졸졸 멈추지 않고 흘러나오고 있습니다. 아무리 가뭄이 이어져도 결코 그 물만은 마르는 일이 없다고 합니다.

2

망부암에서 내려다보면 동북쪽 해안에 여기저기 크고 작은 바위가 머리를 내밀어, 멀리 동해[2]에서 밀려오는 맑은 파도가 부딪혀서 하얗게 부서지는 장소가 있습니다. 그곳을 만파정萬波亭이라 부릅니다.

옛날 신라 제31대 왕 때의 일입니다. 어느 날 왕이 이 곳으로 행차를 했습니다. 그리고 왕께서 친히 해변을 걷고 계시는데 바다 속에서 작은 파도가 솟아 오르더니 신기하게도 용이 한 마리 나타나 진귀한 대나무 한 그루를 헌상하며 말하기를

"부디 이 대나무로 피리를 만들어 주십시오. 그리고 그것을 불면 세상은 진정 태평해질 것입니다."

그 말을 듣자 왕은 일단 그것을 소중히 가지고 월성으로 돌아왔습니다.

그리고 주변의 신하에게 명령하여 당장 한 자루의 피리를 만들게 했습니다.

실로 훌륭한 피리가 완성되었기에 시험 삼아 불어보니 아주 맑은 소리가 울려 퍼졌습니다. 그 아름다운 소리를 어느 누구 할 것 없이 그저 넋이 나간 것처럼 홀린 듯이 듣고 있었습니다.

실제로 그 피리를 가지고 병난兵難이 일어났을 때 불자 적병이 순식간에 물러가 버렸습니다. 그리고 역병이 유행해서 더 이상 손쓸 방법이 없어졌

2 본문표기 일본해日本海.

을 때 다시 이것을 꺼내 불자 병은 금세 사라졌습니다.

어느 해에 심한 가뭄이 든 적이 있었습니다. 백성들은 기우제를 지내고 모든 방법을 동원해서 기원을 드렸지만 비는 한 방울도 내릴 기색 없이 논은 갈라지고 풀과 나무는 모두 말라 버렸습니다. 그때 생각해 내고는 그 피리를 꺼내 불었습니다. 그것을 불자 마치 기다리고 있었던 것처럼 비가 쏟아지기 시작했습니다.

그와 반대로 비가 계속 내려 사람들이 곤란할 때 불면, 금세 맑게 개어서 지금까지의 비가 거짓말처럼 화창한 날씨가 되었습니다.

바람이 부는 날에 불면 바람이 멈췄습니다.

그렇게 실로 엄청난 힘을 가지고 있었기 때문에 모두가 매우 두려워하며 신성하게 여기게 되었습니다. 그때부터는 소중하고 소중하게 보관해 두었습니다.

그리하여 '만파정萬派亭'이라는 이름을 붙여서 국보로 삼았습니다.

그 이후 용이 그 피리를 만든 대나무를 헌상한 해안을 '만파정'이라고 부르며 후세까지 이야기가 전해져 내려오게 되었습니다.

11. 덕만의 지혜德曼の智慧

지금으로부터 약 천 년 전, 신라 제26대 진평왕眞平王[1]의 왕녀 중에 덕만德曼이라는 분이 있었습니다. 덕만은 태어날 때부터 대단히 총명한 분으로 또한 매우 기품 있는 분이기도 했습니다.

어느 날 당의 천자天子 님께서 멀리 멀리 신라의 왕에게 목단 꽃 그림과 목단의 씨앗을 보내 오셨습니다.

중국에서는 목단을 나라의 꽃으로 삼고 있었기 때문에 마음을 담아 멀리에서 보내 온 것이었습니다.

왕께서는 매우 기뻐하시며 그 그림을 보고 계셨습니다. 멀리 당의 천자님께서 보낸 선물이니 그 훌륭함은 이루 말할 수가 없었습니다.

"오오, 아름답구나. 이것은 덕만에게도 보여 줘야겠다. 굉장히 기뻐할 것이야."
라고 생각하시어 당장 덕만을 불렀습니다.

"이것은 당의 천자님이 보내준 아름다운 목단의 그림이란다. 너는 이렇

1 본문표기「진제왕眞帝王」.

게 아름다운 꽃은 본적도 없을 것이다."

그렇게 말하며 보여 주었습니다.

덕만은 아버지에게 받은 그림을 보더니

"아아, 아름다워라. ……어머나."

라고 말하며 아름답게 빛나는 눈으로 가만히 홀린 것처럼 그 꽃을 뚫어지게 쳐다보고 있었습니다. 얼마 지나자 갑자기 꼭 다물고 있던 작은 입을 열어 아버지에게 말하기를

"아버님, 이 그림은 정말 아름답지만 ……자, 보세요. 안타깝게도 좋은 향기가 없습니다. 어떤 좋은 향기가 날까 기대했었는데."

라고 말하자 아버지는

"너는 그런 것을 알 수 있느냐?"

라고 의아해하며 되물었습니다.

그러자 왕녀는 크게 뜬 눈을 아름답게 빛내며 꽤나 자신 있게

"이 정도로 아름답고 아름답게 피어 있는 꽃에 나비도 벌도 한 마리도 찾아오지 않고 있습니다. 분명히 이 꽃에는 나비와 벌이 꼬일만한 좋은 향기가 없는 것이겠지요."

그리고 말을 이어서

"하지만 이렇게 아름다운 꽃에 어째서 좋은 향기가 없을까요? 신기한 일이네요. 부자연스러워요. ……나비도 벌도 다가오지 않는다니."

반복하는 것처럼 그렇게 말하며 이상하다는 듯이 아버지에게 말했습니다.

마침내 봄이 되었습니다.

봄이 되는 것을 기다려서 그 씨앗을 심어보자 금세 싹이 나오더니 그것

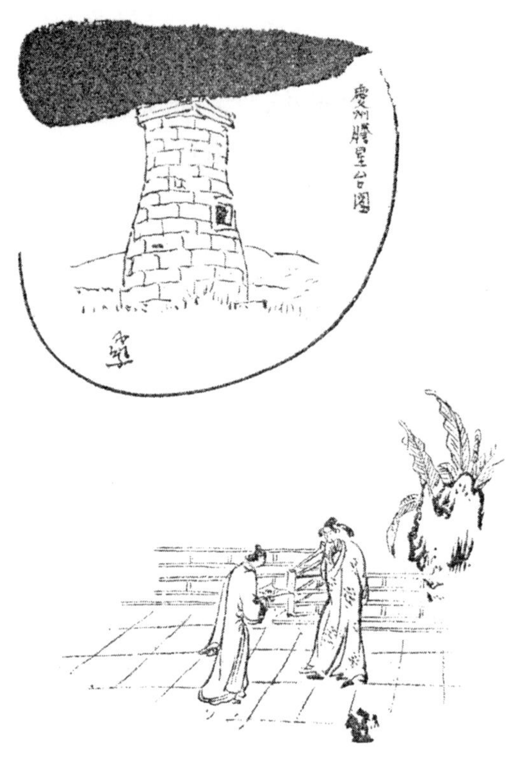

이 쑥쑥 자라서 훌륭한 목단 나무가 되었습니다.

그리고 아름다운 꽃이 피었습니다.

그런데 꽃은 피었지만 어찌된 일인지 아무리 가까이 가도 좋은 향기가 조금도 나지 않았습니다.

덕만은 후에 신라 제27대 왕위에 오르게 되었습니다. 선덕여왕善德女王이라는 세상에서도 보기 드문 매우 지혜로운 왕이 되었습니다. 선덕여왕께서는 여러 학문에 뛰어나셨지만 그중에서도 천문학에 조예가 깊어 천문대天文臺까지 지으셨습니다.

지금도 경주에 가 보면 첨성대瞻星臺라는 그 시절의 것이 그대로 남아 있습니다.

높이 높이 쌓아 올려진 돌이 하늘로 솟은 채 보는 사람들에게 옛날 이야기를 속삭여 주고 있습니다.

12. 김대성의 이야기金大城の話

1

신라 제31대 신문왕神文王이 즉위한 해에 효자 김대성金大城이라는 사람이 태어났습니다.

모량리牟梁里라는 곳의 가난한 집에 태어난 김대성은 머리가 매우 크고 정수리 부분이 평평해서 누가 봐도 마치 성城 같았기 때문에 '대성大城'이라고 이름을 지은 것이었습니다.

집이 매우 가난해서 복안福安이라는 사람 집에서 신세를 지고 있었습니다. 밭을 조금 받아서 그것으로 입을 것과 먹을 것을 해결하고 있었습니다.

그때 점해漸海라는 스님이 있었습니다. 점해는 흥륜사興輪寺라는 절에 육륜회六輪廻를 만들기 위해서 이곳 저곳으로 탁발을 다니고 있었습니다.

그러던 어느 날 복안의 집에도 찾아와 포목 50필을 시주 받았습니다. 그러자 점해는 매우 기뻐하며 조용히 합장하면서

"흔쾌히 시주를 해 주는 사람들을, 신이시여 부디 언제나 항상 지켜 주십시오. 한 번 시주를 한 분에게는 반드시 행복을 몇 배로 돌려주십시오. 그리고 오래오래 행복하게 장수할 수 있게 해주세요."

라고 실로 경건하게 진심으로 빌었습니다. 그리고 터벅터벅 그곳을 떠나려고 했습니다. 그러자 아까부터 조용히 그것을 듣고 있던 대성은 어린아이였지만 뭔가 깨달은 바가 있어서 그대로 집 안으로 달려들어 갔습니다. 그리고 어머니에게 그 일을 이야기했습니다.

"저는 지금 스님이 말한 것을 듣고 정말 그렇다고 생각했습니다. 저희들은 지금 스님이 말씀하신 시주 같은 건 전부터 조금도 해 두지 않았고, 지금도 아무것도 하지 않으니 어떻게든 저희들이 할 수 있는 일을 하고 싶습니다. 지금 스님께서 마침 저 육륜회를 만들기 위해서 저렇게 시주를 모으고 계시니 지금 드리고 싶습니다. 분명 이렇게 좋은 기회는 없을 것입니다. 그러니 저희들이 가지고 있는 저 밭을, 저것을 전부 스님께 드리면 좋겠다고 생각합니다만."

이라고 말하며 어머니에게 권유했습니다. 전혀 어린 아이라고는 생각할 수 없는 말을 하고 있었습니다.

그 말을 들은 어머니도

"네가 말한 그대로다. 정말이다. 잘도 그런 생각이 들었구나"

라고 말하고 결국 그 조금 있던 밭을 점해에게 바치기로 했습니다.

그런 일이 있고 얼마 지나지 않아 김대성은 이 세상을 떠나 버렸습니다. 나이가 겨우 18살 때였습니다.

김대성이 죽은 바로 그날 밤의 일입니다. 신기하게도 김문량(金文亮)의 집에 하늘의 전령이 나타나서

"모량리의 대성이라는 사람을 지금 너의 집에 맡기겠다."

라고 단지 그것만 말하더니 눈 깜짝할 사이에 어디론가 사라져 버렸습니다. 문량은 매우 놀라고 이상한 생각이 들어 당장 사람들을 보내서 모량리

를 구석구석 살펴보았습니다.

마침내 김대성의 집을 찾아낼 수 있었습니다. 그러나 그때는 이미 이 세상 사람이 아니었습니다.

그 시간을 잘 맞춰보니 대성이 죽은 것과 전령이 나타난 것이 바로 같은 시각이었다는 것을 알 수 있었습니다.

제32대 효소왕孝昭王 9년 2월 15일의 일입니다.

그리고 계속해서 신기한 일이 생겼습니다. 그날 김문량의 아내에게 갑자기 산기를 있더니 옥처럼 아름다운 남자아이가 태어났습니다. 그런데 그 아이는 왼 손을 꼭 쥐고 결코 그 손바닥을 펴지 않았습니다. 몇 날 며칠을 계속 주먹을 쥐고 있었는데 칠일째 되는 날 겨우 펼쳐서 볼 수 있었습니다. 펼쳐서 보니

실로 신기하게도 '대성'이라는 두 글자가 분명히 써 있었습니다.

그것을 본 문량은 이것은 틀림없이 모량리에 살던 대성의 환생이라고 생각하며, 그 아이에게 '대성'이라는 이름을 지어 주기로 했습니다.

그때부터 모량리에 살고 있던 대성의 어머니까지도 문량의 집으로 모셔와 함께 돌봐 주기로 했습니다.

2

대성은 성장하자 왕 밑에서 일하며

중요한 지위에 올랐습니다.

대성이 마침 49세가 되던 해였습니다. 어느 날, 불국사佛國寺 뒤의 토함산吐含山 정상에 올라 사냥을 하며 놀고 있었습니다. 그런데 큰 곰이 나타났기에 바로 활로 쏴 죽였습니다. 크게 기뻐하며 산기슭 마을까지 내려와서

그곳에 묵었습니다. 그런데 밤이 깊자 낮에 잡은 곰이 갑자기 괴물(鬼)이 되어 말하기를

"너는 어째서 이 나를 죽이려 하는가? 만약 꼭 죽이겠다면, 좋다. 이렇게 보일지라도 절대 너 같은 놈에게 질 수는 없다. 내가 먼저 물어뜯어 주마."

그렇게 말하며 굉장한 기세로 이빨을 드러내며 당장이라도 달려들 것 같았습니다. 대성은 너무 놀라 벌벌 떨고 있었습니다. 결국 대성은

"부디 이 죄를 용서해 주십시오. 그리고 목숨만은 살려 주십시오."

라고 말하며 목숨을 구걸할 수밖에 없었습니다.

그러자 괴물은 다시 입을 열더니

"그럼 그 대신 부디 나를 위해 절을 지어 다오."

이번에는 매우 애처롭게 부탁해왔기 때문에 대성도 안타까운 마음이 들어

"좋다, 좋아."

라고 대답하고 이야기를 전부 들어 주었습니다.

그리고 잠에서 깨자 그것은 전부 꿈이었습니다.

대성은 온 몸이 땀투성이가 되어 이불을 푹 덮고 있었습니다.

그 뒤로 대성은 그 곰을 잡은 부근에 절을 세우고 웅수사熊壽寺라고 불렀습니다.

3

그 이후, 대성은 이런저런 전세의 인연(宿因)을 깨달아, 현세現世의 어머니와 아버지를 위해서 불국사를 수리하고 다보탑多寶塔과 무영탑無影塔을 비롯한 많은 석조물을 남겼습니다.

그 일이 끝나자 이번에는 모량리에 살던 전세前世의 부모님의 극락왕생(菩提)을 기원하기 위해서 석불사石佛寺를 창건하고 그 유명한 석굴암石窟庵을 만들었습니다.

석굴암을 만들려고 하니 또 다시 신기한 일이 생겼습니다. 석굴암 위에 놓아 둔 천개天蓋가 어느 사이엔가 세 조각으로 깨져 버렸던 것입니다.

대성은 매우 실망하고 또 화가 나서 그대로 잠이 들어 버렸습니다.

그러자 곧 바로 하늘 저편에서 하늘의 사자가 내려와서 그 바위를 덮어 버리더니 서둘러 다시 하늘로 올라가 버렸습니다.

그리고 어디선가 들려오는, 대성에게 속삭이는 듯한 목소리를 들어보니

"대신大信, 대성이여 결코 걱정하지 말거라. 하늘이 감동하여 사자를 보내 천개를 덮어 두었느니라."

라고 말했습니다. 대성은 잠에서 깨자 곧바로 남령南嶺에 올라 향을 피우고 신에게 제물을 바쳤습니다.

그 뒤로 남령은 향령香嶺이라 부르게 되었습니다.

천개는 지금까지도 그대로 세 개로 깨진 채로 남아 있습니다.

13. 영지의 무영탑影池の無影塔

때는 신라, 옛날 김대성이 불국사의 수리를 하던 때의 일입니다.

이런저런 공사들이 점점 완성되어 가고 있었습니다. 그곳에 손을 바삐 움직이며 열심히 정성을 다해 일하고 있는 한 사람의 석공(工匠)이 있었습니다. 석공은 중국에서 건너 와서, 자신의 일생일대의 작품이라고 생각하며 불국사를 위해 석가탑釋迦塔을 조각하고 있었습니다.

석가탑이라는 것은 석가여래상주설법釋迦如來常住說法을 보관하는 귀한 장소인데, 이것을 경내에 만들려고 한 것이었습니다.

석공은 멀리 중국에서 건너 왔지만 자신의 솜씨를 자만하는, 호랑이 없는 굴에서 왕 노릇 하는 토끼처럼 좁은 주변을 돌아보며 그것에 안심하고 지내는 사람이 아니었습니다.

그저 자신에게 허락된 예술의 기회를 이 땅 위에 분명하게 남기고 싶다는 것만이 평생의 소원이었습니다. 그래서 밤낮으로 정성을 다해서 어떻게든 자신이 가진 능력을 다 쏟아 붓고 싶다고, 그저 살아있는 동안에 이 반도에서 살았던 증표로서 반드시 힘이 넘치는 작품을 남기고 싶다고, 단지 그것만을 겸손하게 빌고 있었습니다.

석공에게는 여동생이 한 명 있었습니다. 이름은 아사녀阿斯女였는데 본국에 남겨 두고 왔습니다. 그 여동생에게 무엇인가 감당하기 힘든 번민이 생겨서, 그것을 단 한 사람의 오빠인 석공과 상의하고 싶었습니다. 그래서 앞으로 살아 갈 길을 찾을 수 있기를 바라면서 멀고 먼 당나라에서 찾아 왔습니다.

당나라에서 신라까지는 상당히 먼 여행입니다. 본래 기차도 자동차도 없기 때문에 쉬운 여행이 아니었습니다. 몇 개월의 시간이 지난 뒤에 겨우 불국사에 도착했습니다.

기뻐하며 내일은 오빠를 만날 수 있다며 좋아하고 있는데, 여동생이 멀리에서 찾아 왔다는 것을 전해 들은 오빠 석공은

"내가 일생일대의 대업으로 생각하며 모든 것을 바치고 있는 이 일이 아직 끝나지 않았는데, 아무리 무슨 일이 있다고 하더라도 여자의 천한 몸을 이끌고 잘도 만나러 왔구나. 나는 도저히 지금 당장 만나는 것은 용서할 수 없다. 그러니 이곳에서 서쪽으로 10리(6丁 1里) 정도 떨어진 곳에 있는 천연 연못에 가서 그 연못에 비치는 그림자를 보고 있거라. 만약 그 연못에 탑 그림자가 비치면 그때는 내가 일을 끝낸 순간이니 그때 만나도록 하겠다. 그러나 탑의 그림자가 나타나지 않는 것은 아직 일이 끝나지 않았다는 징표이다. 따라서 너도 만나줄 수가 없단다. 나는 그것만은 도저히 용납할 수가 없구나. ……부디 나의 이 마음을 이해해 주렴. 그리고 그 연못가에 가서 내 말대로 기다리고 있어 주렴."

이라고 전하며 당장 만나는 것은 허락하지 않았습니다.

아사녀는 오빠로부터 그런 말까지 들었기에

뭐라 대꾸할 말도 없어서 아침이 밝는 것을 기다렸다 쓸쓸히 연못가로

갔습니다.

그때부터는 매일 매일 연못의 수면을 바라보며 탑 그림자가 나타나기를 이제나저제나 하며 기다리고 있었습니다. 그러나 아무리 기다리고 기다려도 탑 그림자는 나타나지 않았습니다.

그러니 물론 오빠도 만날 수가 없었습니다.

아무리 기다려도 만나주지 않았기 때문에 마침내 기다림에 지쳐 버렸습니다. 이렇게 되면 허무하게 고국으로 돌아갈 수도 없었습니다.

아사녀는 돌아가고 싶어도 그럴 기력조차도 남아있지 않았기에, 비탄에 빠져 결국 그 연못에 몸을 던지고 말았던 것입니다.

석공 오빠는 그런 일이 있는 줄도 몰랐습니다. 드디어 작업이 끝나서 드디어 여동생을 만나야겠다는 생각에 연못가로 가보니, 여동생은 이미 이 세상 사람이 아니었습니다.

석공은 그제서야 여동생의 죽음을 알고 매우 불쌍하게 여겼습니다.

석공은 이 반도에서 일생일대의 작업으로 최선을 다해 노력한 석가탑의 연장이라고 생각하며, 특히 여동생을 위해서 여동생의 극락왕생을 빌고자 하는 마음에서 석가탑의 마지막의 작업으로 조각상 하나를 조각해서 가만히 연못가에 세워 두었습니다.

그 연못은 그때부터 영지影池라고 불리게 되었습니다.

석가탑도 또한 이때부터 무영탑無影塔이라는 이름으로도 불리게 되었습니다.

세상이 변해 사람은 바뀌어도, 깊고 맑은 물은 지금도 조용히 예전의 색을 띠고 있습니다.

14. 봉덕사의 종奉德寺の鐘

신라에 경덕왕景德王이라는 매우 신앙심이 깊은 왕이 있었습니다.

왕은 어떻게든 아버지의 극랑왕생을 빌고 싶었습니다. 그래서 어느 해 큰 종을 만들려고 했습니다. 그런데 동을 12만 편片이나 들여서 이런저런 방법을 동원해 보았지만 도저히 주조작업을 완성할 수가 없었습니다. 그대로 허무하게 소원을 이루지 못한 채 이 세상을 떠나 버렸습니다.

이어서 혜공왕惠恭王이 왕위에 올랐습니다. 그러자 아버지의 뜻을 이루어 주겠다는 마음에 다시 큰 종의 주조를 시작했습니다. 그러나 아무리 애를 써 봐도 좀처럼 생각대로 되지 않았습니다.

그것을 전해 들은 할아버지 할머니들은 매일같이 찾아와 진심을 담아 기원을 드렸습니다.

진정 뜨거운 신앙심으로 진심을 다해서, 어떻게든 성공적으로 만들 수 있게 해달라고 그저 그것만을 빌고 있었습니다.

도읍 안은 물론 멀리 떨어진 시골까지, 모든 집들은 빠짐 없이 분수에 맞춰 금은보화를 아낌없이 바치며 모두가 그저 거대한 종의 완성을 빌고 있었습니다.

그러던 어느 날 한 사람의 부인이 찾아왔습니다. 얼핏 보기에도 가난해 보이는 그 부인은 행색은 비록 보기 안쓰러울 정도의 옷을 입고 있었지만 어딘지 모르게 기품도 있었고, 신앙심으로 반짝이는 눈빛에는 보통 사람들과는 전혀 다른 것이 담겨 있었습니다. 잘 보니 품에는 귀여운 갓난아기를 안고 있었습니다. 남들보다 경건하게 큰 종의 완성을 기원하고 있었지만 무엇 하나 기원의 마음을 나타낼만한 것을 가지고 있지 않았습니다. 그래서 매우 열등감을 느끼며 물러가려고 했지만 도저히 그대로 돌아갈 수는 없었습니다.

어떻게 해서라도 힘을 보태고 싶어서 이것 저것 궁리를 해보았지만 본래 가난한 몸이라서 어떻게 할 방법이 없었습니다.

결국 마음을 굳게 먹고 가장 아끼는 자식을 제물로 바치겠다고 말하는 것이었습니다.

"저는 아무것도 가지고 있지 않으니 부디 이 아이를 받아주십시오. 이렇게까지 결심한, 제 아이를 바치겠다는 마음을 받아 주신다면 그보다 기쁜 것은 없겠습니다. 제발 받아주십시오."

눈물로 반짝이는 눈을 빛내면서 그렇게 말하며 간절히 빌었습니다.

그러자 왕은

"너의 신앙심 깊은 그 마음은 진심으로 기쁘구나. 아무리 많은 돈과 보물보다도 고맙게 생각한다. 그러나 그 아이를, 불쌍한 갓난아기를 희생할 마음은 조금도 없단다. 부디 너의 사랑으로 장수를 빌며 돌봐주거라.

그것이 부처님의 극랑왕생으로 이어지는 것이기도 하단다. 그 갓난아기의 미래가 행복하기를."

그렇게 말하며 합장할 뿐, 기특하게 생각하며 그 청을 물리쳤습니다.

그리고 더욱 종의 주조에 몰두했습니다. 그런데 아무리 고생에 고생을 거듭해도 계속 균열이 생기기만 하고 도저히 완벽한 종을 만들 수가 없었습니다.

그래서 왕은 신하들과 상의를 했습니다. 그러자 한 사람이 말하기를 "전에 말씀 드렸다가 그만둔 부인의 갓난아기를 제물로 바쳤다면 분명히 훌륭히 성공했으리라 생각되옵니다. 그러니 그 청을 받아들이시는 것은 어떻겠습니까?"라고 하는 것이었습니다.

왕도 결국 마음을 굳히고 그 제물을 받기로 했습니다.

그러자 실로 신기하게도 지금까지 전혀 제대로 되지 않던 종이 금세 만들어져서 실로 아름답게 완성되었던 것입니다.

완성된 그 종을 치면, 언제 쳐도 반드시 이상한 여운이 울려 퍼졌습니다.

"어머니를 위해서. 어머니를 위해서."

"에밀레. 에밀레. 에밀레. 에밀레."

라고 쓸쓸하게 울려 퍼집니다. 갓난아기는 기특하게도 어머니를 위해서 모든 것을 바쳤습니다. 그렇지만 한편으로는 밀려드는 참기 힘든 외로움을 다른 누군가가 아니라 어머니에게 호소하기 위해서, 어머니에게 보내는 울림이라고 전해지고 있습니다.

그 뒤로는 치는 사람이 있을 때에 "에밀레. 에밀레. 에밀레." 하고 쓸쓸하게 울려 퍼졌습니다.

15. 호랑이와 젊은이虎と若者

옛날 신라의 도읍에서는 매년 중춘仲春[1]이 시작되는 8일부터 15일까지는, 도읍 사람들도 시골 사람들도, 남자도 여자도, 늙은이도 젊은이도 모두 흥륜사興輪寺에 모여서 당탑堂塔을 돌면서 부처님의 명복을 비는 풍습이 있었습니다.

어느 해 봄의 일이었습니다.

흥륜사의 행사가 시작되자 매일 밤 매일 밤, 밤이 샐 때까지 혼자서 탑을 돌며 열심히 빌고 있는 아가씨가 있었습니다.

바로 그때 김현金現이라는 마찬가지로 신앙심 깊은 젊은이가 있었습니다.

매일 밤 아침이 될 때까지 불경을 외우고 생각에 잠겨 돌고 있는 동안, 그 아가씨와 그 젊은이는 어느 샌가 서로에게 호감을 가지게 되어 마침내 인연을 맺게 되었습니다.

그러던 어느 날 밤의 일이었습니다. 이제 일도 끝나 아가씨가 집으로 돌아가려고 하는데, 젊은이가 아가씨의 뒤를 따라 그 집으로 찾아왔습니

1 봄이 한창인 때라는 뜻으로, 음력 2월을 달리 이르는 말.

다. 그러자 아가씨는 "제발 저희 집에는 오지 말아주세요"라고 강하게 거절했는데 젊은이는 그래도 개의치 않고 아가씨의 집까지 찾아가 버렸습니다.

집에 도착해서 보니 그곳은 서산西山 산기슭에 있는 허름한 폐허 같은 집이었습니다.

젊은이가 안으로 들어가려고 하자 할머니 한 사람이 가만히 입구에서 내다보면서, 대체 누구냐고 아가씨에게 물어 봤습니다. 아가씨는 숨기지 않고 일의 자초지종을 있는 그대로 이야기했습니다.

자세히 듣고 있던 할머니는

"그건 괜찮지만, 저 광폭하고 무서운 형제들을 어쩌면 좋을까?"

라며 당장 그것을 걱정하고 있었습니다. 그러나 지금 와서 입구 주변에서 그런 걱정을 하고 있을 여유가 없었기 때문에

"자, 빨리빨리."

무슨 사연이라도 있는 것처럼, 그저 빨리 서둘러서 안쪽 방 한 곳에 숨겨 주었습니다.

아름다운 아가씨였던 것은 실은 호랑이였고 게다가 세 마리의 호랑이 형제를 가지고 있었습니다.

할머니가 서둘러 젊은이를 숨겨 버리고 나니 곧바로 그곳에 세 마리의 호랑이가 나타났습니다. 그리고 사납게 울부짖으며 달려 온 호랑이는 코를 벌름벌름 거리며

"뭐지? 고기 냄새가 강하게 난다고 생각했는데 역시 뭔가 맛있는 것이 있는 것 같군. 굉장히 맛있는 음식이 있는 것 같아. 정말 그것이 대단한 음식이라면 지금같이 배가 고플 때에 딱 인데 말이야."

그런 이야기를 하며 다가 왔습니다. 할머니는 무섭게 그 호랑이 세 마리를 혼내면서

"그런 몹쓸 말을 하면서 오다니."

그렇게 말하며 화를 내고 있었습니다. 그러자 금세 하늘이 어두워지더니 그 검은 구름 사이에서 하늘의 사자가 나타났습니다.

"너희들은 어째서 그렇게도 인간에게 해를 입히고 싶어하느냐? 만약 도저히 내가 말하는 것을 듣지 않겠다면, 좋다. 어쩔 수 없다. 너희 중, 한 명의 목숨을 가져 가겠다. 그렇게 하면 정신을 차리겠지."

신은 그렇게 말하며 매우 화를 내고 있었습니다.

조마조마해하며 듣고 있던 세 마리의 호랑이들은 두려움에 그저 벌벌 떨면서 얼굴색까지 변해 있었습니다.

그것을 본 아가씨는 너무나 가여워서

"빨리 도망가세요. 빨리빨리 멀리 도망가면 제가 몰래 대신해서 그 벌을 받을 테니까요."

이렇게 말하며 모두를 도망가게 했습니다. 세 마리의 호랑이들은 고개를 떨구고 꼬리를 말고는 어디론가 사라져 버렸습니다.

그렇게 호랑이를 보내 버리자 아가씨는 집 안에 들어가서

"저 같은 것이 당신의 사랑을 받은 것은 세상에서도 보기 드문 일이지만, 이것도 분명 어떤 인연임에 틀림없습니다. 하지만 세 오빠들의 행동은 뭐라 달리 변명할 길이 없네요. 그것을 생각하더라도 이 제가 죄를 전부 짊어지지 않으면 안 됩니다."

이렇게 말하며 가족의 죄를 전부 짊어지기로 용감하게 결심한 것입니다.

"그러나 저는 다른 사람의 손에 죽기보다는 최소한 당신의 칼 밑에서

저 세상으로 떠나고 싶습니다. 저 같은 것을 사랑해 주신 마지막 사랑의 증표로."

말을 이어서

"저는 내일 아침 일찍 일어나 시장 쪽을 미친 듯이 돌아다닐 것입니다. 그러면 어떻게 할 수 있는 사람은 한 사람도 없을 것입니다. 그렇게 되면 왕이 명을 내려서 '저 호랑이를 잡는 사람에게는 큰 상을 내리겠다.'고 할 것이 틀림없습니다. 그렇게 되면 저 성 북쪽에 있는 숲 속으로 쫓아와 주십시오……."

그저 아까부터 조용히 듣고 있던 젊은이는 더 이상 참을 수가 없었습니다.

"내가 그런 잔혹한 일을 해서 어찌 당신의 죽음을 파는 일을 할 수 있겠소. 그렇게 출세하고 싶다고 어찌 그런 생각을 할 수 있겠소."

정색을 하고 젊은이가 말하자

"아닙니다. 아니에요. 제발 그렇게 하게 해 주세요. 제 수명이 짧은 것은, 이것은 천명이며 오히려 제가 바라는 바입니다. 저의 소원은 딱히 없습니다. 그렇게 제가 죽으면 모두가 행복해지니까요.

저는 죽은 뒤에는 딱히 소원이랄 것이 없지만, 만약 저를 위해서 절을 짓고 명복을 빌어 주신다면 저는 정말 너무 행복할 것입니다. 당신께서 저에게 주시는 깊은 은혜는 그 이상의 것이 없기 때문입니다."

그렇게 말하고 울고 있었습니다.

다음 날이 되자 과연 맹호가 성안에서 미쳐 날뛰어 아무것도 할 수 없었습니다.

누구 하나 나서는 사람도 없어서 왕의 놀라움은 이만저만한 것이 아니었습니다.

왕은 당장 명을 내려서

"만약 저 호랑이를 잡는 사람에게는 큰 상을 내리겠다."라고 말했습니다.

그것을 들은 젊은이는 '이때다.'라고 생각했습니다.

왕의 앞으로 가까이 나아가

"제가 저 호랑이를 잡아서 바치겠습니다."

이렇게 말하고 적은 수의 신하들과 함께 금세 성밖으로 쫓아내더니, 북쪽 숲 속으로 몰아넣어 버렸습니다.

그러자 호랑이는 어젯밤 모습 그대로 아가씨로 변해서 방긋방긋 웃으며

"정말 감사합니다. 혹시 오늘 저 때문에 상처를 입은 사람이 있다면 흥륜사에 가서 장醬을 바르거나 나발(螺鉢) 소리를 들으면 금세 나을 것입니다."

그렇게 말하자마자 젊은이의 칼을 쏜살같이 뽑아서 순식간에 자결해 버렸습니다.

"아뿔사."

하고 쓰러진 아가씨를 다시 보니 실로 신기하게도 그 시체는 호랑이로 변해 있었습니다.

젊은이는 그런 일이 있었던 것은 철저히 숨긴 채, 그저 아가씨가 남긴 말대로 상처를 입은 사람들을 치료해 주었습니다.

마침내 젊은이는 서천西川 강가에 절을 짓고 호원사虎願寺라는 이름을 붙였습니다. 그 뒤로 젊은이는 그곳에 살면서 법회를 열고 불경을 외우면서 열심히 아가씨의 명복을 빌었습니다.

16. 지혜로운 응렴智慧者の膺廉

신라에 매우 지혜가 출중한 미소년이 있었습니다. 이름은 응렴(膺廉)으로 왕족의 가문에서 태어난 소년이었습니다.

어느 날, 왕이 많은 신하들을 불러 모은 적이 있었습니다. 그러자 응렴도 그곳에 함께 늘어서 있었습니다.

왕은 모인 사람들을 쭉 한번 둘러보다 그 미소년에게 눈길을 멈췄습니다. 그리고 어느 사이엔가 임금님은 그 미소년에게 매료되어 버렸습니다.

"그대는 이미 많은 수행을 쌓았겠지만, 그 눈으로 이 세상에서 감탄할 만한 선인을 본 적이 있느냐?"
라고 말하며 물어보셨습니다.

그러자 지혜로운 응렴이었기 때문에 곧바로 아무런 주저 없이 대답했습니다.

"예, 저는 세 명의 위대한 인물을 알고 있습니다. 저는 언제나 그 사람들에게 감탄하지 않을 수 없었습니다. 한 사람은 매우 고귀한 가문의 집에서 태어났지만 조금도 사람들 위에 올라서려는 기색이 없는 실로 겸손한 사람으로, 정말 기분 좋은 사람이었습니다. 다음 사람은 집에 많은 돈과 보물을 가지고 있는 사람이지만, 평상시의 살아가는 모습을 보면 실로 검소하여 조금도 거만하지 않고 온정이 넘치는 사람이었습니다. 그 다음 사람은 이 세상의 명예와 권세를 다 가진 가문에서 태어나 실로 고귀한 환경에서 성장했지만, 자기 주변의 권세와 명예에는 조금도 기대지 않으며 많은 사람들 속에 섞여 고만高慢함은 털끝만큼도 찾아볼 수 없는 사람이었습니다. 이 세 명은 언제 생각해봐도, 언제 만나도 실로 감탄하게 되는 사람들이라 생각하고 있습니다."

왕은 그것을 듣자 나이에 어울리지 않는 깊은 견해에 그저 감탄하고 감동해서 아무 말도 못하고 있었습니다. 그러다 마침내 무슨 생각이 들었는지 왕비님을 조용히 불렀습니다. 그리고

"나는 꽤나 많은 사람들을 만나보았지만, 응렴 같은 소년은 본적도 들은 적도 없소. 나이도 많지 않은데 진심으로 감탄했소. 그래서 내 딸을 부인으로 주겠소."

라고 말하며 상의를 했습니다.

황후님이 대답도 하지 않았는데 왕은 벌써 소년을 향해서

"너는 실로 대단하구나. 나에게 왕녀가 2명 있으니, 너의 선택에 맡겨 둘 중 한 명을 부인으로 주겠다"

이미 그렇게 말하며 소년에게 권했습니다.

그러나 소년은 당장 그 자리에서 결정할 수 없었기 때문에, 그곳을 물러나서 집으로 돌아 왔습니다.

집으로 돌아가서 양친에게 그 일을 알렸습니다.

그러자 양친의 놀라움은 이루 말할 수가 없었습니다. 무엇보다 왕녀를 부인으로 얻는다는 것은 한 집안에 있어서 더할 나위 없는 명예였기에

일단 허락하기로 했습니다. 그런데 언니로 할지 동생으로 할지 좀처럼 쉽게 결정할 수가 없었습니다.

그때 좋은 생각이 떠오르지 않던 응렴은 문득 떠올리고는, 자신이 어렸을 때부터 가르침을 받았던 스승님께 상의를 하고 결정하기 위해서 스승님을 찾아 갔습니다.

그러자 스승님은 이미 그 이야기를 알고 있었습니다.

"만약 언니를 부인으로 삼는다면 세 가지 좋은 일이 있겠지만, 동생을 부인으로 삼으면 분명히 세가지 화가 있을 것이다."

그것만 말해 줄 뿐 어느 쪽을 택하면 좋을지에 대해서는 알려 주지 않았습니다.

어쩔 수 없이 응렴은 정말 조심스럽게 왕의 앞으로 나아가

"아무쪼록 폐하의 뜻에 맡기겠습니다."

그저 그렇게 말할 수밖에 없었습니다.

그러자 왕은 언니를 골라서 응렴과 맺어 주었습니다.

그렇게 얼마 지나지 않아 결국 왕은 세상을 떠나버리고 응렴은 곧 뒤를 이어 왕위에 오르게 되었습니다.

그 뒤로 응렴은 실로 행복하게 하루하루를 보냈습니다.

그 이후의 일이었습니다. 어느 날 스승님을 만나게 된 응렴은 전에 말했던 '세 가지 좋은 일'에 대해 물어 보았습니다. 그러자 선생님이 대답하기를

"그 당시 왕과 왕비에게 특별한 총애를 받은 것이 첫 번째, 얼마 지나지 않아 왕위에 오른 것이 두 번째, 그리고 언제나 바라던 소원이 이루어진 것이 세 번째."

그렇게 말하며 숫자를 세었습니다.

왕은 그 뒤로도 스승님을 존경하며 오랫동안 감사의 마음을 잊지 않았다고 합니다.

17. 효자 이단지親孝行の李坦之

1

조선의 북쪽에 함흥咸興이라는 곳이 있습니다. 그곳에서 지금부터 800년 정도 전에 고려가 여진女眞과 전쟁을 한 적이 있었습니다.

여진은 꽤 강해서 간단히 물리칠 수가 없었습니다. 그때 고려 장군 중에 윤관尹瓘이라는 훌륭한 장군이 있었습니다.

윤관이라는 장군은 상당히 지략이 뛰어났고 게다가 병사들을 독려하는 실력이 좋았기 때문에 다 같이 힘을 합쳐 적과 싸웠습니다. 그래서 점점 여진을 북쪽으로 밀어냈습니다. 이제 거의 다 몰아붙였기 때문에 괜찮을 거라고 생각했지만 조금 불안하기도 해서, 함흥을 안전하게 지키기 위해 구성九城을 쌓고 북쪽에서 공격해 오는 것에 대비하고 있었습니다.

그러자 정말 그 다음 해가 되자 여진이 다시 대군을 이끌고 쳐들어 왔습니다. 그리고 구성 중에서 제일 동쪽 끝에 있는 웅주성雄州城이라는 성을 가장 먼저 포위해 버렸습니다.

웅주성은 제일 동쪽 끝에 있는데다가 다른 성들과도 꽤 멀리 떨어져 있었기 때문에 성과 성의 연락도 매우 불편했습니다. 그래서 적도 그것을 알고 가장 먼저 포위해 버렸던 것이었습니다.

이미 포위당한 웅주성은 지금은 완전히 고립되어 몇 날 며칠이 지나도록 그 포위망을 뚫을 수가 없었습니다.

게다가 적의 공격은 하루가 다르게 거세어지고, 아군의 응원군이 언제 올지도 전혀 예상할 수 없었습니다.

웅주성은 시시각각 위험해져 갔습니다. 그렇게 10중 20중으로 포위된 웅주성 안에 이연후李延厚라는 사람이 있었습니다. 처음 적에게 포위당했을 때부터 병에 걸렸는데, 그것이 점점 심해져만 가더니 마침내 회복의 가능성이 없다는 이야기까지 듣게 되었습니다. 그래도 연후는 조금도 기운을 잃지 않았습니다. 그저 죽기 전에 단 한번만이라도 고향에 남겨두고 온 사랑하는 아들 단지坦之를 만나고 죽고 싶다고 간절히 바라고 있었습니다.

바로 그때의 일입니다. 고향에서는 아버지의 병이 그렇게 위독해져서 그저 단지를 생각하고 있을 뿐이라고는 생각지도 못하고, 단지는 고향 개성開城에서 쓸쓸히 집을 지키고 있었습니다. 그런데 멀리에서 전해진 소식을 통해 아버지가 지키고 있는 웅주성이 위험하다는 것을 듣고는 너무 걱정이 돼서 밤에도 제대로 잠을 못 이루며 며칠밤을 보냈습니다. 아무리 걱정을 해도 그냥 가만히 있으면 의미가 없다고 생각하고 마침내 결심을 했습니다.

단지는 아버지를 만나고 싶다. 혹시 경우에 따라서는 전투에도 도움이 되고 싶다. 그런 생각을 하자 도저히 가만히 있을 수가 없었습니다. 그래서 함흥을 향해서 출발했던 것이었습니다.

먼저 개성을 떠나 서둘러 정주定州까지 갔습니다. 그곳에서 여행의 피로

를 풀며 다시 먼 길을 떠나려 준비하고 있을 때, 그곳으로 아버지의 병 소식이 전해졌습니다. 게다가 꽤 위독하다는 내용이었기 때문에 단지는 더 이상 한시도 지체할 수가 없었습니다. 그저 빨리 도착하고 싶다는 생각뿐이었습니다.

그곳에서 잠시 여행 준비를 하면서 아버지께도 뭔가 가져다 드리고 싶다는 생각을 했지만, 그럴 여유가 없었기에 당장 운송선을 타고 서호진西湖津이라는 곳으로 향했습니다. 요즘과 다르게 배도 불편했기 때문에 바람의 힘으로 가는 배는 좀처럼 속도도 내지 못했고 전혀 순조롭지 않았습니다.

단지는 갑판 위로 나가서 목적지 쪽을 바라보며 답답한 배에 화가 나는 것을 억지로 참고 있었습니다.

드디어 배가 서호진에 도착하자 단지는 빨리 배에서 뛰어내리더니 5리나 되는 산의 고갯길을 그날 밤으로 넘어 버렸습니다. 그저 단지의 마음속에는 '아버지는 어떻게 되셨을까?'라는 생각뿐이었기에 정신 없이 계속 달렸습니다. 이제 곧 웅주성이 보이는 근처까지 달려가서는 굉장히 피곤하다는 사실도 잊고, 아니 그것보다도 적에게 발각되어 잡힐 수 있다는 사실까지도 잊어버리고 무작정 성문 쪽으로 다가갔습니다.

아무리 그때가 한밤중이었다고 해도 실로 무모하게 적병이 둘러싸고 있는 눈 앞으로 정신 없이 무턱대고 찾아 간 것이었습니다. 그러나 다행히도 무사히 성의 남문南門에 도착했습니다. 어떻게 성 안에 들어가야 하는지 그런 생각에 걱정을 하면서 찾아 왔지만, 그런 걱정은 쉽게 사라지고 다행히 순조롭게 성 안으로 들어갈 수 있었습니다.

단지는 지나가는 사람에게 멀리서 아버지를 찾아 온 사정을 이야기하며 아버지를 만나게 해 달라고 부탁했습니다.

드디어 안내를 받아 병실로 들어갔습니다.

그때 아버지의 놀라움은 이루 표현할 수가 없었습니다. 조금도 예상치 못했던 일이었기 때문에 마치 꿈만 같아서 자기자신의 눈을 의심할 정도였습니다.

2

그저 놀라서 멍해 있던 아버지는 앙상해진 손을 뻗어서 단지의 작은 손을 꼭 잡았습니다. 그리고 조용히 입을 열었습니다.

"내가 살아있는 동안에 이렇게 너를 만날 수 있다는 것이 그저 감사할 뿐이다. 오늘까지 얼마나 너를 그리워했는지. 이제 나는 이세상에 미련이 없구나. 나는 설령 백골이 되더라도 틀림없이 고향에 돌아갈 수 있다고 믿는다…….”라고 아버지는 말하며 마치 어린아이처럼 기뻐했습니다.

단지는 아버지보다도 더 기쁨에 차서 눈물을 흘리며 기뻐했습니다.

몇 날 며칠을 쉬지 않고 찾아 온 긴 여행의 피로도 잊고, 그 피로도 풀지 않은 채 이것저것 간호에 최선을 다했습니다. 약을 챙겨 주고 몸을 주물러 주거나 쓸어 주면서 자신이 할 수 있는 한 간병을 다했습니다.

그러나 아버지의 병세는 그때부터 급변해 버렸습니다. 간신히 간신히 병과 싸워왔던 힘이 한꺼번에 빠져버려서 그런지, 팽팽하던 긴장이 한꺼번에 풀어져서 그런지, 그날 밤이 새기도 전에 결국 돌아가시고 말았습니다.

단지는 한동안 망연자실해서 끊임없이 울며 슬퍼하고 있었습니다. 그래도 아버지의 임종을 함께할 수 있어서 다행이었다고 자기 자신을 위로하며 뒷일도 부족함 없이 처리했습니다.

화장한 아버지의 유해는 깨끗하게 새하얗게 남겨져 있었습니다. 단지는 그것을 정성스레 모아서 소중하게 담았습니다. 그리고 그것을 등에 지고 성을 나왔습니다.

이번에는 그저 적들에게 발견되지 않기를, 그저 그것만을 걱정했습니다. 주변에 사는 아이처럼 변장을 하고 여기에 숨고 저기에 숨으면서 드디어 겹겹이 둘러싸고 있는 적진을 어려움 없이 빠져 나왔습니다. 그리고 해안까지 달리고 달린 다음에는 도연포都連浦라는 곳 근처까지 도망쳐 왔습니다.

그곳에서 비로소 다시 여행자의 모습으로 바꾸고 터벅터벅 걷기 시작했습니다. 몸에는 그저 아버지의 백골이 담겨 있는 유골단지를 짊어지고 있을 뿐이었습니다.

그리고 드디어 개성에 도착했습니다.

집안 사람들의 기쁨과 놀라움. 단지의 기쁨과 슬픔. 그런 감정들이 다시 되살아나서 눈물이 마를 때까지 하염없이 울었습니다.

마침내 친척들과 근처에 사는 사람들까지 함께 모여서 돌아가신 아버지의 영혼을 정성스럽게 장례 지냈습니다.

근처 이웃들은 물론이고 그 일을 전해 들은 많은 사람들은 기적과도 같은 소년 이단지의 용감한 행동에 그저 그저 놀라며 칭찬하지 않는 사람이 없었습니다.

"효자의 진심이 하늘을 감동시킨 것이다."라고 지금도 옛날처럼 입을 모아 칭찬하고 있습니다.

저자 약력

저자 ▮ 나카무라 료헤이中村亮平(1887-1947) 미술연구가

나가노 현 출신. 나가노 사범학교 졸업. 한때 무샤노코지 사네아쓰를 따라 '새로운 마을新しき村' 회원이 되었다. 1920년 마을을 떠나 1925년부터 경북사범학교 교사가 되었다. 미술잡지 편집 등을 거쳐, 태평양화학교太平洋画学校를 수료하고 도립고등 가정家政 학교(현 사키노미야鷺宮 고교) 교사가 된다. 저서로 『죽은 보리死したる麦』(洛陽堂, 1922. 9.), 『대조 세계미술 연표』 등이 있다.

역자 ▮ 이시준

한국외국어대학교 일본어과 및 동 대학원 석사 졸업. 도쿄대학교 대학원 총합문화연구과 박사(일본설화문학). 현 숭실대학교 일어일문학과 교수. 숭실대학교 동아시아 언어문화연구소 소장.

대표업적: 『今昔物語集 本朝部の研究』(일본), 『식민지 시기 일본어 조선설화집 기초적 연구 1, 2』, 『古代中世の資料と文學』(공저), 『漢文文化圏の説話世界』(공저), 『東アジアの今昔物語集』(공저), 『説話から世界をどう解き明かすのか』(공저), 『일본불교사』(역서), 『일본 설화문학의 세계』(역서) 등.

역자 ▮ 김영주

한국외국어대학교 일본어과 및 동 대학원 석사 졸업. 릿쿄대학교 대학원 문학연구과 박사(일본신화). 현 숭실대학교 및 한국외국어대학교 강사.

대표업적: 『日本文学史』(공저), 『東アジアの今昔物語集』(공저), 『新羅殊異伝―散逸した朝鮮説話集―』(공저), 『이야기의 철학』(역서), 「중세 일본신화 속 바다의 위상」(비교일본학), 「中世のヒルコ伝承ー『神道集』を中心にー」(일어일문학연구), 「『武家繁昌』の神話言説ー国譲り神話を中心にー」(立教大学日本文学), 「絵巻『カミヨ物語』の成立をめぐって」(説話文学研究) 등.

숭실대학교 동아시아언어문화연구소
식민지시기 일본어 조선설화집 번역총서 3

완역 나카무라 료헤이의 조선동화집

초판발행 2016년 2월 28일

저　　자 나카무라 료헤이
역　　자 김영주·이시준
발 행 인 윤석현
발 행 처 도서출판 박문사
등록번호 제2009-11호
책임편집 최현아·김선은

우편주소 서울시 도봉구 우이천로 353 성주빌딩 3F
대표전화 (02)992-3253(대)
전　　송 (02)991-1285
홈페이지 www.jncbms.co.kr
전자우편 bakmunsa@daum.net

ISBN 978-89-98468-95-8 04380　　정가 24,000원
978-89-98468-92-7 (set)

이 저서는 2012년 정부(교육부)의 재원으로 한국연구재단의 지원을 받아 수행된 연구임
(NRF-2012S1A5A2A03033968)